自然観の変遷と人間の運命

座小田　豊　編

東北大学出版会

Studies in Conceptions of Nature,
Fate and Humanity

Yutaka ZAKOTA

Tohoku University Press, Sendai
ISBN978-4-86163-261-7

まえがき

座小田　豊

本書は科学研究費基盤研究（B）「自然観の展開と人間的営為の運命に関する思想史的・応用倫理学的研究」（平成二四 - 二六年度、課題番号：24320001）の成果の一つとして編まれたものであり、その「成果報告書」を兼ねるものである。研究課題から推測いただけるように、本研究は二〇一一年三月一一日の東日本大震災と福島第一原子力発電所の事故によって引き起こされた深刻な事態を前にして、そこに起因する諸問題にどのように対応できるのかという観点から企図されたものである。何よりも、東日本大震災という自然災害と、人間的営為の粋とも謳われていた原子力発電がもたらした未曾有の人災とに直面して、いま何をなすべきなのか、そして何が考えられるのか、が大きな課題として私たちに課せられていると思われたからである。

自然と科学技術、その双方に関わる問題の糸を解きほぐすべく、それぞれに「自然観の展開」と「人間的営為の運命」という鍵概念を設定し、思想史的および倫理学的な観点から問題を考察した論考をここに収めることができた。本書は三部に分かれているが、それは、本研究の役割分担のグループ分けに沿ったものである。この三年間本研究課題をめぐって研究分担者たち全員が知恵を出し合い、議論を繰り返してきたが、その成果がこうして形をとるに至ったわけである。

自然は人間のいのちを育み涵養するものであるはずながら、時として人々を悲嘆の淵に追いやる災害を引き起こす。それを含めて人間は自然を「運命」として受け止めつつも、それを克服する術を求めて科学と技術を発展させてきた。ところが、いまやこの科学と技術という人間的営為が、制御不可能・処置不可能な様相を呈し始め、これもまた「運命」として私たちの生活に大きく深刻な影響を及ぼしている。端的に言えば、高レベル放射性廃棄物処理に一万年という膨大な年月を要するという問題を、私たちはもはや回避することはできない状況にあるということである。科学技術が人間の対応能力をはるかに超える核廃棄物を生み出したことそれ自体が、人類の「運命」の鍵を握るに至ったのだと言えるであろう。もちろん人間の営みがもたらすものは核廃棄物の問題だけに限ったことではない。

今日、人間の営みが「自然」のなかに様々な問題を生み出し、人々が自らその問題のなかに巻き込まれていく余儀なき事態は、多様な映像と共に世界中から刻々と伝えられてくる。そのいずれの場合においても人間と「自然」との関わり方が根本的に問われているように思われる。一例を挙げるならば、人間の営みによって生み出される二酸化炭素 CO_2 の排出が原因とみられる一連の現象、温暖化による北極海の氷の融解、海面上昇による海岸の浸食、気候変動による旱魃やその被害、そして大気汚染など、人間をめぐる自然環境の変化が世界全体にわたって異常な事態を引き起こし始めている。私たちにとって一番身近な事例では、もちろん四年前の東日本大震災を原因とする福島第一原発の事故のことを挙げなければならないだろう。自然災害と現代の科学技術による人災とがもたらした事態をどのように考えればよいのか。今なおその道筋さえ明確には見通せない状態が続いていると言わなくてはならない。科学がもたらす恩恵とその代償の不釣り合いさが今大きく浮かび上がってきているように思われてならない。こうした深刻な事態を前に私たちは何を発言できるのか、また発言すべきなのか。

本書には、こうした問いに対する何らかの手がかりを求めて議論を重ねてきた私たちの三年間の成果の一端が示されている。もちろん、解決策を提示できようはずもない。私たちは現在なお深い混迷のなかにあると言わざるをえないからである。さりながら、困惑のなかにとどまり続けるというわけにもいかない。いささかなりといえども、やはりたゆまぬ努力を積み重ね続けなくてはならない。本研究もまたその一石たりうるとすれば、そしてまた、ここから今後の「人間の営み」について何らかの示唆を得ていただけるとすれば、私たちとしてはこれに勝る喜びはない。

二〇一五年二月二二日

自然観の変遷と人間の運命　目次

第3部　科学技術と自然観

第1部　思想史の観点から

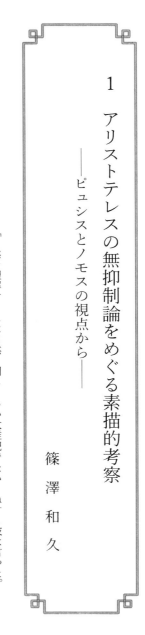

1 アリストテレスの無抑制論をめぐる素描的考察
――ピュシスとノモスの視点から――

篠澤和久

「自然を理解するには自然と同じくらい大雑把でないとね」と彼は言った。
――アーサー・コナン・ドイル『緋色の習作』

はじめに

アリストテレスが『ニコマコス倫理学』[1]（以下、『倫理学』と略記）第七巻の大半を費やして展開した無抑制論は、「アリストテレス著作集でもっとも議論された箇所のひとつ」[2]とされる一方で、「アリストテレスが提示した解決すべき問いが何であり、その解答がどのようなものか、という点について公認の解釈はない」[3]とも評されている。「無抑制」や「意志の弱さ」は、その存在がなかば自明であるとはいえ、事柄そのものとして明瞭なわけではないのである。

本稿では、このような混迷の度合いを考慮して、アリストテレスの無抑制論の難所を正面から突破するのではなく、やや遠回しにその輪郭の素描を試みる。その作業のために、便宜的な呼称に過ぎないが、「マクロ的」「メソ的」「ミクロ的」という三つの視点を導入する。マクロ的視点とは『政治学』につながる『倫理学』全体の目的と構想を、メソ的視点は無抑制論の難所に先行する第七巻第一・二章の記述を、そして、ミクロ的視点とは難所である同巻第三章の核心部を指す。

アリストテレスは、ミクロ的考察の直前に「難問の解消が発見である」（1146b7-8）という探究方法に言及している。「難問の解消」が望むようなしかたで「(何らかの）発見」になるとすれば、メソ的視点を介してマクロとミクロの両視点が往還的に連動する事態を精査しなければならない。これが、本稿の見通しである。そして、マクロとミクロの二つの視点をつなぐメソ的視点の背景に浮かび上がる基本概念が、「ピュシス（自然）」と「ノモス（法）」にほかならない。本稿の課題は、無抑制論に向けた予備的かつ試論的な考察として、ピュシスとノモスが交差する一断面を取り出すところにある。(4)

第一節　マクロ的視点としての無抑制論

アリストテレスの無抑制論は、「新たな出発点を立てて」（1145a15）と切り出される。しかし、無抑制（および抑制）はむろん第七巻冒頭が初出ではない。これらは、非理性的でありながら理性に従う（あるいは従わない）部分をもつ「魂の構造」を大掴みに劃定するための重要な鍵概念であった（第一巻第一三章）。『倫理学』では、この「魂の構造」に即して〈性格の徳〉と〈知性の徳〉の分析的記述が展開されることになる。そして、それは第六巻まででひとまず完了する。

では、第七巻の無抑制論の眼目はどこにあるか。[5] アリストテレスは同じ第一巻第一三章で、倫理学的考察の主題である幸福(「徳に基づく魂の活動」)を確認しつつ、つぎのように語る。

幸福とは、完全な徳に基づく魂のある種の活動である以上、われわれはつぎに徳について考察しなければならない。[中略]のみならず、真の政治家も、何にもまして徳をめぐって腐心してきたように思われる。なぜなら、真の政治家は、市民たちを善き人にし、法に従うように仕向けることを望んでいるからである。(1102a5-10)

「真の政治家(立法家)」の目標が市民を善き人にすることだとすれば、まずもって課題となるのは、有徳の段階にはいまだ至らない幼児や青少年の教育問題をどうするかであろう。このことは同時に、有徳ならざる抑制のない人をどのように扱うか、そして、そもそも抑制のない人はどのような性格特性をもつのか、という考察を要請する。現実問題として見れば、政治家は、そのエネルギーの大半を抑制のない人に投入することになるといえる(放埒な人や獣的な人についての判断は留保しておく)。

ただし、『倫理学』第七巻の無抑制論では、「抑制のない人は、必要な事柄をすべて民会で議決し、優れた法も整備されているのに、それをまったく使用しないポリスに似ている」(1152a2-21)と冷ややかな指摘もされている。抑制のない人にとって、「(優れた)法」はまさに猫に小判でしかない。とすれば、政治家にとって抑制のない人への配慮は無駄ではないのか。しかし、ここで留意すべきは考察の文脈である。この箇所での

「抑制のない人」は「(優れた) 法を使用しない人」である。無抑制についての概念規定としてみれば、これで十分である。だが、「市民たちを善き人にし、法に従うように仕向けることを望んでいる」とされる「真の政治家」にとってはそうでない。述べたように、抑制のない人を放置することはできないからだ。このことに以下の引用を重ね合わせてみる。

真の政治家の雛形として、われわれはクレタやスパルタの立法家たちをもっており、他にもこうした関心をもった政治家たちがいたからである。そして、もしこの種の考察が政治学に属するとすれば、その探究は「われわれの始めからの計画」に沿ったものとなる。(1102a10-13)

「われわれの始めからの計画」とは、『倫理学』掉尾において『政治学』を予示しつつ、倫理学から政治学への橋渡しを指示するマクロ的構想にほかならない。アリストテレスはしたがって、マクロのレベルを視野に入れながら、メソとミクロとの両視点からなる無抑制論を展開していると考えなければならない。では、無抑制論が『倫理学』における脇道的な議論でないとすれば[6]、その考察はどのような意味で倫理学から政治学への移行的展開に貢献するのか。

第二節　メソ的視点としての「パイノメナ」――無抑制論への導入

アリストテレスの無抑制論は、「パイノメナの提示」による方法論の確認から始まる。パイノメナの提示は、無抑制論の本論であるミクロ的視点への導入でもある。パイノメナの提示の段階で、無抑制や抑制のない人はどのように了解されているのであろうか（以下、「パイノメナの提示」を「Φ提示」と略記し、（1）～（5）に区分して訳出する。なお（2）には、後述での検討のために傍線を付す）。

（1）抑制や忍耐は、立派で称賛すべきもののうちに入り、抑制のなさや意志の弱さは、低劣で非難されるべきものに入ると思われており、また、抑制する人と自分の理知的な思考に踏みとどまる人とは同じ人であって、抑制のない人と自分の理知的な思考から逸れる人とは同じ人であると思われる。（1145b8-12）

（2）抑制のない人は、自分の行為が低劣だと知りながら、パトスのゆえにその行為をするが、他方、抑制のある人は自分の欲望が低劣だと知っているかぎり、ロゴスのゆえにその欲望には従わない。[7]（1145b12-14）

（3）節度ある人は抑制があって、忍耐強いと考えられているが、しかし抑制のある人がすべて節度ある人かといえば、そう考える人たちもいれば、そう考えない人たちもいる。それだけなく、放埒な人は抑制がなく、抑制のない人は放埒であると主張して、両者を区別しない人もいれば、放埒な人と抑制のない人とは別々だと主張する人もいる。（1145b14-17）

（４）思慮ある人は、その人に思慮があるかぎり、抑制のない人ではありえない、と主張されることもあれば、思慮があり、有能であるにもかかわらず、抑制のない人たちがいる、と主張されることもある。（1145b 17-19）

（５）気概や名誉や利得に関して、抑制がないと言われる人たちがいる。（1145b 19-20）

無抑制論の起点となるパイノメナは、以上の通りである。アリストテレスがこれらのパイノメナを方法論の一環として持ち出すねらいは、どこにあるのか。[8] 本稿では、パイノメナ提示の直後に論及される「アポリアー（難問）」との連関を踏まえて、（２）を検討してみたい。

Φ提示（２）は、「抑制のない（ある）人」についてのパイノメナであり、常識的見解をそのまま書き出しているだけのように見える。しかし、Φ提示（２）の傍線部に着目してみよう。そこでは、抑制のない人は自分の行為が低劣だと知っているのにたいして、抑制のある人は自分の欲望が低劣だと知っているとされている。つまり、両者では異なる視点（行為と欲望）から記述されていることになる。これは些末な異同かもしれないが、試みとしてΦ提示（２）を欲望および行為で統一して書き換えると、どうなるだろうか。そこからは原理的な論点を取り出しうるようにも思われる。

まず、「欲望（に従う）」で統一した場合である。

抑制のない人は、自分の欲望が低劣だということを知りながら、パトスのゆえにその欲望に従うが、抑制のある人は、自分の欲望が低劣だということを知っているので、ロゴスのゆえにその欲望には従わない。

この書き換えでは、抑制のない人にかんして「パトスのゆえにその欲望に従う」という規定に疑義が生じる。なぜなら、パトス（情念・感情）と欲望の関係が不明瞭であり、ましてや、もしパトス＝欲望であればなおさらのこと、その規定は不可解となるからだ。したがって、Φ提示（2）を「欲望」で統一することはできない。逆に、この書き換えが有効であるためには、パトスと欲望がなんらかのかたちで截然と区別されなければならない。しかし、一般的見解のレベルにおいて、パトスと欲望はどのように区別されているのか。そのための情報（パイノメナ）提示はない。

では次に、「行為（をしない）」で統一した場合は、どうだろうか。

> 抑制のない人は、自分の行為が低劣だということを知りながら、パトスのゆえにその行為をするが、抑制のある人は、自分の行為が低劣だということを知っているので、ロゴスのゆえにその行為をしない。

修正前の「その欲望に従わない」ということが修正後でも（暗黙裡に）前提できるとすれば、内容的に違和感はなく、「行為」で一貫できそうである。だが、それはあくまでも欲望の視点を前提的了解として認めた場合である。もしこの媒介項［欲望］がなければ、「ロゴスのゆえにその行為をしない」という事態は、やはり不自然もしくは説明を要する記述になる。というのも、ロゴスと（不作為も含めた）行為とのあいだには隔たりがあるからだ。つまり、ロゴス（たとえば理性的判断）が（必然的に）行為をもたらす（あるいは押し止める）というパイノメナ的了解には、疑問符が付くからである。それゆえ、この書き換えも問題なしとはいえない。逆に、この書き換えが有効であるためには、ロゴスと行為との関係性（ある種の因果性や規範性）を担保する説得的な構図が措定されなければならない。

Φ提示（2）は、抑制・無抑制にかんして一般に広く受け入れられていると思われる了解である。しかし、Φ提示（2）をめぐって、一見したところ支障が出るとも思えない書き換えによって浮かび上がるのは、一方では、パトス［情念・感情］と欲望との区別、他方では、ロゴス［理性］と行為とのあいだの連関、という二つの論点であった。

ここで、それぞれの論点を抑制のない人と抑制のある人のそれぞれのあり方に対応させてみよう。抑制のない人は、結果としての行為の低劣さには視線が向いているが、自分の（いわば内面の）欲望にたいする認識には甘さ（弱さ）がある。そのため、パトスと欲望をある意味で一緒くたにしたうえで、それによって行為は（避けがたく）結果すると認定する（いわく「欲望に負ける」「自分は意志が弱い」など）。他方、抑制のある人は、あくまでも抑制のない人との相対的な比較においてではあるが、そうした認識の甘さ（弱さ）はない。それゆえ、低劣な欲望をまさに低劣なものとして取り押さえることができ、それゆえロゴスに従った行為が可能となる。

こうした論点は、あくまでΦ提示（2）では伏在しているのであって、表面化していない。では、二つの論点が人柄の全面的なあり方として極端なかたちで顕在化すれば、どうなるであろうか。パトスの場合であれば、その人柄はいわば欲望の権化たる「放埒な人」であり、ロゴスであれば、理性の具現者たる「節度ある人」になる。逆に、ここでの伏在と顕在に無頓着でいると、抑制のない人と放埒な人との区別も、抑制のある人と節度ある人との区別も、見失われることになる。それがまさに、Φ提示（3）として（ある人々が主張する）パイノメナにほかならない。

また、そうした区別への感度の低さゆえに、パトス（低劣な欲望）の有無という観点が見落とされるとき、節度ある人も抑制のある人も、ロゴスに従うという点だけから評価されて、両者にかんする評価（賞讃）の異同が見てとれなくなる。他方、放埒な人と抑制のない人にかんする評価（非難）においても、ロゴス（理性的判断）の有無という観点の脱落によって同様の事態が生じる。この論点に連動するのがΦ提示（1）である。

このようにΦ提示を概観するならば、[9] 無抑制の核心を捉えるためには、パトスおよびロゴスが行為とどのようにつながるのか、という基本的で原理的な問いを改めて問わなくてはならない。これがまさしく、ソクラテスがアポリアーとして突いてくる論点であり、ミクロ的視点での課題となる。ただし、そのさいに看過できないマクロ的視点がある。第二巻第三章から引用しておこう。

> 快楽と苦痛は行為に付随して生じるかぎりにおいて、人の性格の状態を示す指標と見なさなければならない。なぜなら、身体にかかわる快楽を差し控え、そのことに喜びを見出す人は節度ある人であり、他方、それを嫌がる人は放埒な人［中略］だからである。つまり、性格の徳は快楽と苦痛にかかわるのである。現にわれわれは快楽のゆえに卑劣なことを行ない、苦痛のゆえに美しい行ないを差し控えるのである。したがって、プラトンが現に主張しているように、喜ぶべきことを喜び、苦しむべきことを苦しむように、われわれは幼い頃からすぐさま何らかの仕方で仕付けられていなければならない。じっさい、〈正しい教育〉とはこうしたものなのである。（1104b8-13）

ここでは、節度ある人や放埒な人の性格特性が、快楽と苦痛という概念によって記述されている。それは、ある意味で常識的な見方でもある。だが、われわれにとって不可解な点もある。なぜなら、Φ提示での記述には快楽と苦痛が登場しないからだ。抑制・無抑制をめぐるメソ的視点のパイノメナにおいて、快楽・苦痛という基底的様態（パトス）はどこに行ってしまったのか。[10]

この疑問を勘案するとき、ロゴスおよびパトスと行為との相克的連関を炙り出したΦ提示（2）は、さらに重要性を帯びる。Φ提示（2）は、以下で見るように、いわゆる「ソクラテスのパラドクス」との関連によって、ミクロ的視点での問題の発火源になっている。と同時に、快楽と苦痛という『倫理学』のマクロ的問題を逆照射しているのである。アリストテレスによるやや捻れた問題設定（つまりΦ提示）は、無抑制のどのような事態を射貫くものなのか。この点を脳裏にとどめつつ、「パイノメナ」に続いて論及される「アポリアー」の検討に移ることにしたい。

第三節　アポリアーとしての無抑制

「アポリアー」（以下「難問」）は、Φ提示（2）にねらいを定めつつ、以下の問いから始まる。

抑制のない行為をするとき、人はいったいどのような仕方で［自分のなすべき行為を］正しく了解しているのか、という疑問が起こるかもしれない。（1145b21-22）

Φ提示（2）では、抑制のない人が知っているとされる事柄は「自分の行為は低劣である」ということであった。「自分の行為は低劣である」という知（判断）は、それ自体としてみれば正しいといえる。ただし、前節で述べたように、Φ提示（2）での抑制のない人は、パトスや欲望への認識が甘いために「知」という観点は注視されないままであった。それにたいしてこの難問では、「正しい了解」「自分のなすべき行為」言い換えれば「正しい行為」を「知っている」とはどのようなことなのか、という視点にシフトする。このことは、ソクラテスの見解に即した問題への転換によってさらに明確になる。すなわち――

「最善のことを」了解していながら、その最善のことに反して行為する人は誰もいないのであって、「そうした行為があるとすれば、それは行為者の」無知による「とソクラテスは考えた」。(1145b26-27)

ソクラテスの定式化では、訳出での字句の補足から見てとれるように、「自分のなすべき行為」が「最善のこと」に言い換えられたうえで、抑制のない人が知っているのは最善のこととみなされ、最善の判断に反して行為することはありえない、と論定されている。ここにソクラテスからの難問の根がある。しかし他方でソクラテスには、よく知られているように、「悪と知りつつ、それを為すことはない」という定式もある。事柄そのものとしては、どちらの語り方をしてもコインの表裏の関係にあるように思われる。たとえば、悪いと知りつつ喫煙することは、善いと知りつつ禁煙しないことでもある（cf. 1113b6-14）。ただし、ここでの難問では「最善と知りつつ」という強い条件になっているため、このような表裏の関係が取り出しにくくなっている。ここには、アリストテレスの問題構成をめぐる深謀遠慮が垣間見えるかもしれない。

いずれにせよ、アリストテレスの議論の運びでは、「劣悪（悪）と知りつつ」という定式はΦ提示（2）の側に組み込まれ、他方、「最善と知りつつ」という定式は「難問」という強い色合いを帯びて提示されるのである。通常の解釈では、こうした異同は無視されて、ソクラテスの難問はΦ提示（2）に関連する問いとして理解されるが、この対照は何を示唆するのか。

その見通しを得るために、アリストテレスが「ソクラテスの難問」にたいしてどのような解決の指針を提案しているのかを確認しておこう。難問にたいするアリストテレスの解決指針は、二段構えになっている。

［1］［ソクラテスの］この議論は、パイノメナと明らかに齟齬する。［2］そして、［行為者の］状態［パトス］にかんして、もし［無抑制が］無知によるとすれば、その無知のあり方がどのようなものになるのかを探究しなければならない。なぜなら、抑制のない行為をする人は、その状態に陥る前には、［その行為をなすべきであるとは］少なくとも思ってはいないということは、明白だからである。（1145b26-31）

［1］は、ソクラテスの見解を否定すべく、パイノメナ（Φ提示（2））を対置する。したがって、無抑制の議論（ロゴス［1145b25, 27］）としては、「最善のことを知りつつ」という捉え方ではなく、「低劣と知りつつ」というΦ提示で理解すべきだ、と提案されていることになる。ソクラテスの見解とパイノメナとの齟齬は、無抑制の存在を認めるか否かにあるとも解釈できる。だが、ソクラテスの難問がΦ提示（2）と連関づけられるかぎり、(11) その争点は無抑制という事象の有無をめぐるものではない。したがって、「最善と知りつつ」という観点からの標準的な問題設定は、無抑制の捉え方を歪める可能性がある。そのうえで［2］では、ソクラ

テスによるいわば「無抑制無知論」について、抑制のない人は全面的な意味での無知ではない、という事実認定がなされ、その無知の状態（パトス）を改めて考察する必要性が指摘される。

こうしてアリストテレスは、ソクラテスの見解が事実認定の点で決定的に誤っていて（「明らかに」と言われている）、しかも、その過誤がどこにあるのかについて、その着目すべき課題を提案したことになる。解釈のうえで重要なのは、難問とパイノメナとを比較考量したうえで、ソクラテスの見解と常識的見解とを整合的に理解する方法を探るのがアリストテレスの無抑制論の課題である、(12)とは即断しないことである。「最善のことを知りつつ（行為しない）」と「低劣と知りつつ（行為する）」との落差を考慮することなく、両者の整合的理解を安直に追求することは、アリストテレスの無抑制論の核心を見落とす危険がある。「最善のことを知りつつ」という場合にどうなるのか。それは目下の無抑制論ではひとまず不問とされるのである。

以上が、メソ的視点（第七巻第一・二章）の概略的要点である。このような見通しが正しいとすれば、それに引き続き展開されるミクロ的視点（同巻第三章）において、焦眉の難問を解決（あるいは解消）するための指針もおのずと定まる。抑制のない人が抑制のない行為を行なう前にもっていた知を行為時に失うのはどのようにしてか。これが解決のための指針となるのである。だが、このような時間的位相を視野に入れた問題設定は、それほどインパクトのある解決策であるようには見えない。事柄としては、知っている状態［行為前］↓知らない状態［行為時］↓知っている状態［行為後］、という時間的変化についての単純素朴な提案でしかないからだ。この提案にどのような問題解決の突破力があるのか。ただし、少なくとも次の論点が明確になることも否定できない。すなわち、時間的位相を取り込むことによって、Φ提示（2）でも難問でも、「知りつつ／了解しつつ」と（ギリシャ語では）分詞形で表記されていたことに起因する曖昧さを（部分的にではあれ）

取り払う場が開かれるからである。

このような解決指針の道筋を見通すことはまだできないが、メソ的視点での時間的位相（知→無知→知）に基づく考察が重要であることを明確にしたうえで、アリストテレスは核心部でのミクロ的視点に取り組むことになる。そのさい、いわば「人間の学としての倫理学」を志向するアリストテレスは、日常生活の一齣として生じる抑制のない行為に限定される時間だけを対象としているわけではない。前節で瞥見したように、メソ的視点の背景となるマクロ的視点においては、性格の徳にかかわる快楽や苦痛の問題は「正しい教育」という人間形成に深く関与するものであった。教育と時間という論点にからめて、マクロ的構想を再提示する『倫理学』最終巻最終章から引用しておきたい。

しかしおそらくは、若い頃に正しい養育と配慮を受けるだけでは十分ではなくて、大人になってからも、定められたことを実行し、かつ習慣化しなければならない以上、こうした点にかんしてもわれわれは〈法〉を必要とするであろうし、また、一般に人生の全体にかんしてもわれわれは〈法〉を必要とするのである。（1180b1-4）

ミクロ・メソ・マクロ的視点を貫通して視野に入れるべき「時間」とは、まさに「人間の生（人生）」としての時間である。無抑制問題から析出される時間は、人間の生としての時間のうちにいわば昇華するかたちで組み込まれていくことになる。しかもアリストテレスは、まさにその局相において、いずれも一般には「ノモス」に分類される「教育（養育）」「習慣」「法」の連関を刻み込むのである。では、このような視座において

「ノモス」に対置される「ピュシス（自然）」はどうなるのであろうか。

第四節　マクロ的視点としてのピュシスとノモス

前段で引用した『倫理学』最終巻最終章は、以下のように始まる。

さてそれでは、幸福をめぐる以上の事柄やさまざまな徳、さらには友愛と快楽について、その輪郭がこれで十分に述べられたとすれば、はたしてこの探究はその目的を達成したと考えるべきであろうか。（1179a33-35）

『倫理学』全体の考察は、その最終段階においても依然として「輪郭」にすぎないことが再確認される。『倫理学』の論考が輪郭を描くものであることは、第一巻第二章その他で予告されていた方針である（1094a24-26, 1104a1-2）。輪郭を素描する考察は、倫理学がもつ学としての位置づけと方法論にも結びつく。すなわち位置づけとは、政治学の一部としての倫理学のことであり（1094a26-27, b4-11）、その輪郭素描的な探究は、倫理学という学問の方法論をも投影するものであった（1098a20-24）。

このような輪郭素描的な性格にさらに別の課題が重ね合わされる。それが、輪郭の描写でもって倫理学の目的は達せられたのか、という問いである。この発問のねらいは、輪郭だけではなく細部の考察によって目的が完遂する、という点にあるのではない。アリストテレスは続けてこう語るからだ。

われわれのあらかじめ目指していた探究は、その目的を達したと考えるべきだろうか。あるいは、言われているように、行為にかかわる事柄においては、個々の問題を観想的に考察し、そして認識することが目的なのではなく、それらのことをむしろ実際に行なうことが目的なのであって、したがって、徳についても、知ることだけでは十分ではなく、その知を所有するとともに使用するように、われわれは務めなくてはならないのではないか。(1179a35-b4)

以上の課題設定は、『倫理学』の目的に即したものであり、マクロ的視点の確認でもある。注意すべきは、倫理学の目的について「知る」と「行なう」とがたんに対比されているのではない、という点である。知（理論的認識）と行為（実践）との乖離状態を指弾する「所有／使用」という区別は、アリストテレスの定番的手法とはいえ、無抑制論のミクロ的視点の考察のためにも導入されていた（1146b31-35）。ということは、倫理学・政治学的探究そのものが「たんに知るだけ」のいわば無抑制の状態にとどまるべきではない、と警告されているのである。

このような仕方でのマクロとミクロの連動は、さらに以下の観点からも補強される。それは、「言葉（ロゴス）」と「善き人になる」の関係である。「たんに知っている」という事態は、無抑制論では「言葉のうえだけで知っている」ことに比定されるものであった（1147a18-24）。アリストテレスはそのさい、抑制のない人を「言葉のうえだけ」の初学者になぞらえている。このことを踏まえながら提示されることになるのが、「教育」

というマクロ的視点から『倫理学』全体の帰趨を方向づける「パイノメナ」である（第一〇巻第九章）。すなわち——

> 現状において言葉（ロゴス）はどのようなものに見える（φαίνονται）のかといえば、一方では、若者たちのうちで自由人的な人間の向きを変え、彼らを刺激する力をもち、また生まれのよい、真に美を愛する性格（エートス）の持ち主を徳の虜にするが、他方では、多くの人々を善美の事柄へと促すことはできない。というのも、多くの人々は自然本性的には（πεφύκασιν）、慎みにではなく、恐怖に従い、彼らがもろもろの低劣なことを差し控えるのも、醜さのゆえにではなくて、いろいろと罰せられるからである。事実、多くの人々はパトス（情念・感情）によって生き、自分たちの固有の快楽およびその快楽の種にあるものを追求し、快楽と反対のさまざまな苦痛を避けるが、もともと彼らは、美しく、真に快いものを味わったことがないので、そのようなものには考えも及ばないのだ。だとすれば、こうした人たちを、いったいどのような言葉が改変できるだろうか。なぜなら、ずっと以前から性格に染みついているものを、言葉によって取り除くことは不可能であるか、あるいは容易ではないからである。（1179b7-20）

ここでは、言葉、自由、性格、徳、善悪美醜、自然本性、パトス、快苦——こうしたマクロ的概念を埋め込みながら、無抑制論の核心部分を投影した問題圏が「パイノメナ」（φαίνονται → φαινόμενα）として集約されている。そして、やや差別的な響きの伴う「多くの人々（大衆）」（οἱ πολλοί）とは、言葉だけでは徳に導かれることのない人々である。言葉が人々を徳に誘導するためには、それに先だってすでに人々の性格がしかるべき状態に習慣化され教育されていなければならない。そうでない場合には、言葉による議論や説得は虚しいとされる。そして、自分の知を表明する言葉が空転しているときが、抑制のない人がまさに無抑制の状態で行為しているときにほかならない。

とはいえ、第七巻の無抑制論での記述がそのままここで復唱されているわけではない。第七巻第二章の記述では、「抑制のない人は、自分のなすことを低劣だと知りながら、パトスのゆえにそれを行なうが、他方、抑制のある人は自分の欲望を低劣だと知っているかぎり、ロゴスのゆえにそうした欲望には従わないのである」とされていた。それでは、前掲引用において「(罰せられることを恐れて) もろもろの低劣なことを差し控える」と語られる「多くの人々」は、はたして「抑制のある人」なのか。第七巻に従えば、第一〇巻の「多くの人々」は「抑制のある人」とはいえない。第七巻では「罰を恐れて」ではなく「ロゴスのゆえに」と語られていたからだ。しかし他方で、「多くの人々」は悪徳に分類される「放埒な人」でもない。なぜなら、「多くの人々」は自分に固有の快楽追求に染まった性格をもっているとはいえ、その改変の可能性が全面的には否定されていないからである。[13]

それでは、第七巻冒頭での区分――節度、抑制、無抑制、放埒――に即せば、「多くの人々」は抑制のある人と抑制のない人との中間に位置することになるのだろうか (むろん節度ある人に分類されることはない)。だが、「多くの人々」がその基本的区分を提示する段階 (メソ的視点) で考慮されていないというのも奇妙である。

この問題を考えるためには、上掲箇所に登場する類型を再確認しなければならない。そこでは、「若者たちのうちで自由人的な者」、「生まれのよい、真に美を愛する性格の持ち主」、そして「(罰せられることを恐れてもろもろの低劣なことを差し控える）多くの人々」という類型的区分が示されている。この区分には「若者たち」が入っていることもからもわかるように、第七巻における性格の四類型が形成された段階での区分ではなく、形成過程の段階での区分が念頭に置かれている。四類型の性格が形成される過程の段階であるにもかかわらず、「性格」への言及があるため紛らわしい記述になっているが、これら三つの区分はいずれも四類型の性格的区分ではない。

　以上を踏まえれば、第一〇巻第九章でのアリストテレスのねらいは明確であろう。すなわち、性格の諸類型をその形成過程という時間軸（範型としては「善き人になる」）を想定したうえで[14]、倫理学から政治学への橋渡しを提示しているのである。それゆえ、前掲の引用に続けて、以下のように語られることになる。

> われわれが善き人になるのは自然によるとある人々は考えているが、しかし、習慣によると考える人たちもいれば、あるいは、教示［学習］によると考える人たちもいる。ところで、自然に属する事柄は、明らかに、「われわれの力の範囲内にあるもの」ではなく、何らかの神的な原因によって、真に幸運な人たちにそなわっているのである。（1179b20-80a5）

「自然」が「われわれの力」の及ばないものだとすれば、残るのは「習慣」と「教示（学習）」である。だが、自然的契機がすべて除外されるわけではない。むしろ、ここで除外される「自然」は、あくまでも「神的な原因」や「真に幸運な人たち」と限定されるような、言ってみれば僥倖的自然である。このようなレベルでの自然を除外したとしても、「習慣と教示にかかわる自然」はむしろ逆にほとんどそのまま残りうる。それゆえ、アリストテレスの構想に従うならば、習慣と教示、言い換えれば、広義の教育は、まさに人間の自然的本性のうえに築かれる可能性を閉ざしていない。そしてそれは、第三節末尾ですでに確認していたように、「大人」にとっても開かれている（開かれていなければならない）可能性なのである。

前途瞥見——無抑制論の考察に向けて

「政治学」というさらにマクロ的視点からすれば、「倫理学」は輪郭の素描にとどまらざるをえなかった。そして、倫理学から政治学へと引き継がれるのは、倫理学・政治学全体の目的としての「善き人になる」ための「教育と法」のあるべきかたちを探究することである。しかも、その探究が目指すのは、「ノモス」という相対的で慣習的な性格のものではなく、まさに人間としての「ピュシス」という普遍性にほかならない。あるいは、その探究は「ノモス」と「ピュシス」との一体化を志向する、と言うべきかもしれない。アリストテレスは、「政治学」の構想を以下のように遠望している。

まず、先行する者たちによって語られた見解が何か細部にわたって適切であるかどうか、これを通覧し、つぎに、記録収集された諸国制に基づいて、どのような要件がそれらポリスを保全し、また滅ぼすのか、またどのような要件が各種の国制を維持し、また倒すのか、［中略］ということを考察するようわれわれは試みることにしよう。実際、このような考察がなされたならば、おそらくどのような種類の国制が最善であるのか、またどのようにしてそれぞれの国制が編成されれば最善のものとなるのか、またそのためにはどのような法と習慣が採用されるべきか、こうした事柄をより包括的に視野に収めることができるだろう。（1181b 15-23）

こうした課題設定と方法論に投射されているのが、「人間は自然本性的にポリス的動物である」（『政治学』第一巻第二章）という原基的洞察である。われわれ人間にとって「ポリス的動物」であることの「自然」は、いまなお未開拓の領野に置かれている。それはまさに、アリストテレス自身が構想して取り組んだように、動物学、霊魂論、倫理学、そして政治学などの諸学を統合する俯瞰的考察を必要とすると言わなければならない。こうした事態を受けとめて、「人間にかかわる事柄についての哲学」の完成に向けた「法と習慣」を見据えるアリストテレスの方向性について、アナクロニズムに陥ることを恐れず、と同時に、たんなるパターナリズムの復誦に堕することには警戒しながら、[15] 近代の古典的著作の一節をいわば本歌取りすれば、それは以下のようになるであろうか。

一方の極にポリス的民主制の条件が自由として現われ、他方の極に政治参加する以外には何もすることのない人間たちが現われるだけでは、［古代民主制の確立には］十分ではない。また、こうした人間たちに自ら進んで政治参加するように仕向けるだけでも、十分ではない。ポリス的市民階級は、古代民主制が進行するなかで形成されるのであり、教育と伝統と習慣をつうじて、古代民主制の要求するもの［規律］を自明な自然法則として承認してしまうのである。[16]

「ピュシス」と「ノモス」についての輪郭的描写を配視しつつ、無抑制をめぐる「難問の解消」がいかなる意味で政治学にとって有用なのかを見定めることが、無抑制論の核心部のもつ可能性と意義の「発見」につながるといえる。このことを、アリストテレスによる無抑制論の再検討のための予備的指針としたうえで、稿を改めてわれわれは第七巻第三章の難所に取り組まなければならない。

【註】

（1）『ニコマコス倫理学』からの引用はベッカー版の頁・行数を示す。引用にさいしては、朴一功訳（京都大学学術出版会）と神崎繁訳（岩波書店）を参照したが、本稿の記述に合せて改変していることをお断りする。

（2）Lorenz, H.［2014］"Aristotle's Analysis of Akratic Action", p. 242, in Polansky, R.（ed.）［2014］*The Cambridge Companion to Aristotle's Nicomachean Ethics*, Cambridge U. P., pp. 242-262.

（3）Hughes, G. H.［2001］*The Routledge Guidebook to Aristotle's Nicomachean Ethics*, Routledge. p. 174.

（4）本稿の見通しでは、アリストテレスの無抑制論の難所を切り抜けるためには、συμφυῆναι［1147a22］を含む「ロギコース」と「ピュシコース」φυσικῶς［1147a24］との関係を視野に入れながら、第七巻第三章を再構成することが求められるが、それは別稿に譲らざるをえない。

（5）無抑制を論じるうえで、『エウデモス倫理学』との「共通巻問題」は避けて通れないが、本稿では『ニコマコス倫理学』を検討するにとどまる。

（6）無抑制論を脇道とみなす解釈については、以下を参照。Pakaluk, M.［2005］*Aristotle's Nicomachean Ethics: An Introduction*, Cambridge U. P., p. 3. なお、倫理学的考察のテーマが立法家にとっても有益であるという'characteristic touch'（Burnet, J.［1900］*The Ethics of Aristotle*, London, p. 111）については、1109b34 を参照。

（7）「パトス」と「ロゴス」は、朴訳では「情念」と「理性」、神崎訳では「感情」と「理《ことわ》り」である。

（8）パイノメナの提示と探究方法論との関係については、新版『アリストテレス全集』第一巻所収の神崎繁による編者解説（三八〇－九九頁）がひとつの全体像を描出している。ただし、方法論についての公認の解釈はまだないともいえる。Cf. Frede, D.［2012］

"*The Endoxon* Mystique: What Endoxa are and What They are or not", pp. 188-9, in *Oxford Studies in Ancient Philosophy*, vol. XLIII, Oxford U. P., pp. 185-215.

（9）パイノメナ相互の関係は詳細に検討されなければならないが、本稿では以上のみとする。

（10）この論点に関しては、少なくとも、「快楽に負ける」（1145b35）を含む一節、および、「無限定で抑制のない人」についての記述での快苦への言及（1147b21-23）を検討しなければならないが、前注（4）の論点と合わせて別稿の課題としたい。むろん、快苦は暗黙裡に言及されているという見方もある。以下を参照。Cooper, J. M.［2009］"Nicomachean Ethics VII. 1-2: Introduction, Method, Puzzles", p. 38, in Natali, C.［2009］*Aristotle's Nicomachean Ethics, Book VII*, Oxford U. P., pp. 9-39.

（11）Cf. Cooper［2009］*op. cit.*, p. 36.

（12）解釈の全般的な傾向としては、1147b13-17の記述を踏まえて、ソクラテスの見方との理論的な調停案を提示するのがアリストテレスの方針だとされる。Cf. Robinson［1969］"Aristotle on Akrasia", in Barnes, J., M. Schofield, & R. Sorabji（eds.）［1977］*Articles on Ethics II: Ethics and Politics*, Duckworth, pp. 79-91. しかし、そこにはなお慎重な配慮が必要であるように思われる。

（13）この点については、『倫理学』第七巻第一〇章の記述も参照。

（14）Cf. Burnyeat, M. F.［1980］"Aristotle on Learning to be Good", in Rorty, A.（ed.）［1980］*Essays on Aristotle's Ethics*, Berkeley. pp. 69-92.「善き人になる」は『倫理学』を貫通する鍵概念であるが、それが最終巻最終章でも確認されている（1179b4, 20, 80a15）。

（15）Cf. Conly, S.［2013］*Against Autonomy: Justifying Coercive Paternalism*, Cambridge U. P., pp. 69-73, Lebar, M.［2013］"Virtue and Politics", in Russell D. C.（ed.）［2013］*The Cambridge Companion to Virtue Ethics*, Cambridge U. P., pp. 265-289.

（16）マルクス『資本論』第一巻第二四章「原初的（本源的）蓄積」第三節（Marx［1962］*Das Kapital. Bd.1*, Dietz, S. 765）の一節が、ここでの本歌である。このような本歌取りを可能とする解釈については、以下を参照。Bodéüs, R.［1993］*The Political Dimensions of Aristotle's* Ethics, trans. by J. E. Garrett, State University of New York Press, 1-VI, 5-V.

（付記）本稿は、拙稿「『ニコマコス倫理学』におけるピュシスとノモス――アクラシアー問題への予備的考察として――」（『ヨーロッパ研究』第10号［二〇一五年］所収）の改訂版である。

篠澤　和久（しのざわ　かずひさ）
東北大学大学院情報科学研究科准教授
一九五六年宮城県出身
東北大学大学院文学研究科博士課程単位取得退学
文学修士
専門：ギリシャ哲学
主な著作：〈共編著〉『人文社会情報科学入門』（二〇〇九年、東北大学出版会）、〈共編著〉『倫理学の地図』（二〇一〇年、ナカニシヤ出版）、〈共著〉『高校倫理からの哲学　第二・第四・別巻』（二〇一二年、岩波書店）

2 明証性と価値判断
――デカルトの倫理学をめぐって――

村山達也

第一節　デカルトの倫理学？

「デカルトの倫理学」という表現には奇異の念を抱かれるかもしれない。デカルトと言えば、『省察』が切り開いたラディカルな認識論と存在論とであって、倫理学の分野で彼が何か目立ったことをしたという印象は薄いからである。標準的な概説書をいくつか覗いてみても、倫理学・道徳論を扱う箇所の割合は、日本語と英語のものでは一％を切り、仏語のものでも五％前後でしかない(1)。

だが実際にはデカルトは、倫理学的な主題への関心を探求の主要な動機の一つとしていたし、その関心からの言明や考察も、散発的にではあれ、数多く行なっている。私も、彼の倫理学とその意義について、まずは要点をまとめることから始めようと思う。

ただしそのまとめから分かるのは、デカルトの倫理学はつまらない、ということである。もちろん多少の留保は必要であろうし、「つまらない」というのも私の趣味判断でしかない。とはいえ、それほど奇矯な主張をしているつもりも私にはない。これは、彼に好意的な解釈者たちからさえ、ときに――ごく控え目に、あるいは暗示的に――下されてきた評価に過ぎないのだ。ではデカルトの倫理学は、どこが、なぜ、どのようにつまらないのか。それをはっきりさせることが、本稿の後半の課題となる。

なぜそんな後ろ向きなことをするのか。それは一つには、あれほどの哲学者が、強い関心を抱いていたにもかかわらず、あれだけのことしか残さなかったというのは、それとして考えるに値する問題だと思われるからである。しかしそれだけではない。この検討は、デカルト以降の（意外にも）認識論の歴史へのある展望を開くことに繋がり、さらには、彼自身が成立に与った自然観を踏まえて人間的営為を考える上で、一つの鍵となる問題を提起しもするのである。さすがにデカルトともなると、つまらなさの解明にさえ、これだけの眼目が備わるのだ。

私の批判が歴史意識の欠如によるものでしかない可能性はある。だが、『方法叙説』や『情念論』で古人の学問をあれほど激しく攻撃したデカルトであれば、この程度のささやかな蛮勇はむしろ奨励してくれるかもしれない（そもそも、こうした哲学史的な仕事に興味を示すとすれば、だが）。ともあれ、さっそくデカルト倫理学の概観に移ることにしよう。

第二節　デカルトの倫理学　瞥見

倫理学とは、雑駁に言えば、道徳と幸福についての哲学であり、そして道徳と幸福はひとまずは別のものである。それゆえ以下でもこの二つを区別して話を進めていくのだが、一つ注意すべきことがある。デカルトの倫理学は、古代ギリシャ以来の伝統をもつ幸福主義《エウダイモニズム》に属している。すなわち、道徳的・有徳であることを、幸福であることの主要な構成要素、ないし十分条件などとみなし、両方のあり方を併せもつ「よい人生」の具体的な姿や実現法を探求する、倫理学上の立場・考え方である。そのため、デカルトが用いる「よい（bon）」やその関連語は、道徳と幸福のどちらに関わることなのか（例えば、「道徳的だ／徳に適っている」という意味なのか、「幸福に資する」という意味なのか）、見極めがときとして難しい[2]。訳し分けなどによってできるだけ混乱のないようにするが、こうした事情もあることには留意されたい。

では始めよう。まずはデカルト哲学全体の動機を確認し、次に、彼の道徳論の発展を三段階で整理する。その後で、彼の幸福概念をまとめ、最後に、彼の倫理学全体の意義について述べる。

1　デカルト哲学の動機——真理・道徳・幸福

『方法叙説』第一部によれば、デカルトは修学時代、「人生に有益なことすべてについての明晰で確たる知識」（VI:4）を既存の学問から得られると期待し、そして、失望させられる。しかし、「行為においてものごとを明晰に見定め、確信をもって現世の人生を歩むため、真を偽から区別できるようになりたいという、極度の欲求」（VI:10）は止みがたい。かくして彼は、理性だけを導きとして知識を探求する決意を、徐々に固めていったのである（VI:9-10）。

有益なことについての真理を認識する（ための能力を涵養する）ことによって、現世で確信をもって生きること。これが、最初期から一貫して、彼の真理探究の目的をなしている[3]。晩年の言葉も引いておこう。

かくして哲学全体は一本の樹のようなものです。その根は形而上学、幹は自然学で、幹から生える枝は〔…〕医学、機械学、道徳という主要な三つに集約されます。〔…〕果実が枝の先からしか取れないように、哲学の主たる有益さも、最後になって初めて学べる部分の有益さに依存しているのです。(『哲学原理』仏訳版序文 IX-B:14-5)

医学、機械学（技術）、そして道徳。このうち前二者は、『方法叙説』第六部では、「あらゆる人間全体の幸福」の達成に枢要な知識とされていた（VI:61）。つまりここでも、哲学（知識の探求）の主たる意義は、道徳と幸福とに関してそれがもたらす成果に存するとされているわけである。倫理学的な主題がデカルト哲学の主要な動機でありつづけたことは、もはや明らかだろう。

2　デカルト道徳論の発展

第一段階――『方法叙説』（一六三七）における「暫定的道徳」

いま引用した文章はこう続く。肝心の医学や道徳について、「私はほとんど何も知らない」（IX-B:15）。[4] 死の三年前のことである。とすれば、探究の途上、ましてや端緒においてはなおのことであろう。そのときの状況を、やはり『方法叙説』で確認しておこう。

一六一九年頃、デカルトは、本格的な探究の準備として、「疑いの余地が一切ないほど明晰かつ判明に精神に現れるもの以外は自分の判断として取り入れない」ことにする（第二部 VI:18）。だが、だからといって、まったく行為せずにいることはできない。そこで、そうした「自己鍛錬」（VI:22）のあいだにも「できる限り幸福に生きられるよう、私は、備えとしての道徳を自ら定めた」。

第一の格率は、自分の国の法律と習慣に服し、〔…〕子供の頃から教え込まれた宗教を保持し、〔…〕最も穏健な意見に従って行為することであった。〔…〕第二の格率は、行為においてできる限り堅固にして果断であり、いったん決めたら〔…〕態度を変えずにそれに従うことであった。〔…〕第三の格率は〔…〕世界の秩序よりはむしろ自分の欲望を変えるよう、絶えず努めることであった。（第三部 VI: 22-5）(5)

これがいわゆる「暫定的道徳」である。最後のものが多少目を引きはするが、全体として、退屈という印象は拭いがたいだろう。もちろん、デカルトがモンテーニュなどから何を受け取り、どう変化させたのかを調べるといった仕事には、固有の意義がある。(6) だが、そうした衣を剥ぎ取った後に残るのは、昔の偉い人が遺した人生訓・処世訓に過ぎない。だから、いざ肯定的に評価しようとすると、計画を進める際の（スピノザも『知性改善論』第一七節で真似た）慎重さであるとか、第二の格率に窺える「潑剌剛毅」(7) な性格とかが挙がることになるのである。なお、『方法叙説』序文には、これらの格率は「〔真理探究の〕方法から引き出された」とある（VI: 1）。道徳上の真理が方法によって導出されるのかと期待されるところだが、これは実際には次の意味である。すなわち、方法を用いることでよりよい意見や真理が分かれば、方針を修正したり（第一・第二の格率）、いまは手に入れられないものを獲得したり（第三の格率）できるようにもなるということを考慮して、方法にあわせてデザインされており、方法のおかげで安心して採用することもできる、という意味に過ぎないのである。(8)

さて、そうすると、暫定的道徳にはデカルトの趣味がいくぶんか反映されていると考えることができるだろう。上記の意味で「方法から引き出され」る結果はさまざまでありうるし、そこから最終案を決定する際に趣味や願望が紛れ込む余地もまたあるからである。そして実際、この観点から周辺の箇所を読みなおすと、いくつかの特徴的なモチーフが浮かび上がってくる。

第一の格率には実は予備条項がある。「自由を制限する約束はすべて行き過ぎとみなし」(VI:24)、結ばないようにせよ(事情の変化を考慮していないという点で、穏健ではなく、行き過ぎだから)、というものである。自由を保つためとはいえ、この意見を「最も穏健」と呼ぶことはとてもできまい。また、第二の格率の成果としてデカルトは、「後悔や良心の呵責から自分を解放できた」(VI:25)ことを挙げているが、おそらくはこの成果こそが第二の格率のねらいである。デカルトにとって「心の平穏」は「私が何よりも大切に思っているもの」だからである(VI:74)。そして最後に、第三の格率——完全に自由になるのは思考だけだということを心に銘じ、かつ、理性によって可能だと知られたことだけを望むようにせよ——からは、理性によって欲望を制御したいという願望を見て取ることができるだろう。

つまり、理性によって欲望を制御して、心を平穏にし、自由を最大限に行使したい、これが、暫定的道徳の背後にあるデカルトの倫理学的な関心、言うなら趣味なのである。[9] そして、この価値観の基礎づけと、この目標の達成とが、次の段階からのデカルトの課題となる。

第二段階——『省察』(一六四一)における「自由」

二〇年以上の準備を経て、デカルトはついに本格的な探究に取り掛かる。『省察』である。さて、ここで問題となるのは「善悪の追求〔…〕ではなく、真偽の判別」(VII: 15; cf. 22) である以上、倫理学の観点から何かが論じられることはない。しかし、デカルト倫理学にとって重要な主題が論じられはする。それが、神の善性・誠実と、人間の自由である。順に確認していこう。

第一省察でデカルトは、「まったく確実で疑いえないわけではないものには〔…〕注意深く同意を差し控える」(VII: 18) という「誇張的な懐疑」(VII: 89) を行ない、「神は私を、つねに間違うように創造した」、いわば「私を欺いている」のかもしれないとさえ想定するに至る (VII: 21; cf. 36)。[10] だが第二省察で彼は、考える「私」が存在するということを真理として確証し、そのことを足掛かりとして、第三省察ではさらに次の成果を手にする。「あらゆる完全性を備えたもの」、すなわち神が存在する、しかるに、「欺瞞が何らかの欠陥に基づくことは、自然の光〔理性〕によって明らかである」、ゆえに、「神は欺瞞者ではありえない」(VII: 52; cf. V: 151) ――こうして、「神の誠実」が確保されたわけである。

神の存在証明は措くとしても、「欺瞞は欠陥に基づく」という前提に依拠する最後のステップもやはり納得しがたいだろう。実際、第二省察までの慎重な議論運びとは異なり、第三省察は、「自然の光によって明らか」とだけ言ってさまざまな前提を証明なしに導入していくのであって、いまの前提もその一つである。だがこの点は後で論じる。いまは「人間の自由」に移っておこう。

『省察』の自由論は第四省察の誤謬論のなかで展開される。まず、定義上、神は最完全であり、「最善のことをつねに意志する」はずである。[11] だが、その神が創造したこの「私は、無数の誤謬に曝されている」。注意しても上手く用いることができない能力を被造物に与えるというのは、神の善性と矛盾するのではないか (VII: 54-5; cf. 21)。――これが第四省察の問いである。デカルトの回答は以下のとおり。一方で、「理解する能力は〔…〕私においてひどく限定されている」。だが他方で、人間の意志は「それ自体として見れば〔…〕完全」であり、真偽不明なことにも自由に判断を下しうる。「かくして、私は誤る」のだ（VII:57-8）。

人間の意志は完全だ、などというのは信じがたく思われるが、デカルトは、堅固さなどの点で意志に制限・程度があることは認めている（VII:57）。だから、「それ自体として見れば」という限定句に注目しなくてはならない。意志するとは、継続できるかどうかといったことを度外視すれば、するかしないかの二者択一、ゼロか一かの働きであって、そこに何かをつけ加えることはできない――これが、人間の意志は完全だということの意味なのである（cf. V:158; AL II:461, n.1）。

だがこのことは、私たちにはいつでも恣意的選択が可能だということを意味しない。そうした、いわゆる無差別の自由は、デカルトによれば「自由の最低段階」に過ぎない。むしろ、例えば真理を認識することで「一方にいっそう大きく傾くほど〔…〕それだけいっそう自由に私はそれを選ぶ」のだし、そのとき「私は、まったく自由ではあるが、けっして無差別ではありえない」（VII:57-8; ただし cf. IV:173）。あの誇張的な懐疑（わざと疑うこと）も、真理を見出した後にはもはや不可能なのだ。――以上が、『省察』の自由論である。

ところで、第四省察のそもそもの出発点であった、人間の誤謬可能性（認識能力の限定性・有限性）と神の善性との矛盾はどうなったのか。デカルトは答える。「神の本性は〔…〕把握できない」のだから、「私には理由が理解できない何かを神がしたとしても驚くべきではない」（VII:55）。一見して不可解でも、神には神なりの理由があるのだから、受け入れろ、ということである。こうして彼は、自然学で目的因を用いる（神の意図を忖度する）べきではないという、近代科学の礎の一つをなす主張に至る（cf. VIII:15-6）のだが、実のところこの主張は、神の善性を認めることと緊張関係にあるだろう。これについても後ほど論じる。

さて、自由はすぐれて倫理学の主題たりうるが、倫理学とは無関係に、つまり、幸福や道徳とは無関係にも論じうる——まさに、いまの第四省察のように。[12] では、上記の自由論は、倫理学にどう繋がっていくのか。それは、人間の意志は完全なので「神の意志でさえそれより大きいとは思われず〔…〕まさに意志を根拠に、私は自分を神の似姿〔…〕とみなす」（VII:57; cf. II:628; V:85）ということを通じてである。自由論が、神を経由して、倫理学の理説となる。[13] その結実が、『情念論』の「高邁」である。

第三段階——『情念論』（一六四九）における「高邁」

高邁の話に入る前に、まずは、『情念論』での、情念の発生メカニズムの説明を確認しておこう。デカルトが動物を自動機械とみなした（VI:56-9）のは有名な話だが、この説は、動物が行なう程度のことは人間においても機械仕掛けでなされるということを強く示唆する（a. 3, 16; VI:45-6; VII:229-30; XI:202）。身体は、危害を加えてくるものを知覚すると自動的にそこから遠ざかろうとし、望ましいものを知覚すると自動的にそれを入手しようとするのだ。その際にはもちろん、「動け」という指令を筋肉に送る働きが脳で生じている。そして、脳におけるその働きの、精神における反映が、恐怖や欲望といった情念なのである（a. 29, 36, 38, 106）。[14]

情念についてのこの説明は、第一に、情念と意志との葛藤についての伝統的な説明図式を書き換える。この葛藤は、魂の「劣った部分と優れた部分との〔…〕闘い」といったものではなく、脳内に自動的に生じた「運動と、それに反する意志との闘い」なのだ（a. 47）。また第二に、闘う相手がこうして明確になったことで、基本的な闘い方も明確になる。その情念に身を任せてはならないと「得心させる理由や対象、実例を懸命に考え」て、脳に別の運動を生じさせ、自動的に生じた運動に対抗させればよいのである（a. 45; cf. 44-50）。先にデカルトの趣味として指摘した、理性によってなされる欲望の制御に、こうして具体的な指南が与えられたわけである。

だがこれだけだと、倫理学とは言えるかもしれないが、道徳論ではない。情念の制御法は、本来の望みを貫徹する助けになる点で、幸福には資するかもしれない。しかし、その望みの道徳的な善さはどう判定すればよいのか、あるいは、何をすることが道徳的なのか、これがまだ明らかではないからである。この点について、デカルトは一方では、真理に基づいてさえいればその望み・欲望は善であると素朴に前提しているようにも見える。[15] ただし他方では、それなりに理由の伴った「意見」（a. 152）を提出してもいる。まず、次の文章では、私たちが自己を尊重しうる、その根拠が示される。

> 私たちが正当に賞賛されたり非難されたりしうるのは、自由意志に依存する行為についてのみである。そしてこの自由意志は〔…〕私たちを自分自身の主人とすることによって、私たちをいわば神に似たものにする。（a. 152）

前半は、（肯定的評価も含めた）道徳的帰責一般の必要条件を述べている。「真の意味で私たちに属するのは意志の自由な裁量だけ」（a. 153; cf. V:83）であるから、偶然的条件に左右される事柄は、相手が自己であれ他者であれ、賞賛や非難、尊重や軽視の対象にはなりえない、というわけである（最も自分の自由になるもの＝意志だけが価値をもつ、というのは、第三の格率を連想させる）。しかもその意志は、先述のとおり、神のそれにも等しい完全性をもつ。[16] この二つのことが合わさって、自己尊重の根拠を形成するわけである。そしてこの意見はさらに二つの主張と結びつく。まず、「最もよいと判断すること〔…〕を遂行すべく、意志を決して捨てない」のが「徳に完全に従う」ことであり（これは第二の格率を連想させる）、そのことへの「堅固にして不変の決意を感じる」ところに「高邁」という情念が成り立つ（a. 153; cf. IV:265, XI:650）。これが一つめである。もちろん、これまでに述べられたことだけでは、道徳的善悪の規準の説明としては不十分に見える。示されたのは、自由意志が、自己尊重と、徳と、高邁という情念との根拠であり、道徳的帰責の必要条件でもある、ということに過ぎないからである。だから、第二の主張を見よう。すなわち、高邁を感じる人は、「他の人間もよい意志をもつ、少なくとももちうる、と想定する」ので、「誰のことも軽視しない」（a. 154）。神的な自由意志の承認は、他者尊重の根拠ともなるのである。しかもそれだけではない。

> 高邁な人は、自分の利害を軽視して他の人のためによいことをするのを何よりも大きなことと評価するので、つねに完璧に、誰に対しても礼儀正しく、愛想よく、親切である。（a. 156）

なぜ他者尊重がそのまま利他性・自己犠牲に繋がるのか、デカルトは詳細には論じていない[17]。ともあれ、いったんまとめておこう。情念のメカニズムについての真理の認識が、情念の制御法をもたらし、実践的状況についての真理の認識に基づいてその制御法と意志とを存分に活用する＝自由を最大限に行使するところに、高邁が生まれる。そして、この高邁こそ、「あらゆる徳の鍵」（a. 161）であり、他者尊重への鍵である。――以上が、デカルトの道徳論である。

3　デカルトの幸福概念――認識・神・情念

デカルトの幸福概念にも、道徳論の発展に応じた緩やかな変化を見て取ることができる。まずは、最初の二段階で幸福とされているものを列挙しておこう。第一段階の時期に登場するのは、「真理の認識」に伴う「極度の満足」と、「現世のよいものすべての基礎」をなす「健康」、そして「精神の完全な平穏」の三つである。第二段階ではさらに、第三省察での神の存在証明の後で、「神の荘厳さの観想」には「現世で私たちに可能な最高の快」が伴うと述べられる。[18] ただし、デカルト倫理学においてこの最後の要素の影は薄い。[19] そもそも、この快を感じるには、「精神を感覚から引き離し」(VII:52) て神を認識する必要があるが、デカルトによれば、そうした思索には「一年のうちほんの僅かな時間」しか割くべきではないのである (III:692)。

第三段階の時期には、以上のすべての要素が、情念と関係づけられて再登場する。特に重要な二つを見ておこう。[20] まずは、「健康」に基づくよいもの。「精神が身体と共有する（＝心身合一体としての人間に生じる）快楽はすっかり情念に依存しているので、情念に最も動かされる人間は現世において心地よさを最も味わうことができる」(a. 212; cf. IV:202, 287, 309; V:135)。さらにデカルトは、おそらくはこの主張の支えとして、「すべての情念はその本性上よい」(a.211) とさえ言う。これは、神の善性・誠実からの帰結である (cf. VII:80, 87; AL III:1100, n.1)。人間が情念を感じるよう定めたのは神である。神は誠実である以上、情念の伝えることが何かしら真理を含んでいるのは疑いえない。その真理とはすなわち、生命維持のために取るべき（自動的に準備される）態度についての真理である (a. 40, 52, 90, 137)。また、神は最善である以上、情念は「巧みに取り扱って」(a. 212; cf. 144)、「悪用や行き過ぎを避けさえすれば」(a. 211; cf. 74, 138)、有益なものであることも疑いえないのである。

そして、情念のその巧みな取り扱いを、「意志に固有の武器によって」(a. 48)、すなわち、徳に完全に従って「高邁」を感じるような仕方で行なうとき、そこに、『方法叙説』で言えば「精神の完全な平穏」、『情念論』で言えば「満足」(a. 148, 190) が成り立つ[21]。

> 厳密に徳に従う〔…〕という点で良心に咎めるところのないように生きてきた人は誰でも、そのことから満足を得る。この満足は、その人を幸福にするきわめて強い力をもち、情念の最も激しい衝撃といえども、その人の魂の静穏を乱す力はもたない。(a. 148)

かくして、道徳的・有徳であることは、幸福の十分条件をなす。――これが、デカルトの幸福主義的倫理学の結論である (cf. IV: 263-4, 283-4)。伝統的な用語と対応させてまとめなおすならば、彼にとって、徳に完全に従う＝意志を十全に活用することが「最高善」、そこから得られる満足が「至福」であり、「究極目的」とは、目指すべきものとしては最高善、究極の報奨という意味なら至福のことなのである (IV: 275-7)。

ところで、意志を十全に活用することは、なぜ、最高の善とされるのか。おそらくはこれも、神の善性からの帰結である。私たちに真に属する (私たちから奪いえない) のは意志だけである、というようにしたのは神である。そして、私たちが最高の善に到達しえない世界を神が創造するはずがない。とすれば、意志の十全な行使こそ、最高の善である。――おそらくこうした推論が、上記の概念布置を支えている (cf. a. 146; V: 82-4)。

４　意義――自由

自由意志の価値をこれ以上ないほど高く掲げたことが、デカルト倫理学の最大の意義であろう。解釈者によっては、デカルトをカントの先駆者とさえ位置づけるほどである。高邁という概念に寄せて、ある解釈者は述べる。「無制限に善いとみなされうるものとしては〔…〕善意志しか考えられないというカントの有名な言葉は〔…〕デカルトによって初めて語られた」[22]。もちろん、自由の内実や、道徳と幸福の関係など、埋めがたい決定的な差異はある[23]。だが、自己と他者の尊重という道徳の基本原理を、デカルトが人間の自由に基づけたこと、これもまた確かなことなのである。

この功績はどれだけ強調してもしすぎることはない。だが私には、暫定的道徳から高邁へと至るこの発展は――社会という視点がほぼ欠落しているからか、デカルト哲学に特有の厳密さがここには欠けている（cf. Gueroult（1953 II: 270））からか――奇妙に平板に映る。倫理学の観点からは、汲むべき洞察に乏しいように見えるのである。現時点でこの意見に賛同していただく必要はない。むしろ、以下では、私のこの漠然とした感じにはっきりした姿を与えて、この意見の説得力を少しでも上げることを試みたい。

第三節　解釈上の二つの問題

１　「暫定的」とはどのような意味か

いま述べた目的を達成すべく――というのが偏向しているように思われるなら、デカルト倫理学の全体としてのあり方を評価すべく――、ここでは二つの問題を検討しよう。

「暫定的」と聞くと、私たちはつい「決定的」を連想してしまう。では、決定的道徳なるものはあるのか。これが最初の問いである。なお、念のために注記しておけば、デカルトは「暫定的道徳（morale provisoire）」という言い方は（そして「決定的道徳」という言い方も）一度もしていない。『方法叙説』で語られたのは「備えとしての道徳（morale par provision）」であり、この表現自体に「暫定的」という意味はないのである。[24]とはいえ、先述した哲学の樹の、その枝に生る道徳が「最も高次で最も完全な道徳」と呼ばれ、その直後には『方法叙説』の三つの格率が「不完全な道徳」と形容されている（IX-B:14-5）ことを勘案するならば、あの三格率から暫定的という位置づけを――延いては「決定的道徳」との繋がりを――消し去ることは難しい。[25]

もちろん、デカルトは決定的道徳に到達してはいない（「ほとんど何も知らない……」）。だがそれは、彼が一歩も前進しなかったことを意味しない。だから問題は、どの点で、どの程度、前進したのかである。[26]以下、便宜的に三つの観点を設定し、簡単に確認していこう。すなわち、価値論（何に価値があるのかについての理論）と、それを説明する概念の精度と、価値あることを達成する技法である。

価値論にほぼ変化のないことは既に見たとおりである。デカルトは、暫定的道徳が示していた趣味を、驚くべき一貫性をもって最後まで追及している。もちろん『方法叙説』の史実的な正確さは疑われてよく、出版時に四〇才を過ぎていた彼の趣味が、二三才頃のことの記述に混入しているのかもしれない。そして、四〇過ぎの人間にとって、自分の価値観を吟味し、更新することは――あらゆる知識を疑い、認識概念と存在概念を刷新したデカルトにとってさえ――難しいのかもしれない。しかし、たとえ『方法叙説』の記述が回顧的な創作を含んでいるのだとしても、記録されている限りでは大きな変化が見られないという事実は動かないだろう。

残りの二つはさらに簡単に済ませよう。概念の精度に多大な向上が見られることは、これまた先の概観から明らかだろう。ごく目立つものだけ挙げても、『省察』の自由論や、『情念論』における、高邁と満足をめぐる論述は、暫定的道徳には望むべくもない内容の充実をもっている。[27] 技法の面でも同様である。『情念論』における、情念への対処法は、意志と情念との葛藤についての説明図式の変更と併せて、やはり暫定的道徳からの大きな進歩である。

つまり、価値論の基本線は変化せず、概念と技法が精緻化していった――これが、暫定的道徳から出発したデカルトの歩みなのである。少なくとも結果から言えば、後二者に関して「備えとしての道徳」は「暫定的」であった、ということになるだろう。この点で、書簡にある次の言葉は示唆的である。「幸福になりたいと願わない人はいませんが、多くの人はその手段を知りません」(IV:282)。おそらく、とりわけ(人体についての正確な知識を要する)技法の点でまだ不十分だから、晩年においても、最完全な道徳について「ほとんど何も知らない」と彼は言ったのであろう(cf. VI: 62; IX-B: 20)。

なお、以上すべての背後には、もちろんデカルト哲学の進展がある。ある意味では、自分の価値論に土台を与えるような仕方で、デカルトの哲学は進展しているのである。[28] このことの傍証になるかもしれない、次のような話題がある。デカルトはあるとき、エリザベトに請われて、「あらゆる行為に際して最もよいものを見分ける」のに必要な一般的知識を四つ挙げる。すなわち、神の善性、魂の不死、宇宙の広大さ、人間は一人では生きられないこと、である(IV:291-4)。ある解釈者が述べた次の言葉に私も賛成である。「これらの真理は、デカルトに共感を覚えずとも抱けるような、世界全般についての見解である。〔…〕彼が主張できるとしたら〔…〕これらが真であると信じるためのよりよい理由を示したということくらいである」[29]。デカルトは、ここでもやはり、あらかじめ存在した価値観に、堅固な哲学的土台を与えているわけである。

2　神が「善い」とはどのような意味か

デカルトは神の完全性からその善性・誠実を結論し、折に触れて指摘したように、自らの倫理学の随所でその結論を用いていた。そしてここには、いくつかの看過しえない問題がある。

デカルトの同時代人の反応から見ていこう。周知のように、『省察』には、神学者・哲学者たちからの反論と、それへのデカルトの答弁が付されている。神の誠実について、第二反論には次の指摘がある。聖書の記述からすれば、神は人間を現に欺くのではないか（VII: 125-6）、と。デカルトは答える。聖書の記述は「普通の人の理解力に合わせた語り方」であり、「人間に関係づけられた限りでの真理を含む」に過ぎないのであって、『省察』のような、「人間に関係づけられていない剥き出しの真理を表現する語り方」とは異なる（VII: 142; cf. 415-6, 428-31）。――人間に関係づけられていない意味での誠実とは何か、ということが気にはなるが、聖書との整合性の件はひとまずこれでよいとしよう。

しかし第五反論では次の指摘が寄せられる。デカルトは神を、全能・全知・最善といった完全性によって特徴づけるが、神がそうした属性をもつとなぜ分かったのか。「これらの属性が神について語られるのをかつて聞いた」から、それらで神を特徴づけているだけのことではないのか。そしてさらに遡れば、これらの属性は「私たちが普段私たちのあいだで賞賛するものから取り出された」ものに過ぎないのではないか（VII: 286-7）。神デカルトの答弁は以下のとおり。たんなる伝聞によるとして、それを私たちに伝えた「最初の人間たちは、神のその観念を何から得たのでしょうか。自分自身からだとすれば、私たちだって同じ観念を自分から得ることができるでしょう。啓示する神からだとすれば、そのことからして、神は存在するのです」（VII:364）。――この興味深い答弁の細部を検討する余裕はいまはない。いま私が問題にしたいのは、この答弁において、神に付与される完全性は「私たちのあいだで賞賛するもの」に由来するのではないかという指摘がきわめて軽く扱われていることである。確かにデカルトは、完全性の観念は私たちには由来しえないと第三省察で論じており（VII:45-7）、いまの引用の少し後でもその論点に触れている（VII:371）。だから、そのことは大枠で認めるとしよう。神の存在証明も正しかったことにしよう。しかし善性についてはどうか。デカルトは、神がすべての完全性をもつということから、神は善性ももつという結論を導出し、その結論を至るところで議論の要として用いていた。だが、その「善さ」は、あまりにも見慣れた様子をしており、まさに「私たちのあいだで賞賛する」ものに似ていなかっただろうか。

このことに関連して、デカルトの永遠真理被造説と道徳的主意主義に触れておきたい。前者によれば、数学に代表される永遠真理でさえ神の創造物であり、神は例えば４×２が８ではないようにすることもできた。そしていわばその系である後者によれば、何が善であるかを定めたのも神である（VII:431-3, 435-6; V:224）[30]。ビュルマンの伝えるところでは、「神は、神を憎むよう被造物に命じ、かくしてそれを善いことにすることもできた」とさえデカルトは認めた――神を憎むのは悪だとひとたび定めた「いまとなってはもうできない」という但し書きを添えて（V:160）。しかし、神はそう定めたということを、デカルトはどのようにして知ったのだろうか。誤謬論のときに確認したように、神の本性や意図は私たちには把握不可能なのだとしたら、神が何を善いこととしたのかもまた分からないはずではないだろうか。

以上はすべて一つの問いをめぐっている。すなわち、神が善性をもつとして、それは人間の尺度における善性と一致するのか。第三省察で言えば、神の善性は本当に欺瞞を排除するのか。かつてある解釈者は、「欺くのは善いことだとすることも神にはできたのではないか」と問い、できないと答えた。神は「純然たる存在」であり、「存在は真理と同じものである」以上、「真を偽（非存在）に置き換えること」、すなわち欺瞞は、神の本性に反するのだ、と。別の解釈者も、同様の趣旨で、「神の誠実は、道徳的価値ではなく〔…〕存在論的要請である」と述べている。デカルトのテキストに即した解釈ではある。デカルトは言う――「人間が神に欺かれるというのが矛盾であることは、欺瞞の形相が非存在であって、至高の存在がそこに赴くことはありえない、ということから明晰に証明されます」（VII: 428）[31]。これが、人間に関係づけられていない「誠実」なのであろう。しかし、この説明を受け入れるとしても、情念の有益さや最高善についての説明を含めた、神の善性が引き合いに出されるすべての箇所に、この説明が妥当するか否かは定かではない。

ここで、ある書簡を参照しよう。デカルトはこう書いている。「善人というのは真の理性が命じることすべてを行なう人である、ということを考えれば〔…〕」（IV: 490）。この言葉と、先ほどのビュルマンとの遣り取りを踏まえたとき、神の善性についての――というよりは、デカルトによるその使用法についての――ありうる解釈の一つは次のものである。デカルトは、道徳に関しても明晰判明な真理は獲得しうる、言い換えれば、明証的な価値判断がありうると考えており[32]、その明証性に、他の判断の明証性との差異を認めなかった。するとこうなる。真の理性によって善いと知られたことは実際に・真に善いことであり（だから、それに従う人は善人である）、真に善いことであるならばそれを定めたのは神であり、神がそう定めたのならば、それは神の善性を反映させており……。こうして、自分が善いと感じたことを神の意志に転写し、転写した先を原本とみなしたとき、そこに成立したのが「神の善性」だったのではないか[33]。もちろん、これは現段階では憶測に過ぎない。だが、こう考えることで多くの箇所が容易に理解できるようになることも、また確かなのである。

第四節　明証性と価値判断

いま見てきた二つの問題の、一つめ（暫定的道徳）によって強く、二つめ（神の善性）によって弱く示唆されているのは、デカルトにとって実践における価値の問題は哲学的考察の対象ではなかった（より正確に言えば、それとして単独で考察すべき特殊な領域をなしてはいなかった）、という結論である。ある解釈者の言葉を借りれば、価値に関する問題についてはデカルトは「誰もが受け入れている価値のヒエラルキーに訴えることで満足し〔…〕いつでも、彼の時代の常識と通念に則って推論している」[34]のである。彼にとって、道徳や幸福についての自分の価値観を疑い、吟味するといったことが問題になったことはなかった。彼にとって問題だったのは、自分の価値観をより明確に表現するための概念を整えることと、その価値観における「よい」ことを実現する具体的な方法を考案することだったのである。

もちろん、あらゆる哲学者が価値の問題に取り組まなくてはならないわけではないし、新しい価値観を提示しなくてはならない（保守的であってはならない）わけでもない。むしろ後者の点ではデカルトは、社会的・伝統的規範に反しないための慎重な配慮（VI: 13-5; cf. II: 35; IV: 536-7; V: 86-7, 178）にもかかわらず、「自由」を最高位に据えるという新たな価値観を強く打ち出しえているのである。私が問題にしたいのは、彼が自分の価値観に疑問を抱いた様子がない、それどころか、ありうべき反論を検討した形跡さえないということである。倫理学的主題に強い関心を抱いていながらも、自分の価値観についてあまりにも迷いがない。だからこそあれだけの偉業であり、新しい価値観の力強さではあるのだろう。しかし同時に、だからこそ、デカルト倫理学は平板であり、つまらない――これが、私の暫定的な結論である。

確信したことについては反論を考慮する必要を認めない。デカルト哲学において見慣れた風景ではある。自由と必然性との調停という問題や、いわゆる心身問題といった、彼以降の哲学者たちがあれだけ悩んだ問題について、彼はほとんど問題と認めていないようにさえ見える。(35) それと同じことにも思われるのである。デカルトとはそういう人だったのだ、というだけのことなのかもしれない。しかしここでは、最後に次の問いを考えてみたい。すなわち、なぜ彼は価値の問題について上記のような態度を取ったのか。

たんなる勘繰りになりかねない危険な問いではある。だが、推測に推測を重ねることにはなるが、これまでの議論のなかに手掛かりがないわけではない。それは、先述の、価値判断の明証性である。そもそも明証性とは、理性による認識・判断が真であるための必要十分条件として定められたものであった（VI:33; VII:35）。このとき、いかなる価値判断も明証的ではないとしたら、理性による価値判断はどれも真ではないことになるだろう。ここに、理性＝良識＝知恵による、客観的知識・学知の統一（言い換えれば、信仰に関わるものの一部を除いたあらゆる真理の、理性による獲得）という、やはりデカルトが終生保った理念(36)を重ね合わせると、次の結論が出てくる。すなわち、価値についての真である判断は存在しない。

これが一見して回避したい結論であることは明らかだろう。避け方はさまざまありうるが、そのうちの一つは、明証的な価値判断がありうると認めることである。これがデカルトが取った選択肢であった。そしてその結果として彼は、最初に抱いていた、自分にとって明証的な価値判断を、数学的真理と同様の真理とみなし、それゆえ、個別の問題領域としては考察しなかった。——以上が、現時点での私の仮説である。真理を認識する通路を理性に一元化し、真理の標識として明証性しか許容しなかったために、価値判断（という、明証性が最も疑われるべき領域）を有効に論じることができなくなってしまった。これが、デカルト倫理学のつまらなさのいちばん根底にある原因であるように私には思われるのである。

もちろん、真である価値判断を可能にするための選択肢は他にもある。例えば、理性による判断が真であるための条件を変えるとか、感情による、明証的ではないが真である価値判断を認めるとか……。この観点から見たとき、デカルト以降の認識論で登場するさまざまな概念、例えば、スピノザにおける「第三種の認識」や、パスカルにおける「心による認識」、マルブランシュにおける、「義務の認識」の補助としての「内的感得」といった道具立ては、デカルトの選択肢を避けようとする模索のなかで生み出されたものにも見えてくる。(37) こうして、デカルト以降の（少なくとも一七世紀の）認識論を、真である価値判断をデカルトとは異なる仕方で確保する試みとして捉えなおす可能性が開けてくるのである。まだかなり粗い図式ではあるが、一つの可能な見取り図として、ここで提示しておきたい。

そしてこの問題はたんに哲学史上のものではない。いかにして価値判断について議論するのか。真である価値判断はあるのか。これは私たちの問題でもある。ある一定の宗教や、きわめて特殊な存在論を前提としない限り、スピノザやパスカルたちに安易につき従うことはできない。そして、デカルトが起源にいる近代科学を棄て去ることももちろん問題にならない。そもそも、そんなことをしても、価値の客観性が復活するわけではない。私たち人間とは独立して世界のうちに存在する価値のヒエラルキーのようなものを素朴に信じることはもはやできないのである。個別宗教とは無関係に神の存在を肯定し、価値の創造者という役割を担わせて、価値の客観的なヒエラルキーの存在を確保したとしても、その後に生じるのは、神の本心を知る者の座をめぐっての争いと、それに勝利した者たちによる教団の形成に過ぎないだろう。こうして、上記の問いはまさしく、近代科学が提示する自然観のなかでの人間的営為を考える上で、私たちに課せられている大きな問いの一つなのである。

【註】

（1）索引などを除いた総ページ数をスラッシュの後に示す。湯川・小林（1998:124-7/351）; Cottingham（1992:386-8/423）; Rodis-Lewis（1971:395-415/415）; Buzon et Kambouchner（2002）. 湯川・小林のものは正味で三頁であり、最後のものは、全四六項目の辞典形式で、倫理学に直接関わるのは三項目（Foi, Générosité, Morale）のみ。

（2）エリザベト宛書簡のなかに、「よい」の多義性についてのデカルト自身によるコメントがある（IV:354-5）。

（3）最初期については、『精神指導の規則』第一規則（X:361）の他、『思索私記』（X:25）や『良識の探求』（X:191）も参照されたい。

（4）書簡のなかにはこれと矛盾するような言葉もある（IV:441）のだが、ここでは指摘にとどめる。

（5）実は第四の格率というのもある（VI:27）のだが、これはデカルトが自分だけのためのものとして提示しているので、ここでは省略する。第四の格率については注8も参照されたい。

（6）モンテーニュについては、第一の格率は『エセー』第一巻・第二三章と第二巻・第一二章、第二の格率は第一巻・第二四章、第三の格率は第二巻・第一七章を参照されたい。懐疑主義についてはMarshall（2003）が、古代から一六世紀まで（ピュロンからシャロンまで）を視野に収めた比較を行なっている。ストア派については、デカルト自身の発言（IV:271-7）もあるが、野田（1966:82-4）、Gueroult（1968 II:230-5）、Rodis-Lewis（1998:25-6）が相違点を簡潔にまとめている。

（7）Alain（1983:94）. 訳は桑原・野田（1971:10）による。

（8）つまり、「方法から引き出された」という文言は、三つの格率が「〔第四の格率の命じる真理探究の〕計画に基づく」という箇所（VI:27）を念頭に置いているのである（同頁の“pour conclusion”は「結論として」ではなく「締め括りとして」と読む）。Beyssade (2001:237) とMarshall (1998:32-3) は「方法によって導出された」と読むが、前者には導出過程の説明がなく、後者の説明は（いま詳細に検討する余裕はないが）「導出」と呼ぶには杜撰である。また、Rodis-Lewis (1998:18) と山田 (2010:146) は「方法を運用する必要から引き出された」と読む。可能な解釈ではあるが、私の解釈のほうが『方法叙説』の記述の緊密性は高まるだろう。

(9) 暫定的道徳全体から窺える趣味もあるのだが、これについては注21を参照されたい。

(10) なお、誇張的懐疑のときにも暫定的道徳は有効だという解釈（田中 (1998:361)；Rodis-Lewis (1998:17-9)）もあるが、あまりもっともらしくない。『省察』の舞台設定（VII:17-8）や、神に関する話を虚構とみなすという想定（VII:21）、「行為ではなく認識に傾注している」という文言（VII:22）から考えても、また、『方法叙説』での、暫定的道徳を必要とする状況の説明に、（『省察』のような）本格的な探究は時期尚早だという記述（VI:21-2）があることから考えても、暫定的道徳はあくまで普段の探求のときに要請されるものであり、誇張的懐疑のときには無効だと考えるべきである。

(11) 「最完全」と「最善」とのこの繋がりも必ずしも自明ではない。これも後で論じる。

(12) ただし、第四省察には「善」や「罪を犯す」という語も登場する（VII:58）。この箇所については、神学者たちからの指摘（VII:126-7, 215-6）に対して、『省察』では善悪は論じていないとデカルトは答えている（VII:15, 148-9, 247-8; cf. III:334-5）。だが、意志への影響という点では真偽の認識と善悪の認識は同様に働くと実はデカルトは考えていた、とGouhier (1972:194-6) やRutherford (2013: §3) は解釈している。本稿全体の主張にとってはそのほうが都合がよいが、いまこの箇所を検討する余裕はないので、ここでは指摘にとどめる。

(13) いかにもキリスト教的な道筋ではあるが、デカルトが原罪や悔悛といった話題にはほとんど興味を示していないこと、そして、神との懸隔ではなく、神との共通性という観点から、人間の平等という主張に至っていることは、彼の人柄を考える上では興味深い。この点については注19も参照されたい。

(14) こうしてデカルトは、情念の説明に自分の自然学の知見をふんだんに用いるのだが、古人の情念論を批判する際には、情念の研究には内観だけで十分だと言う (a.1)。矛盾した態度に見えるが、ここでは指摘にとどめる。

(15) 「欲望は、真である認識に従うときはつねによく、何らかの誤りに基づくときは必ず悪い」(a. 144; cf. 141)。ただし、この「よい／悪い」には幸福主義的な二義性があり（『情念論』はこの二義性がとりわけ著しく、そのことがデカルト的価値論の明確化を困難にしている）、「認識」も何についてのものなのかが不明である。『方法叙説』の発言（VII:28）やそれと同時期の書簡（I:366）は本文で書いたような解釈を示唆するが、その一〇年以上後にも同意見だとは限らない（cf. AL I:598, n. 1; ただし

IV:490, VIII-A:2-3)。とはいえ、本稿全体の主張との関連で注意しておけば、デカルトが意見を変えていたとしても本稿の主張には影響しない。デカルトは（a）真理を認識すれば善くなれるとか、（b）真であるものはすべて善いと考えていたというよりは、自分の価値観を吟味する必要を感じなかった（おそらく（c）価値判断も明証的でありうると考えていた）というのが私の解釈だからである（なお、いまの（a）から（c）の三つはそれぞれ別の主張だが、Gouhier (1973:217-21) はこれらを混同してしまっている）。

（16）意志の完全性が自己尊重の理由となるのは、厳密に言えば、意志が完全であることそれ自体によってではなく、その活用によってであろう。意志が完全であることは神の創造に由来するので、引用前半から言って、人間の自己尊重の根拠とはなりえないからである。

（17）この点について詳細に検討したものにFrierson（2002）がある。

（18）以上、引用箇所はそれぞれ VI:27（cf. X:361); VI:62（cf. IV:220, 329, 589; V:82); VI:74（cf. I:282); VII:52.

（19）「デカルトは自分の哲学で、できれば神なしで済ませたかったであろう」とかつてパスカルは言ったと伝えられ（『パンセ』ラフュマ版・断章一〇〇一／ブランシュヴィック版・断章七七）、ある解釈者も、デカルトの道徳を「無神論者の道徳」と評した（Gueroult（1968 II:236; cf. 222-7））。無神論者でも基本原理を受け入れ、実行できる、という意味である。ただし、パスカルは措くとして（彼には彼に固有の問題があった）、本稿での概観から言っても、後者の評言は受け入れがたい。デカルト倫理学では、あまりにも神が要所要所で登場するからである。

（20）真理の認識についてはa. 139; V:131; VIII:3を、神の観想についてはIV:609; Gueroult（1968:226-7）を参照されたい。

（21）Cf. a. 63, 144, 146, 187, 204; IV:264-7, 277, 283-4, 305; V:83, 85. 原語は“satisfaction”の他、“content”と“se contenter”がある。「静穏（tranquillité）」や、『方法叙説』でも出てきた「平穏（repos）」（a. 190, 211）もほぼ同義である。また、『方法叙説』では「満足（content）」が、まさしく暫定的道徳全体がもたらすものとして、『情念論』とほぼ同義で登場している（VI:28）。他の同義語（plaisir, béatitude etc.）についてはGouhier（1973:217）を参照されたい。

（22）Cassirer（1995:69）; cf. Gueroult（1953 II:262); Rutherford（2013: §5).

（23）Cf. Gueroult（1953 II:266). 両者の詳細な比較としてKambouchner（2008:171-97）がある。

（24）Cf. Gouhier（1973:199）; Rodis-Lewis（1971 II:454). 実際、備えとして何かをずっと（すなわち、決定的に）もっていなくてはいけない、ということはありうる。

（25）例えば田中（1989:145-51）が試みたように。

（26）暫定的道徳と決定的道徳との関係をめぐる研究は多い（Kambouchner（2008:316-7）に総括がある）が、この区別に十分な注意が払われてきたとは言いがたい（例外として、本稿の区別とは異なるが、Marshall（1998:58）がある）。本稿の観点から言えば、山田（2010:152-3, 155-8）は概念の精度という点、Gueroult（1968 II: ch.19）とVuillemin（1988）は技法という点、Marshall（1998: part2）は三つすべての点に着目して、細部の違いを除けばおおよそ同じ結論に達しており、私としても特に異論はない。解釈の実質に大きな差がないならば、デカルトの最終的な道徳を「理想の代替物」と呼ぶか（Gueroult）、「決定的」と呼ぶか（Vuillemin）、「決定的に暫定的」（Beyssade（2001:251））と呼ぶかといったことは、趣味の問題に過ぎないだろう。

（27）この点については、エリザベトに提示した、暫定的道徳の改訂版（IV:265-6）も参照されたい。

（28）こじつけめくが、「高邁」を通じた他者尊重ですら、『方法叙説』のあの宣言の具現化と言えるかもしれない。「良識は世界で最もよく分配されているものである」（VI:1）。「理性は〔…〕誰もに完全に備わっていると私は信じたい」（VI:2）。

（29）Rutherford（2013: §4）; cf. Rodis-Lewis（1998: ch.2）.

（30）以上は「善」について触れている個所のみ。永遠真理被造説の基本テキストと問題点、ならびに研究史の簡潔なまとめとしては、山田（2009: ch.2）を参照されたい。

（31）Cf. VII:60-1, 143; IV:308; V:356; VI:38-9. 解釈者の一人めはLaporte（1988:170-2）であり、二人めはRodis-Lewis（1971:305-6）である。なおLaporte（1937:112-6）は、道徳的真理がある日を境に変化するという想定に基づく、また別の議論を行なっている。

（32）「私が道徳について書いたことはきわめて真実かつ明晰なので、理性的な人でそれを認めないような人はいないと確信しています」（IV:136）。デカルト自身は実質的に撤回した文章だが、『省察』には「真と善の根拠を明証的に理解する」（VII:57-8）という文章もある。これについては注13や15も参照されたい。

（33）「倫理学においては推測を用いることがしばしば許されますので、宇宙を統べるにあたって神が設定した目的はどんなものと推測できるかを考察するのはときには敬虔なことですが〔…〕」（VII:375; cf. VIII:81）。他方で、モンテーニュの読者たるデカルトは、道徳的狂信・思い上がりといった現象も（cf. a.190; VI:61; VIII:2）、道徳規範の一定の相対性も（cf. VI:6, 23）もちろん知っていたはずである。

（34）Alquié（1974:316）; cf. Cassirer（1995:173）. ただしこの評言については、すぐ後に述べるように、「自由」という価値に関しては留保が必要であろう。

（35）それぞれの問題の基本テキストと簡潔なまとめについては山田（2009: ch.4,5）を参照されたい。

（36）「あらゆる学知は人間的知恵に他ならない。この知恵は、さまざまな主題に向けられてもつねに同一のままである」（『規則論』第一規則X:360）。他にも、既に引いた「哲学の樹」（『哲学原理』仏訳版序文）や、『方法叙説』第二部（VI:19）を参照されたい。

（37）スピノザについては『エチカ』第五部・定理二五以下、パスカルについては『パンセ』ラフュマ版・断章一一〇／ブランシュヴィック版・断章二八二、マルブランシュについては『道徳論』第一部・第五章・第一八－一九節を参照されたい。もちろん、それぞれの概念の背景にある問題は異なり、それに応じて価値判断との関係も異なるという点には注意が必要である。パスカルにとっては信仰、マルブランシュにとっては行為の動機づけが問題であったし、スピノザの場合、第三種の認識は、いわゆる価値判断の必要性を消し去るような判断とさえ言えそうである。

【文献】

デカルトの著作

（引用はアダン・タヌリ版から私が訳し、ローマ数字で巻号、アラビア数字で頁を指示した。『情念論』本文は“a”の後に項の番号を添えた。既存の日本語訳には大いに助けられたが、煩雑を避けて書誌情報は省略する。アルキエ版はALと表記し、ローマ数字で巻号を指示した。）

Descartes, René, *Œuvres*, Charles Adam et Paul Tannery (éds.), 11 vols., 1913; Vrin-CNRS, 1964-74.

—, *Œuvres philosophiques*, Ferdinand Alquié (éd.), 3 vols., 1963-73, Garnier [AL].

二次文献

（欧語文献については、日本語訳には大いに助けられたが、引用はすべて私が訳した。）

田中仁彦（一九八九）『デカルトの旅／デカルトの夢』岩波書店。

野田又夫（一九六六）『デカルト』岩波新書。

山田弘明（二〇〇九）『デカルト哲学の根本問題』知泉書館。

――（二〇一〇）「解説」、デカルト『方法叙説』山田弘明訳、ちくま学芸文庫、所収、一一五－二〇八頁。

湯川佳一郎・小林道夫（編）（一九九八）『デカルト読本』法政大学出版局。

Alain (1983), *Idées*, 1939; Flammarion, coll. Champs（アラン『デカルト』桑原武夫・野田又夫訳、みすず書房、一九七一）.

Alquié, Ferdinand (1974), *Le cartésianisme de Malebranche*, Vrin.

Beyssade, Jean-Marie (2001), *Descartes au fil de l'ordre*, PUF, coll. Épiméthée.

Buzon, Frédéric et Kambouchner, Denis (2002), *Le vocabulaire de Descartes*, Ellipses.

Cassirer, Ernst (1995), *Descartes:Lehre – Persönlichkeit – Wirkung*, 1939; *Gesammelte Werke*, Bd. 20 (bearbeitet von Tobias Berben), Felix Meiner（エルンスト・カッシーラー『デカルト、コルネーユ、スウェーデン女王クリスティーナ』朝倉剛・羽賀賢二訳、工作舎、二〇〇〇）.

Cottingham, John (ed.) (1992), *The Cambridge Companion to Descartes*, Cambridge University Press.

Frierson, Patrick R. (2002), "Learning to Love: From Egoism to Generosity in Descartes," in *Journal of the History of Philosophy*, vol. 40, n. 3, pp. 313-38.

Gouhier, Henri (1972), *La pensée religieuse de Descartes*, 1924; 2ᵉ éd., Vrin.

— (1973), *Descartes. Essais sur le* Discours de la méthode, *la métaphysique et la morale*, 1937 (*Essais sur Descartes*); 3ᵉ éd., Vrin（アンリ・グイエ『人間デカルト』中村雄二郎・原田佳彦訳、白水社、一九八一）.

Gueroult, Martial (1968), *Descartes selon l'ordre des raisons*, 1953; 2ᵉ éd., 2 vols., Aubier.

Kambouchner, Denis (2008), *Descartes et la philosophie morale*, Hermann.

Laporte, Jean (1937), "La liberté selon Descartes", in *Revue de métaphysique et de morale*, pp. 101-64.

— (1988), *Le rationalisme de Descartes*, 1945; 3ᵉ éd., PUF, coll. Épiméthée.

Marshall, John (1998), *Descartes's Moral Theory*, Cornell University Press.

— (2003), "Descartes's *Morale par Provision*," in Byron Williston and André Gombay (eds.), *Passion and Virtue in Descartes*, Humanity Books, pp. 191-238.

Rodis-Lewis, Geneviève (1971), *L'œuvre de Descartes*, 2 vols., Vrin（ジュヌヴィエーヴ・ロディス＝レヴィス『デカルトの著作と体系』小林道夫・川添信介訳、紀伊国屋書店、一九九〇）.

— (1998), *La morale de Descartes*, 1957; PUF, coll. Quadrige.

Rutherford, Donald (2013), "Descartes's Ethics", in E. N. Zalta (ed.), *The Stanford Encyclopedia of Philosophy*, Spring 2013 Edition. URL = <http://plato.stanford.edu/archives/spr2013/entries/descartes-ethics/>

Vuillemin, Jules (1988), "L'intuitionnisme moral de Descartes et le *Traité des passions de l'âme*," in Kant-Studien, vol. 79, pp. 17-32.

村山　達也（むらやま　たつや）
東北大学大学院文学研究科准教授
一九七六年千葉県出身
慶應義塾大学大学院文学研究科博士課程単位取得退学
博士（哲学）
専門：近世・近代のフランス哲学と倫理学
主な著作：〈論文〉「人生の意味について：問いの分析の観点から」（三田哲學會編『哲学』第一一三号、二〇〇五年）、〈共著〉『西洋哲学の10冊』（岩波ジュニア新書、二〇〇九年）、〈共著〉*Annales bergsoniennes V* (Presses Universitaires de France, 2012)〈共著〉『文化理解のキーワード』（東北大学出版会、二〇一五年）

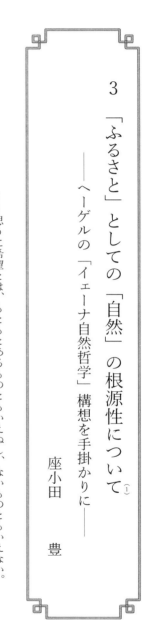

3 「ふるさと」としての「自然」の根源性について[1]
――ヘーゲルの「イェーナ自然哲学」構想を手掛かりに――

座小田　豊

――思うに希望とは、もともとあるものともいえぬし、ないものともいえない。それは地上の道のようなものである。もともと地上には道はない。歩く人が多くなれば、それが道になるのだ。[2]

はじめに

東日本大震災および福島第一原子力発電所の事故以降の「現在の深刻な事態を前に私たちは何を発言できるのか、また発言すべきなのか」というこの重大な問いについて、小論では現代科学論や技術論、あるいは社会論といった、学問の観点からではなく、今回の震災で被災された方々、避難を余儀なくされた方々がこぞって口にされる「ふるさと」という言葉をてがかりに私たちの周りにある「自然」を題材にして考えてみたい。「ふるさと」というこの語の意味を掘り起こすことが「自然」と「運命」の問題を考えるうえで大きな課題としてあるように思われるからである。さしあたって、大まかな、いささか曖昧な言い方をしておくことが許されるなら、「ふるさと」とは私たちの「いのち」を涵養し、「いのち」をつないでいるものの総体atmosphereを意味すると述べておこう。「ふるさと」は、もちろん、必ずしも「自然」と同義ではないにしても、まったく異なるというわけでもない。まずはこのことの内実を確認したうえで、さらに、この「総体としてのふるさと」という概念と「自然」概念との関連を念頭に置きつつ、ドイツ観念論の哲学者ヘーゲルの「自然哲学」を、その祖型（「イェーナ体系構想」）にさかのぼることを通して概観することにする。そうすることで、「ふるさと」と「自然」との、そして私たちの「心」との結びつきに、「希望」という光が見出されるのではないかと思うからである。

第一節　今「ふるさと」はどのように可能なのか？(3)

まずは、「ふるさと」が失われる、「ふるさと」を追われる、そのことの意味を考えるところから始めよう。東日本大震災は、ご存知のように東北地方の太平洋沿岸の町々に甚大な被害をもたらした。海岸沿いの町々が根こそぎ津波に持ち去られ、二万人近い死者行方不明者がうまれた。多くの地域でかつての町並みはすべて失われ、町とそこに根付いていたさまざまな生活様式（方言や祭りに代表されるこれらを総称して「文化」と呼べるだろうが）も、ことごとく失われるか、あるいは今現に失われようとしている。震災から四年が過ぎて、徐々に地面の嵩上げの工事などが進んではいるものの、「復興」の大きな掛け声とは裏腹に、被災地の再建にはなお多くの時間と労力の積み重ねを要するというのが現状である。このように、今なお明確な「復興」の見通しが立たないなかで、仮設住宅などに避難している人々の多くは、不自由な生活を強いられている。帰るべき住処を失った人々の繋がりは断たれ、絆は引き裂かれ、取り戻しようのない分断の状況がさらに悪化の度を増している。

文字通り「ふるさと」の喪失である。人々はかつての町の復元模型の製作現場に集い、記憶を手掛かりになんとか以前の街並みを想い起し、辛うじて「ふるさと」の気配 atmosphere に包まれることで、互いに喜びを分かち合いつつも、却って懐旧の念に苛まれている様子でもある。

福島第一原発の事故によって「ふるさと」を追われた一五万人もの人々の場合もまた、残留放射線によってなお多くの人たちが帰郷を阻まれている。年配の人たちならば我が身の危険よりも、以前の姿をとどめている「ふるさと」に包まれることの方を選ぶこともできるのだろうが、若い人たちや、子供のいる家族たちは、これからの放射線の影響を考えて、その多くは帰郷を断念しているのが現状である。（資料：「福島県環境部調査」参照）

また、事故当時放出された放射線は東北地方の各地に放射性汚染物として残されたままで、その処理場と処理物の一時保管場所の受け入れをめぐって各地で議論が戦わされている。宮城県でも、候補地とされた栗原市、大和町、加美町で環境省がボーリング調査を、断りもなく無断で行おうとして、地元住民との間に騒動が起き、環境省側が引き上げるという事件が幾度か繰り返されている。どの町も村も、「危険」な廃棄物の最終保管場所にされてしまうのではないかと、恐れてのことである。いずれも、「ふるさと」が汚されることに強い抵抗感を示しているのである。

当事者たちの最近の発言のなかで特に印象に強く残っているものがあるので、記しておきたい。東京電力で起こった事故なのだから、その電気を一番沢山使ってきた東京の地下に処分場・保管場所を造るべきではないか、それほど安心・安全だというのなら、汚染物質のみならず、放射性廃棄物（核のゴミ）すべての保管場所、さらには原子力発電所さえも、人のいない過疎地域ではなく、人口密集地に設置してもよいのではないか、というのである。誰もこれを一概に暴論だということはできないだろう。自分たちのいのちを涵養してきてくれた「ふるさと」はどこの誰にとっても掛け替えのないものだからである。もちろん、相手の身になって考えた場合、相手の「ふるさと」である都市を汚してよいはずもないわけであってみれば、そうした発言それ自体に苦悩が押し込められているのが見て取れよう。「ふるさと」は私たちにとって何であるのかが、改めて問われなくてはならないゆえんである。

端的な言い方をすれば、「ふるさと」は私たちの「いのちの源・よりどころ・帰るべきところ」、私たちの「いのちと心」を育み養い、そして支えつないでいるものである。いや、「もの」というより、大まかに、あるいは漠然と「そのような何か」と言っておく方がしっくりくるように思われる。「ふるさと」は通常それとして名指すことができるものというよりは、どこかが損なわれて初めて強く意識される、私たちを包み込んでいるものの「総体」とでも言うべきものだからである。遠く離れたときに強く実感されるように、「ふるさと」は私たちの「こころ」の根底にあって、「生きる力」になっているとも言えるであろう。私たちを育んでくれた人々、街々、野や山や河や海、そこにあった木々や家々、そして風や音や匂いさえも含めた、私たちの心のなかにありうる一切が、私たちを根底で支えてくれている。だからこそ、遠く長く離れていても、たとえ「ふるさと」が災害で失われても、また「ふるさと」を追われて帰ることができなくても、私たちは何とか、いや何としてでも生きていこうと思いなおすことができるのではないか。

ここで、わたしが「ふるさと」ということでイメージしている一種の「情景」の例として、ドイツの詩人ヘルダーリン（J.C. F. Hölderlin 1770-1843）の詩を挙げてみたい。詩的才能の乏しいわたしのことゆえ、詩人に代わりをしてもらうことをお許しいただきたい。

「わたしが少年であったころ…Da ich ein Knabe war,…」という、詩人二八歳、一七九八年頃の作品である。(4)

わたしが少年だったころ、
神がたびたびやってきてわたしを救ってくれた、
人々のわめき声や枝の鞭から。
そこでわたしは、安心して、心地よく、
聖なる森の花たちと遊んでいた。
天のそよ風たちも
わたしと戯れてくれていた

草木がしなやかな腕を
あなたに向かって差し伸べるとき
あなたは、草木の心を
喜ばせるように

あなたはわたしの心も喜びで充たしてくれた、
父なるヘリオスよ！そしてエンデュミオンのように、
わたしは貴女の寵児であった、
聖なるルーナよ！

おお、あなたがた、誠実で
友愛に充ちたすべての神々よ！
わたしの魂がどれほどあなた方を愛したか、
それを知っていてくれたなら！

なるほど、当時わたしはあなた方をまだ
名前では呼ばなかった。あなた方も
けっしてわたしを呼ばなかった。人間たちが、
互いに知り合いになると、名前で呼ぶようには。
けれども、わたしはあなた方のことをもっとよく知っていた、
これまでわたしが知り合ったどの人たちのことよりも。

わたしはエーテルの静けさを理解したが、
人間たちの言葉はまったく理解しなかった。
わたしを躾けてくれたのは、美しい音調であった。
かすかに響いてくる聖なる森の。
こうしてわたしは愛することを学んだのだ、
花たちのもとで。
神々の腕のなかで、わたしは大きくなったのである。

私たちにとっては、いささか、「美しすぎる」ふるさとのイメージであろうか。ここでヘルダーリンが念頭に置いているのは、太陽神ヘリオスと月の女神ルーナの名が示しているように、「神々に充ちた」古代ギリシアの世界であり、それを自分の子供時代の「ふるさと」に重ねているわけである。たとえば、二〇世紀のドイツの哲学者ゲルハルト・クリューガーは、ヘルダーリンのこうした想いを次のように簡潔に言い当てている。「ヘルダーリンは、〈ギリシアの神々の現実〉への憧憬のことを本気で考えていた。彼はギリシアの神々の再来を真剣に望み、自分の詩人としての使命を、神話的思考において考えられたものの真理性を更新するところに見ていたのである」(5)。ヘルダーリンはギリシア的世界を自らの「ふるさと」として受け止め、その想いを詩に託していたわけである。このギリシアに寄せる想いは、後で指摘するように、友人のヘーゲルにも強く共有されている。彼もまたそれをまさしく「ふるさとHeimat」と呼ぶことになる。

その「ふるさと」が、今現在、実に様々な面から危機にさらされているように思われる。その大きな原因の一つが、他の一切を無視して世界中でひたすら追い求められている「経済成長」という虚像にあることは明らかであろう。そしてそれを突き動かしているのが科学および技術の「進歩」による「自然」の支配と「生（活）」の豊かさの追求という人間の欲求である。この欲求が私たちの「生（活）」の隅々にまで浸透していき、たとえば、二〇世紀後半における電気エネルギーの開発と、それに呼応した様々な電化製品の開発と普及によって私たちの生活に劇的な変化をもたらしたのであった。私たち日本の、いわゆる団塊の世代はまさしくその変化のプロセスの真っただ中を生きてきたといえるだろう。手回し洗濯機から電気洗濯機そして乾燥機能付きの全自動洗濯機へ、七輪からガスコンロそして電子コンロへ、薪を使った五右衛門風呂から石炭風呂、そしてガス風呂・オール電化風呂へ、さらにはテレビ、電話、また自動車、あるいは、暖房および冷房の装置、これらすべてがそれぞれに日々新しく改良、改善され、マスコミを介した宣伝によって、急き立てられるかのように購買意欲を掻き立てられるなかで、私たちの周囲は目まぐるしく月日を重ねてきたように思う。この月日の経過のなかで、日本の景観は明らかに大きく変わっている。一九六〇年代を境に都市の近郊から農地や雑木林が次第に姿を消し、住宅地が造成されていく。それに並行して、地方の人口減少と過疎化が徐々に進んでいった。この趨勢に急き立てられるかのように私たちの心から次第に「ふるさと」が遠ざかり、さらにはそれが日々寸断され切り刻まれ変容していく。これは一体どうしてなのか。

近代科学が「自然」支配による人間の幸福の追求を目的に掲げてきたことはよく知られている。これ自体を問題視することはできない。いつの時代であれ、どのような状況であれ、人は「幸福」を追求するものだからである。しかし、何を「幸福」と考えるのかは、やはり問われるべきことであろう。いのちと心のよりどころである「ふるさと」を育み、豊かに伝えることが何よりも「人間の幸福」に値することではないのか。福島第一原発の事故後の福島の人々は、そのことを私たちにまざまざと突きつけてくれているように思われてならない。いつの時代においても、どのような状況においても、いや苛酷な状況においてならばなおさらに私たちにとって「ふるさと」は生きるよりどころとして強く意識される。変容した景観のなかにあっても、「ふるさと」の根幹は私たちの心のなかに揺らぐことなく存続する。変貌した景観のなかに生を受けた新しい世代は、それを「ふるさと」として受け止めざるを得ないであろうが、「ふるさと」を新たに培い伝え受け継ぐべき使命はどの世代にも変わることなく課せられている。そうであるならば、ありうべき「ふるさと」をこそ私たちは求めそして伝え残すべく努めなければならないであろう。

問われるべきは何よりも、「自然」をどのように理解するのかということであるように思われる。誰も「ふるさと」を破壊し、支配するなどと言ったりはしないが、「自然」に対してならば、その猛威を前にして普通にそのようなことを口にする。私たちは暴威をふるう自然を「否定的に」捉えることによって、その統御と支配を当然の課題とみなしてきたからである。その統御と支配の側面に、肯定的なものである「ふるさと」としての「自然」も同時に包摂されることによって、「ふるさと」の破壊も平気で容認してきたのではなかったか。「ふるさと」と「自然」は、どちらも人間本性の根源的構成要因という点では大きな部分で重なり合うがゆえに、「否定的な」自然の克服という名のもとに、眼を覆わんばかりの「ふるさと」の変貌も容認されてきたであろうことは想像に難くない。

「ふるさと」と「自然」を截然と区別することが困難なのであってみれば、さしあたっては「自然」を、その否定的な側面も含めて「ふるさと」として受け止めることはできないかどうか問うてみてもよいのではないか。それができるのであれば、「自然」に向き合う私たちの姿勢や態度も大きく変わりうるのではないか。そのひとつの手がかりとして、以下では、世界の「全体的」理解を追求したヘーゲルにおける「自然哲学」について考えてみたい。

第二節「自然」は「根源」である——ヘーゲルの「自然哲学」構想

哲学は古来「根源・起源」の探究をこととしてきたが、この「根源・起源」は、これまで私たちにとってまさしく「ふるさと」でもありえたし、また、ありうるであろう。すでに古代ギリシアの哲学者アナクシマンドロスが述べていた、「すべてのものがそこから生れ出て、そしてまたなしたその咎ゆえにそこへと帰りゆくべきところ」とは、哲学が求めるべき根源、すなわち、文字通り、私たちがそこから生れ出てそこへと帰りゆくべき「ふるさと」にほかなるまい。それがまた同時に「自然 physis」でもあったことは、哲学がギリシアにおいて「自然哲学」として生れ出たことからも端的にうかがい知ることができる。もちろん、「自然」は、たとえば「規範 nomos」に対置されるものとして一義的に捉えられるものでもないであろう。ノモスはほかでもなく人間的「自然」だからである。また、「自然」を原型的知性によって創造された被造世界（natura naturata）としてのみ捉えることも一面的に過ぎるだろう。ある側面からは、「自然」は内在的力をもちうる「自ずから然らしむるもの（natura naturans）」とも考えられるからである。二、三の哲学の概念史辞典を調べるとすぐにわかることだが、「自然」は歴史的にも地域的にも文化的にも多様な意味変化を強く帯びてきた概念である。

人間の活動の歴史とともに、「自然」観も変遷を重ねてきていることが見て取れるだろう。もとより、近代においても事情は異ならない。哲学者によってそれぞれに独自の「自然」理解が示されてきた。ただし、基本的に主観と客観の二項関係において事柄を捉える近代以降は、「自然」を客体として捉える「自然」観が一般化する。その見方は私たちの現代にまで深く浸透しているのであって、先に述べたように、それゆえにこそ、今日「自然」への問いが肝要な問題になるわけである。自然と人間とのかかわりをどのように捉えることができるのか、これはそれ自体大きな哲学的課題であるが、ここでは、わたしの主たる研究対象であるヘーゲル哲学における「自然」概念について、その概略を押さえたうえで、その祖型ともいうべき「イェーナ自然哲学」構想に「ふるさと」へのひとつの手がかりを求めることにしたい。

1　ヘーゲル哲学における「体系」と「自然哲学」の位置
——『エンツュクロペディー』から——

さて、ヘーゲルの哲学の基本的構成に眼を向けてみよう。まずは『精神現象学』を材料にすることにしよう。その「序文」で「真なるものは全体である」(Phän. 24.)[6]と述べるヘーゲルは、一般に「全体」の、あるいはその「全体」を表現しようとする「体系」の哲学者だと理解されている。この点に間違いはない。しかし、この点のみが強調されると、ヘーゲルは個体性や主体性を抑圧する（さらには抹殺する）「全体主義」の哲学者というイメージで捉えられてしまう。ところが、彼自身はこの文章に続けてこう述べていたのである。「しかし全体は、自らの展開を通しておのれを完成する本質である」(ibid.) と。全体は自己完結し自足した静止状態にあるものを意味するのではない。自らを展開する運動のなかで、おのれの本質の完成を目指しているのでなくてはならない。伝統的には前者が「実体」と、後者は「主体」と呼ばれるであろうが、この運動体としての全体のことをヘーゲルはこうも表現する。「真なるものを実体としてではなく、それと同様に主体としても捉え、表現すること、これに一切は掛かっている」(Phän. 22)。このふたつの文章の意味を要約的に説明すれば、こうなるだろう。全体から見れば、その構成の契機である個体が運動することによって、全体それ自身も展開し、そしてその個体がおのれの本質の実現を目指すプロセスのなかではじめて「全体」もそれとして完成し現実化するようになるのだ、と。

たしかに、ヘーゲルは、「全体は個別に先立つ」とするアリストテレスの定理に従っているが、しかし、あらかじめ完成された全体ではなく、完成に向かって展開する有機的運動体としての全体が求められるのである。その意味では、これは、自己完結し閉塞した全体ではなく、開かれた全体と言うべきであろう。そこにおいて、全体と個、一者と多、無限と有限、両者をつなぐのは、ヘーゲルによれば後者の側、有限な個体の「自己意識的主体」でなければならない。この主体の意識の自己否定の極致で現実化する「最内奥の知」(「神は死んだ」という、究極の悲しみの知、いわば悲知)に、「実体の純粋な主体性」が認められているのである(Phän. 572)(7)。主体と実体に共通な本質が自己意識的「精神」と呼ばれるが、それというのも、「精神」こそがこの世界における自己運動の原理だからである。『精神現象学』は、したがって、この「精神」を原理とする、主人公の「自然的意識」が、「自然」との間に、その都度の関係性の成果である「媒語」を介在させながら、自己展開の道筋をたどりながら、おのれの「自然性」を止揚し、おのれを精神として現実化していく「自己形成」のプロセスの叙述であるといえるだろう。とはいえ、もちろんこの旅はけっして平坦なものではない。むしろ反対に、先ほどあげた自己否定の極致、「否定的なものの途方もない力」(Phän. 36)を「経験」する「絶望の道」

(Phän. 72) でもなければならないとされるのであって、であればこそ、全体と個との、相互肯定的な合一も可能になるというのである。この「自己否定」という観点には特に注意しておかなくてはならない。

したがって、ヘーゲル哲学においては、この「全体」もしくは「体系」の観点から精神と自然の関係を見て取ったうえで、自然性の止揚も論じられなくてはならないことになる。

さて、ご存知のように、通常の哲学史の理解からすれば、ヘーゲルにおける「自然」概念は、精神概念に比べて低いところに位置すると見られている。シェリングの同一哲学の自然概念を乗り越えようとしたヘーゲルは、フィヒテの自我の哲学へと回帰し、そこに基づく独自の「絶対精神」による「自然」の克服を図ったとみなされる。たしかに、近代を主観性の時代と捉えるヘーゲルにとって、「自然」もまた客体として、二義的な位置しか持ちえないのは当然のようにも思われもしよう。だが、果たしてどうなのか。もっとも体系的性格の著しい著書『エンツュクロペディー』においては、「論理学」、「自然哲学」、「精神哲学」の三部構成がとられ、その第一八節で次のように言われている。

「理念は、端的に自らと同一の思考として証示され、この思考が同時に、〈自分自身を――自覚的 für sich であるために――自分に対立させ、この他者においてほかでもなく自分自身のもとにある〉ような活動性として証示されるのである。かくして学問は次の三部門に分かれることになる。

1．論理学、即且つ対自的な an und für sich 理念の学問、

2．自らの他在（他であること）Anderssein のうちにある理念の学問としての自然哲学、

3．自らの他在から自らのうちに還帰する理念としての精神の哲学。」(Bd.8, S. 63 f.)

「自然」は「理念」の他在であり、この他在から「精神」が出現し、その精神が理念としての自らを実現す

るに至る――このプロセスが「哲学の体系」として描き出されるわけである。ここで問題なのは、この「他在」ということの意味の取りようであるが、差しあたっては、「他であること」、「他なるもの」として、理念とは、あるいは精神とは「異なる別のもの」と理解されるであろうか。以下、三つの文章から概観してみよう。

「自然哲学」の序論にあたる部分（第248節）では、ヘーゲルはこう述べている。「自然はそれ自身において an sich は、すなわち理念においては神的 göttlich なものであるが、しかしそれが現実にある ist がままでは、自然の存在はその概念に相応していない。自然はむしろ解消されていない矛盾 der unaufgelöste Widerspruch である。自然の固有性は、定立されてあること Gesetztsein であり、古代の人々が質料一般を非存在 non-ens と捉えていたように、否定的なものである。こうして、自然は理念の自分自身からの離反 Abfall と言われてきたのである。というのも、外面性というこうした形態での理念は、理念それ自身が自分と不適合な状態にあるからである。」(Bd. 9, S. 27f.)

ここには、「自然」に対する全体的に否定的な理解が示されているといえるだろう。ただし、「Abfall だと言われてきた」のであって、ヘーゲル自身がそう言っているわけではないことに注意が必要である。もう一個所引いてみよう。

「精神は、われわれにとっては für uns、自然を自分の前提にしており、精神こそが自然の真理であり、したがって自然の絶対的に最初のもの absolut Erstes である。この真理においては自然は姿を消して verschwinden してしまっており、精神が、自らを確信するに至った［自らの対自存在に到達した］理念であることが明らかになったのである。したがって、概念こそが理念の客体であり、また同様に主体でもある。この同一性が絶対的な否定性である。なぜなら、自然において概念は自らの完全な外面的客観性を持っているが、しかし、この自らの外化 Entäußerung を止揚してしまっており、概念は自然において自分と同一になっているからである。概念がこのような同一性であるのは、したがって、同時に自然からの還帰としてのみのことである。」(Bd.10, S.17.)

長くなったが、こちらは「精神哲学」の、やはり序論の「精神の概念」の第三八一節の本文全体である。「自然」から生成してきた「精神」の観点から「自然」を総括している文章である。『精神現象学』で頻出する、有名な「われわれにとって」という立場が示されているが、それはともかく、「自然の真理」である「精神」においては「自然は姿を消してしまっている」と言われている。理念が「外面的客観性」をもつべく自らを「自然」として外化し、そこから「精神」として「自らを確信するに至る」ことによって自分を取り戻す、という体系の構造が語られているわけである。このような観点からすると、「自然」はやはり「精神」が生成する媒介的(否定的な)役割しか持たせられていないように思われることであろう。

たしかに、それを裏づけるかのように、「自然哲学」の序論の最後の節(二五一節)で、ヘーゲルは「自然哲学」全体の構成を次のように簡潔に要約しているのである。

「自然は、それ自体においては an sich 生きた全体 ein lebendiges Ganzes である。段階的歩みを通した自然の運動は、より詳しく言えば、理念が自分を、自分がそれ自体であるところのものとして定立することである。言いかえれば、同じことであるが、理念は、その直接性と外面性――これは[理念にとって]死にほかならないが――から自分のうちへと向かう。理念は、差しあたっては生命あるものとして存在するが、さらには、理念が生命であるにすぎないというこの規定さえも止揚して、自らを精神の実在として生み出すに至る。この精神こそ、自然の真理にして究極目的であり、理念の真の現実性である。」(Bd.9, 36.)

「自然哲学」は「力学」、「物理学」、「有機体の物理学」の三部から構成され、「空間・時間」の抽象的な形式から、物質の段階的展開を経て、「生命」有機体が発生し、この生命の否定的な、危機的状況（病気と死）から「精神」が生成することになる。ヘーゲルはこの「自然の運動」を、理念が「直接性と外面性」を自らに与え、そこから自らの「死」さえをも止揚する精神として自己へと立ち帰る、理念それ自身の自己定立の働きと捉えているわけである。

ここに引いた三つの文章から差しあたって、ヘーゲルは「自然」をそれ自体として重要視しているのではなさそうだと、果たして結論づけることができるだろうか。もとより、これはヘーゲルの哲学体系における「自然」の位置づけについての大まかな枠組みにすぎないのであって、さらに精密な読解を行う必要があろう。ここでは、次にイェーナの「自然哲学」構想に眼を向けることにするが、そうすることでヘーゲルの体系における「自然」の位置づけについても異なる理解が得られるはずである。

2　イェーナ「自然哲学」構想について

「体系」への途上にあったイェーナ時代のヘーゲルの、「体系構想Ⅱ(8)」における「自然」概念の概略を読み解き、そこでの「自然」の積極的な位置づけを確認しておきたい。

「論理学」、「形而上学」、そして「自然哲学」の三部からなる「体系構想Ⅱ」（1804/05）の「自然哲学」の冒頭でヘーゲルはこう述べている。「自然は自分を自分自身に関係づける絶対的精神である」（GW7, 179）。もとより、「精神の理念」の叙述である「形而上学」が先行しているのであってみれば、その体系構想のなかには「精神哲学」があるわけであって、すでに「自然」は、「精神の他在 Anderssein」（GW7,69）であると同時に、「形而上学的無限性」を本質とする「おのれ自身の他者としての絶対的精神」そのものと位置づけられている（ibid.:「精神は自然そのものとして無限である」GW7,184）。そして、この「自然」において絶対的精神の「自己認識が、認識の生成」として現実化するというのである（GW7,180）。ヘーゲルは「自然哲学」における絶対的精神を、「類 Gattung」を本質とする「いのち Leben」と捉え、その自己認識の生成の過程を「いのちの形而上学的過程」と言い表している（GW7,181）。さらにこの運動を具体的に担うのが、「絶対的質料」と言われる「エーテル」である（GW7,188）。「絶対的質料は、普遍性と無限性とが一体であることであって、絶対的な不安定さの状態にありながら、ただおのれにのみ関係づけられており、ただ自分自身に等しいだけである。絶対的質料は、自分自身に等しいものと無限なものとのこの統一体として、精神である」（GW7,189）。宇宙は「エーテルの自己自身との語らい Sprechen」によって成立しており、この「語らいは無限性の音色の調音であって、これらの音色が〈自分自身に等しいもの〉によって聞き取られると、絶対的なメロディーとして、宇宙の絶対的なハーモニーとなる」（GW7,190f.）。ここで言われている、一切に通底する宇宙の「エーテル」とは、のちの哲学体系での「理念」にほかならないことはすでに明らかであろう。ただし、この「自然哲学」構想においては、その、いわば「自然的」側面が、「絶対的質料」という表現によって強調されているのである。なるほど、イエーナ期のヘーゲルは、「精神哲学」構想を完成させせようとする営みのなかで、「精神は自然よりも高次である」と幾度か、確認するように書き留めていた。しかし、それは単に「自然」を「低次」のものと見るということではなく、「精神」の原理的（「理念」的）意味を確認するためでもあったことを忘れてはならないだろう。

いささか誇大妄想的な表現だと思われるかもしれないが、「宇宙の絶対的なハーモニー」を奏でる「エーテルの自分自身との語らい」とは、ヨーロッパの伝統的な「宇宙の調和 harmonia mundi」の思想の系譜に連なる宇宙観だと見ることができる。「体系構想III」ではすでに精神に大きく比重が移っていくが、そのことを考えると、「体系構想II」の、自然そのものを絶対的精神のありかとみる「自然」概念は、ヘーゲル哲学の発展史的文脈においても重要な意義をもっていると思われる。自然を精神が生成するための単なる通過駅もしくは手段と見るのではなく、精神が精神としての本質を現実化するための不可欠の契機 Moment、いや精神を可能にする「境位 Element」とみなされているからである。

このことは実はすでに「体系構想I」においても踏まえられていたのであって、そこでは、精神は「大地の無限性を経めぐったのち、おのれ自身のうちに還帰」していなければならないとされていた（GW6, 265）。この構想においては、精神は、それが精神それ自身であるためには、「絶対的存在とその生成ないし無限性との〈一たること〉」を取り戻さなければならないとされている。それゆえに、不可欠な契機となるのが、理念が自然のなかにばらばらになって入っていき、自然がいったんはその起源である理念から切り離され、さらには流布して「普遍的な流動性へと」放出される、ということである。しかも、理念、すなわち〈一たること〉としてのエーテルがばらばらになって自然のなかに入っていくということと、自然が無限性のなかに展開されるということ、さらに、精神が自分自身のうちに立ち帰るということは、すべてのものの根拠、すなわち全一者でありうるはずのものの同じ働きの、その都度の異なる現れなのである。ヘーゲルは自然の展開のプロセスを次のように描き出している。「大地 Erde の生成としての統一が統一であるのは、大地の内なる諸エレメントがそれぞれに自らを自分自身のうちに還帰させ、それら諸エレメントが普遍的な媒体のなかに入ってエレメントとなり、こうして自らのうちに還帰することによってである。そしてまた、それぞれ独自の無限性としてのこの還帰の運動のなかで、諸エレメントが同時に絶対的に無限なものとなり、すなわち同時に他のもののうちに移行することによってである。あるいは、諸エレメントのプロセスの本質である大地が諸エレメントの透徹した媒体であるように、大地はプロセスとして絶対的な無限性でもあり、大地はこのプロセスに対してあらゆる媒体における形相的普遍性として、無機的な自然として対抗し、同時におのれを止揚するのである」（GW 6. 76.）。

自然の諸エレメント（自然はその統一体であるが）のこのプロセスが精神の生成のそれにほかならないことは明白である。要するに、精神哲学と自然哲学とは根本において体系的展開の構造を共有しているのであって、それゆえに、一方は他方なしには成立できないのである。

『精神現象学』と類似的に、精神の現実的契機である「意識」から出発し、意識が精神として現実化していくプロセスをたどる「体系構想Ⅲ」の「精神哲学」において集中的に論じられる「媒語 Mitte」の意味をたどることで、自然と精神との相互媒介的な関係がなお一層明瞭に表れる。ヘーゲルによれば、意識は自らの「精神」の本質を現実化する過程において、一方の時間軸である「歴史」のなかで他者との「承認」関係を媒語としておのれを展開するが、他方の空間軸である「自然」のなかで「労働」を媒語としておのれを現実化する。自然との関係においては、もちろん後者の「労働」の積極的な意義が検討されなければならないが、それについてはここではその重要性を指摘するにとどめたい[9]。

ここでなお注意すべきは、この「精神哲学」においてもなお、その最後の「欄外書き込み」でこう述べられていることであろう。「人間は、自分が自分自身の主人となるまでは、自然の主人にはなれない。自然は即自的には精神への生成である。この即自が定在するためには、精神は自分自らを概念把握しなければならない」（GW 8,287）。精神は自然がおのれの「根源」であることを深く「認識する」ことによってのみ自らを現実化できる、というのである。言いかえれば、「自己」の根源に「自然」を認めることこそが「自己認識」だというのである。

ところで、イェーナ時代のほぼ二〇年後の、『哲学史講義』において、ヘーゲルはこの「自己認識」のことを「ふるさと Heimat」、あるいは「ふるさと性 Heimatlichkeit」と呼んでいるが、そのことの意味を考えてみるのも興味深い。それによって、「ふるさと」と「自然」両概念の関わりについて、さらに、いささかの示唆が得られるように思われる。

第三節　精神の「ふるさと」とは何か

いささか長くなるが、まず文章を引いてみよう。ヘーゲルは「ギリシア哲学」の序の部分でこう述べている。「この実在する〈ふるさと性〉それ自身のうちには、とはいえ〈ふるさと性〉という精神のうちには、すなわち、表象された〈自分自身のもとにあること Beisichselbstsein〉という精神のうちには、――〈自分自身のもとにあること〉というのは、自然的 physikalisch、市民的、法的、人倫的、政治的実在 Existenz におけるそれのことであるが――、自由で美しい歴史性というこうした特質のうちには、つまりムネモシュネーのうちには（彼らがそうであるところのもの［本質］は、ムネモシュネーとしても彼らのもとにあるのだから）、思索する自由の萌芽 der Keim der denkenden Freiheit も、特質もまた存在している。かくして、彼らのもとで哲学もまた生じたのである。

ギリシア人たちが自らのもとで故郷にある bei sich zu Hause ように、哲学もまたまさしくそのようなものである。すなわち、自らのもとにあって故郷にあること、人はその精神においてこそ故郷にあり、自らのもとで故郷的 heimatlich bei sich なのである。さらにわれわれにとってはギリシア人たちのもとで故郷にあると感じるとすれば、とりわけ彼らの哲学においてこそ、彼らのもとで故郷にあるに違いないのであって、彼らのもとでだけだとそういうわけにはいかないのである。なぜなら、哲学はまさに自分自身のもとにあって故郷にあることだからであり、われわれは思想に、われわれのもっとも固有なものに、一切の特殊から自由であることに関わらなくてはならないからである。」(Bd. 18, 175-176.)

ほとんど説明を要しない文章だと思う。はじめに挙げた詩人ヘルダーリンと同じように、ヘーゲルはギリシアの人々に、とりわけ哲学そのものに「ふるさと性」を認めているのである。zu Hause sein は「わが家にいる」ということであるが、広義には「故郷にある」ことも意味する。哲学の始まりであるギリシアを「ふるさと」と見立てて、そこに始まった哲学の役割に「故郷にある」＝根源を探究する営みを託す、ということである。この哲学の役割のことを別の側面からみると、「思索する自由の萌芽」、すなわち、あの「汝自身を知れ」というソクラテスにまつわる標語が結びつく。これも『哲学史講義』の、今度は近代哲学の冒頭、デカルトに関する部分の文章である。

「デカルトともにわれわれは本来自立的な哲学のうちに入り込む。…ここでわれわれは、わが家にいる zu Hause sein のだ、と言うことができるし、荒れ狂う海の上をあちらこちらへとさ迷ったあげくの船乗りのように、『陸だ Land！』と叫ぶことができるのである。」(Bd. 20, S. 120.) もちろん、ここで言う「自立的な哲学」とは、権威によらない「内面性」、「自分に発する思考」、思考の「最内奥の純粋な頂点」(ibid.)、すなわち、コギトの自己意識、自己認識の思想のことである。これをヘーゲルは「ふるさと」と見るわけである。先に見た、〈自分自身のもとにあること〉もむろんここに結びつく。つまり、哲学の始まり＝ふるさと＝ギリシア＝始源、その探究が哲学の本来の営みとみなされ、その意味からして哲学は、いわば船乗りが抱くふるさと回帰の憧憬ともみなされる、ということである。

もとより、それは単なる空想上の営みなのではなく、自然も含む共同的関係性をもった「自由で美しい歴史性」に由来し、またそれを求めるものであって、それが同時に私たちの思考の根拠への探究でもなければならないというわけである。

ここで、「自然」が理念および精神の「他在（他であること）」の意味を改めて考えておかなくてはならない。「他在」とはけっして異質な「他者」なのではない。「他在」は精神自らが自分の「他なるもの（他者）」になる（である）ことを意味するのであって、それは精神が精神でなくなって別のものになる、ということではない。そもそも「他者」とはヘーゲルの言う「精神」にとって、「精神」それ自身にほかならない。「精神」は、「それ自身の他者」でありうるという、「無限性」をその本質としているからである。それをヘーゲルは、例えばイエーナ体系構想Ⅰではこのように表現する。

「意識の本質とは、エーテル的な同一性のうちに直接的に対立の絶対的統一があるということである。このことが可能なのは次のような時だけである。すなわち、意識が対立的に定立されている限りで直ちに、対立の両項が意識それ自身である時、つまりこの両項が対立項としての各々において、直ちにそれ自身の反対であり、絶対的な差異でありながらおのれ自身を止揚し止揚される差異である時、すなわち両項が［対立していながら］単一である時だけである」（GW 6. 273.）。

『精神現象学』の序論の有名な表現を挙げるなら、「意識は、すなわち、あるものを自分から区別すると同時に、自分をこれに関係づける」（Phän. S. 76.）と言えばよいだろう。したがって、「自然」は、それが「精神」の他者であるのなら、「精神」それ自身でもあることになる。なによりも「精神」それ自身が「自然」を自らの不可欠の契機としているということである。

してみると、「自然」はまた、とりわけそれが歴史性をもって立ち現れるときには、「精神」の「ふるさと」として意識されているのだと言うことができるだろう。「自然」とはなによりもあの「大地」であり、「エーテル」であるし、歴史性を帯びたそのようなもののことを、「ふるさと」と呼ぶのが私たちの習わしになっているからである。

おわりに

「自然」を、「精神」が生成する、いわば媒介的手段と見るヘーゲルの哲学体系の祖型に、「自然」と「精神」との根源的な同一性と「自然」の第一次性の思想が胚胎していたという事実は、「知る」という科学的・学問的営みにとっての「自然」の重要性に改めて私たちの目を向けさせるように思われる。たとえば、ハンス・ヨナスが次のように述べる思想的背景には、上に述べてきたようなヘーゲルと同様の「自然」についての理解があるように思う。

「宇宙の尺度からすれば人間は一個のアトムに過ぎないということは、量的な些事である。人間の内的な広がりは、人間を宇宙的な意義をもったひとつの事件にすることができる。知るという営みのなかで存在を反省するということは、人間的な出来事以上のものでありえよう。それは、存在それ自身にとって、その形而上学的な状態を触発するようなひとつの事件、ヘーゲルの言葉で言えば、根源的な実体がおのれ自身へと到来すること、であるかもしれない[10]」。とはいえ、ヨナスによれば、人間の存在の意義は、「全体としてのいのちの解釈から学び」、「事物の自然のなかに発見可能な原理によって根拠づけられる」倫理学によってのみ明示されるのである[11]。

ヨナスが述べていることも万物の「根源」としての「自然」、つまりは「ふるさと」の重要性という考えに結びつくであろう。「いのち」の「ふるさと」、あるいは「ふるさと」としての「いのち」を別にしては、人間は宇宙の単なるアトム（「塵」）でしかないからである。しかし、その「塵」が「ふるさと」に身をゆだね、その原理に即して生きる道（「倫理」）を選び取るなら、そこに進むべき道はおのずから示されるだろう。ただし、そのためには「ふるさと」に集い、同じ道を歩もうとする人々との繋がりが必要である。この繋がりを可能にするのも、ほかでもなく「いのち」としての「ふるさと」なのである。そしてそれを人は「希望」とも呼んできたわけである。人が「運命」に翻弄されるのか、それとも「運命」を切り拓くのかは、ひとえにこの「希望」の抱き方いかんにかかっているように思われる。

「運命」を切り拓き、「運命」と切り結ぶことを可能にする「希望」はどのようにして抱かれるのだろうか。魯迅が言うように、必要によって歩く人が多くなれば、おのずとそこにできあがってくる「道」のようなものなのであろうか。たしかに人々の繋がりによって道はできていくのであろう。だがしかし、人と人の繋がりを道の本質と見ることができるにしても、何を道として選ばなければならないかはやはり問いとして残るだろう。

つまり何を繋がりの、「希望」の旗印とするのかが問われるはずなのである。少なくとも、わたしには「ふるさと」はつねにそのような旗印のひとつにはなりうると思われる。そのためにも、私たちの「ふるさと」にとっての可能性が、それも「自然」としての可能性がなおも問われなくてはならないのである。

【註】

（1）小論の第一稿は、二〇一四年九月二〇日に、「「ふるさと」の根源性と「自然」の可能性について」と題して、北京の北京外国語大学で開催された「第四回日中哲学フォーラム」において発表したものである。その原稿に加筆したものを、同じ題名で一〇月二五日の東北哲学会大会公開講演会で発表したが、小論はそれにさらに手を加えて出来上がったものである。特にヘーゲルの「自然哲学」構想に関しては大きく論を膨らませることができたように思う。日中哲学フォーラムでの発表および東北哲学会での講演当日、質疑応答の時間に種々のご意見を頂戴した。そのすべてを生かしきれてはいないかと思うが、小論が発表当時よりも少しでも良くなっているとすれば、質問してくださった方々のおかげである。この場を借りてお礼申し上げたい。

（2）魯迅作「故郷」竹内好訳『阿Q正伝・狂人日記』所収、岩波文庫　九九頁。

（3）以下の「ふるさと」論について詳しくは、私の次の二つの仕事を参照いただければ幸いである。『今を生きる——東日本大震災から明日へ——復興と再生への提言　1　人間として』（座小田・尾崎編、東北大学出版会、二〇一二年）の「まえがき」と「第九章」。ブックレット『防災と復興の知—3・11以後を生きる』（座小田・田中・川崎著、大学出版部協会、二〇一四年）。

（4）Hörderlin, Werke und Briefe, hrsg. von F. Beißner und J.Schmidt, Frankfurt/Main 1969, Bd. 1, S. 40 f.

（5）Gerhard Krüger, Mythisches Denken in der Gegenwart, in: *Die Gegenwart der Griechen im neueren Denken*, Festschrift für H.-G. Gadamer zum 60. Geburtstag, 1960 Tübingen, S. 119.

（6）『精神現象学』からの引用は、G.W.F. Hegel, Werke, Bd. 3, Phänomenologie des Geistes, Frankfurt/Main 1970 から行い、本文中に(Phän) の略号と頁数を組み込む。また、このヘーゲル全集からの引用については、巻数と頁数を本文中に示す。なお、以下の引用文中の強調傍点、括弧〈 〉および［ ］括弧内はすべて引用者の補足である。

（7）この「悲知」については、次の拙論の特に第七節を参照されたい。「「私」と「私」の間に——「彼方への眼差し」を可能にするもの――」（『生の倫理と世界の論理』座小田・栗原編（東北大学出版会）二〇一五年三月刊）。

（8）以下イェーナ「体系構想」からの引用は、G.F.W.Hegel, Gesammelte Werke, hrsg. Im Auftrag der Deutschen Forschungsgemeinschaft, Bd.6,7,8. から行い、GW の略号と各巻数および頁数を本文中に組み込んである。

（9）ここに言及した「媒語」の役割については、残念ながらここでは論述することができなかった。特に「承認」と「労働」の媒介的意義については、小論と相前後して書き上げた次の拙論において詳しく論じておいたので、参照していただければ幸いである。「承認と労働――ヘーゲルの『イェーナ精神哲学』における「媒語」の意義について――」（『ヨーロッパ研究』（東北大学大学院国際文化研究科ヨーロッパ文化論講座）第一〇号、二〇一五年）。ここでは、ヘーゲルの「労働」概念が、きわめて広義なものであって、意識の作用も含めて、自然および他者とかかわる人間的媒介活動の一切が、「労働」と呼ばれている点だけを指摘しておきたい。

（10）Hans Jonas, *Das Prinzip Leben*, 2. Auflage 2011 Frankfurt am Main, S. 402f.

（11）ibid., S. 402.

（略歴については奥付を参照）

4　人間にとっての地球の意味
――フッサールとブルーメンベルクによる考察――

小熊正久

はじめに

フッサールは一九三四年に『自然の空間性の現象学的起源に関する基礎研究』[1]という表題を付された草稿を記したが、それは没後一九四〇年に公開されている。この草稿は、以前から試みられていた「空間」の現象学的解明に「地球」ないし「大地」という観点を導入したものであり、それは、およそ物体について身体的活動をとおして経験をおこなう人間にとっての基盤としての地球の意味を、コペルニクス以降の宇宙観において通常なされる地球の理解と対照するかたちで解明しようとしている。

この草稿は「コペルニクス説の転覆。地球は動かない」などの標語によって紹介されることも多いが、それによって引き起こされがちな印象とは異なり、フッサールがそこで述べているのは、通常の物体について「動く」と言われるような意味で地球が「動く」のではなく、通常の物体の運動や静止について語るためには「基盤としての地球」が必要だということである。

他方、ハンス・ブルーメンベルクは『コペルニクス的宇宙の生成』（初版は一九七五年）において、天文学上のコペルニクス革命がどのようにして成立したかということと、コペルニクス革命の世界観・宇宙観に対する意味を考察したが、そのなかには、やはり、「人間にとっての地球の意味」についての考察が含まれている。それはまた、コペルニクス革命を経た人間にとっても地球はかけがいのない星であるという洞察を含んでいる。地球は、荒涼たる宇宙のなかでのオアシスであり、人間が生命を維持しつつ天体観測をすることのできた唯一の星である、と。

ところで、ブルーメンベルクは同書の中ではフッサールの先の草稿に言及してはいないが、その執筆時期からみてすでにその内容を承知していたことであろうし、『人間の記述』というタイトルで出版された遺稿のなかで、フッサールの当の草稿に言及し、そこに含まれる「身体」や「基盤としての地球」の考察を、少なくとも「生活世界」の記述の観点からは肯定的に評価している。(2)

それでは、ブルーメンベルクは同書において、地球の意義という点でフッサールの考察に対して何を付け加えたのであろうか。換言すれば、ブルーメンベルクが同書で地球について論じた意味は何であったのだろうか。もちろん、彼が歴史的考察を行ったことは言うまでもないが、人間にとっての地球の意味を論じたフッサールの『基礎研究』に照らしたとき、その歴史的考察は何を意味しているのであろうか。

本論文では、地球についての両者の見解の関連を考察し、「人間にとっての地球の意味」を考えるための一助としたい。第一節で、フッサールの説く「経験の基盤としての地球」の意味を確認してから、第二節において、フッサールの見方をも考慮した上でなされたと思われる『コペルニクス的宇宙の生成』における「地球」の考察の含意を考えたい。

第一節　フッサールによる「基盤としての地球」の考察

1　地球の二つの規定

フッサールは草稿『基礎研究』において、地球の二つの規定を対比している。「コペルニクス主義者にとって」、地球は「無限の宇宙空間における星々の一つ」であり、また、「球形の一つの物体」ないし「大きな塊」である。だが、コペルニクス的宇宙観が成立する以前には、地球は「すべての物体を経験するための基盤」であったし、それは全体として知覚可能な「一つの物体」としては経験されていなかった（G. 308 参照）。

フッサールはこの二つの規定を対照しながら考察して、「経験の基盤としての地球」は、われわれのすべての物体についての経験の基礎になっているゆえに、この見方のほうが、他方よりも根源的であると結論した。一般に物体の静止と運動の知覚的経験や物体についての測定といった行為は身体的行動を通して為されるが、「地球」は、その際の不可欠の「基盤」として働く、という理由からである。

さて、この点の考察は、同時期に書き下ろされたもう一つの草稿『空間構成についての諸注記[3]』のなかでもかなり突っ込んでなされている。そこで、こちらも勘案しながら、「経験の基盤としての地球の機能」はいかなるものであるかをみていこう。

2　経験の基盤としての地球の機能

フッサールは〈「基盤」としての地球の役割 Funktion der Erde als "Boden"〉について考察しているが、ここでの「基盤」とは、諸物体の運動と静止の知覚的経験の基盤のことである。「物体の静止と運動」というと、われわれは「座標軸」で表されるような一定の空間的な枠組みの中でのことを考えがちであるが、それはすでに「空間」を自明なものとして前提している。またその際には、「一つの物」ということも前提されている。いったい、物体を「一つの物」として把握し、それをさらに、空間的に静止ないし運動する「物」として把握するということはどのようなことなのか。『諸注記』には、同草稿の主旨を表明すると思われる「すべての経験された運動は志向的に私の運動感覚（キネステーゼ）的行為と停止に遡って関連する」という言葉が見出されるが、それはどのようにしてであろうか。またその中で「経験の基盤」の役割はどのようなものであろうか。

　まず「知覚野」と「運動感覚」について、眼球の運動と相関的に形成されている「視覚」の場合を考えてみよう。片方の眼による視覚にも或る視覚的広がり（見える範囲）が属するが、その眼の可能的な運動と相関的な視覚的広がり（眼を動かすことによって見ることのできる範囲）が存在し、それを「視覚野」と呼ぶことができる。そこでは、現在の眼の位置による「中心部」と範囲内には属するが現在の中心ではない「周辺部」が区別されるであろう。しかも、眼をどのように動かせば風景にどのような変化が生じるかが習慣によって熟知されている。この場合の動かし方とはたとえば、上下・左右への動き、動かす大きさや速さなどである。そして、こうした動きに伴う感覚が「運動感覚」と呼ばれている。このように、「視覚野」と「眼球の運動」と「運動感覚」は一つのシステムをなしているが、さらにこれに加え、両眼の動き、頭部の動き、上半身や身体全体の動きなどが組合わされて、より大きな、そして、より複雑な「視覚野」が成立する（N.30参照）。

　さて、こうした「視覚野」と「運動感覚」のシステムを前提として、一つの物の静止や運動の知覚が成立する。例えば、「一つの静止した物体」について、身体の動きに応じてえられる視角からの「現れ」（「射映」）を時間的広がりのなかで「一つの物」として捉える、また、「物体の運動」は、眼球を止めたままでもある程度捉えられるが、それを眼で追うことによってより正確に（運動の距離や速さなどを）捉える、といった具合である。

さらに「触感覚」についても、その広がりと「運動感覚」からなるシステムがなりたっており、視覚のシステムとも組み合わさって外的事物の運動と静止を把握することができる。

さて、以上のような物体の運動と静止の経験における「基盤としての地球」の役割をあらかじめ大略的に述べれば、「知覚野」を通しての知覚は、構造上、ある基盤を必要とするということになるであろう。「視覚野」、「触覚野」の順にみていこう。

われわれの見る風景には、自分にとって手前のもの（前景）と奥のもの（背景）の区別が存し、前景のものは背景を「掩蔽」し、逆に、背景から前景のものが「浮かび上がる」という構造があるが、その「掩蔽 Verdeckung」の有り様は、物の配置だけでなく自己の身体の位置や運動によっても変化する。こうした、「背景」のうえに運動ないし静止する物が浮上し現れる姿をフッサールは「像 Bild」[4]と呼んでいる。

この「背景」は、その上で物体の静止や運動が生じる静止した背景として働くが、その背景の「静止」については、「構成上運動に先立つ『静止』であり、物体的静止、運動の様態として理解された静止ではない」と言われており、さらに、「第一の静止」とも表現されている（N.33）。なお、自動車に乗った場合の自動車のように、内側からみて暫定的に静止する基盤もありうるが、結局それらは、「第一に静止する」地球という基盤を背景とするとされている（N.31）。こうして、視覚においては、前景と背景という構造が成立しており、すべての物体（「像」）の経験の基礎としての「地球という基盤」が働いていると考えられる（N.26 参照）。

では「触感覚」の場合はどうであろうか。視覚的領域と違って、そこには、前景と背景からなる文字通りの

「遠近法的構造Perspektivierung」はない。しかし、たとえば手が物から離れて空中を動いても、結局物に接触すること、さまざまな触覚的運動感覚の統合などにより、「触覚」の「運動感覚」は全体として、「触覚物」および一つの「空間」を、しかも「第一の静止」（N.37）において与えるのである。だが、それに加えて、歩行において大地の上を動く、大地を自分の重さで圧迫するなどの経験がある（N.217参照）。

このように、歩くことや圧迫などにおいて感じられる足下の不動の基盤が、触感覚における「第一の静止」するものとしての背景であり、これが、視覚領域における（掩蔽がなければ）地平線まで続くであろう「背景」と組み合わさって「地平Horizont」を形成しながら、「地球という基盤Erdboden」を構成していると言えるであろう。

ところで、「私の身体」の構成（理解）という観点からも、このような不動の基盤上を「私が動く」ということは重要な役割を果たすであろう。というのも、まさしく静止した基盤の上を動くことによって、「私の身体」も他の物体と同じく「物」という身分を獲得しているからである（G.314頁参照）。

さらにこの経験は相互主観的含意をもつ。われわれの身体が「相互主観的に」構成されるためには、自分と他者のそれぞれが他方に対して「身体」であるとともに「物体」であるという面ももたなければならない。ところが、それは「物体」という側面に関して、他の物体と同様に運動ないし静止する物でもなければならない。相互にとってこのような意味を持つものとして身体が構成されるためには、相互の共通の基盤（Boden）をなすものが存在しなければならないのである。

こうした、不動の基盤の上でわれわれはさまざまな物の運動と静止を経験し、距離や速度の測定などを行う。だが、はたしてこれは絶対的な要請なのであろうか。換言すれば、「基盤としての地球」が動くということはありえないのであろうか。

あらためてこの点を考えてみると、『諸注記』の冒頭部分で述べられている「運動を評価するためには、つねに、静止の現象が前提されなければならない」ということが、運動と静止の知覚にとってきわめて重要な前提であると考えられる。もし、「静止の現象」が存在せず、幾つかの物が相互に動いているだけで、そこに何の共通の基盤をも設定できないというのであれば、どれが動いているとも、全体として動いているとも言うことはできないからである。また、これに関連して、「無限の空間における同一的で絶対的な場所の諸点に至ることができるのか」という問題も立てられている。そして、こうした問題の解答として、「出発点は『現象的な』静止である」(N.23)と語られている。これまで見てきた「基盤としての地球」が、まさしく何らかの「現象的な静止」を出発点として到達する「基盤」にあたり、それが「動く」と言うことは、少なくとも代りの基盤が与えられなければ意味がないということになろう。

このように、地球は、物の静止と運動の把握にとって、また自己と他者の身体の把握にとって不可欠の基盤であった。しかも、この基盤は、地平として、静止と運動の可能性をもつ通常の物体のように経験されるのではない広がりをもつ。

では、このような「基盤としての地球」はどのようにして、コペルニクス的宇宙観のなかで、「一つの物体」、「一つの星」として理解されるようになったのであろうか。また、その理解をフッサールはどのように評価したのであろうか。

『基礎研究』に拠りながら、このことに関するフッサールの見解を三点に分けてみていこう。

３　コペルニクス的宇宙観のなかでの「基盤としての地球」の位置づけとその意味

（一）まず、フッサールは『基礎研究』の中で「コペルニクス的宇宙において地球が動く」という見方と相容れない見解を述べているわけではない、ということに注意すべきであろう。『基礎研究』のタイトルや副題として表記されることの多い「地球は動かない」という言葉から受けがちな印象とは異なり、この草稿が示していることは、以下の通りであると言うべきであろう。

しかし事態がそうであるとすれば、われわれはガリレイとともに、それでも地球は動くということができるであろうか。逆に、地球は動かないというべきではないか。もちろん、それは動きうるけれども空間において静止しているということではなくて、われわれが上で叙述しようとしたようにである。それは箱舟であり、それが初めてすべての運動の意味を可能にし、運動の一様態としてのあらゆる静止をも可能にするのである。だが地球の静止は運動の様態ではない（G.324)。

つまり、フッサールのいう「地球の静止」は、「運動の様態」ではなく「基盤としての地球」の不動性である。このことに注意して全体を読めば、フッサールの真意は明らかである。したがって「基盤としての地球が静止している」ことと、「太陽の周りを地球が動く」ということは矛盾しはしないのである。

（二）次に、フッサールは、「基盤としての地球」の経験に発する「歴史性」について語っている。

最も重要な事柄は、必当然的な自我すなわち私に、そしてわれわれに属するところの先所与性と構成とを忘れてはならないということである。両者はあらゆる現実的および可能的な存在意味の源泉であり、〈進行中の歴史のなかですでに構成された世界が、引き続きもたらしうる可能的な拡張〉のすべての源泉なのである。…すべての存在するものが、超越論的構成のもつこの歴史に、すなわち構成に不断に属しながら自ら拡張してゆく核であるこの歴史に遡って関係しているのである――換言すれば、世界の可能性として新たに発見されるすべてのものは、すでに前もって仕上がっている存在意味に結びついているのである（G. 323）。

フッサールの想定にもあるように、たとえ人類が地球外の場所に住むことになろうとも、それは、このような「超越論的構成」を核とする歴史に従って、「基盤としての地球」に遡って関係するということになる。

（三）　それでは、「基盤としての地球」の経験から「コペルニクス的宇宙観」への移行、つまり「コペルニクス的宇宙観の成立」をフッサールはどのように考えていたのであろうか。フッサールは次のように問いを立てている。

地球を一つの物体として、つまり星たちのなかの一つの星として妥当させる権利を、われわれはどのようにして獲得するというのであろうか（G. 321-2）。

また、地球を一つの星と見ることは、星ないし天空と地球を「等質」のものとみることであるので、「遠方の天空の等質化 Homogenisierung」と呼ばれているが、この「等質化」にはどのような権利があるかとも問われており、その際、天文学的物理学や原子物理学も「無限性を孕む学問」であるという理由で、「等質化」に寄与するものと捉えられている。

さて、フッサールは、この問いの考察にあたって、一つの可能性を考える。それは、地球において、星々や太陽を見ることができないような状況になっていると仮定するのである。この仮定について、フッサールは、その地球の人間は、星々や太陽が見えなくとも、ミクロ物理学を構築し、ニュートンのような人間や引力の法則をもつことになり、最終的に、その地球の住人は次のように言えるようになるであろうと考える。つまり、自然のなかで任意の大きさをもつ物体が、われわれの感官にはまだそして決して到達されない遠方に存在しうるのだ、と。そして最後に、そうした物体（「星」）と地球は「等質」の存在であると考えることができると。

だがここでフッサールは、「実際にはわれわれはすでに星々を目にし、科学的にそれらを地球に対し計算可能な物理的関係にあるものとみなし、地球は物理学的には星々と同等であり諸物体のなかの一つの物体であるとみなしている」（G.322-3）という言葉でこの仮定の考察を終える。そしてそれに続けて、「そこで、われわれは物理学に触れないのである」と述べて、あたかも中断するかのように、この考察全体をも終了している。直後のパラグラフでは、先にみた、「基盤としての地球」にもとづく「超越論的歴史」の主張に移るのである。

こうしてみると、フッサールは「等質化の権利」を問うてはいるが、それを認めているわけではない。とはいえ、星々や太陽が見えないような地球における物理学の成立の可能性について言及し、それについてはっきり肯定されているわけではないが、否定されてもいない。そのつぎに、われわれは実際には地球から星々や太陽を見ることができるという「事実」が述べられているが、その場合の物理学の成立とその権利は不問のままにされている。いずれにせよ、天文学や物理学の成立を「等質化の権利」の問題として扱ってはいないのである。

次のパラグラフで、彼は「自我に属している歴史性」の根源性に話を進めるが、その中で、この「歴史」の「超越論的」「根源性」は「等質化」には冒されない、と述べるのである。

この結論の当否はともかく、こうして、「天文学」および「物理学」の形成と「等質化の権利」の問題が切り離されていることは確かであり、その解答は、少なくともこの箇所には見あたらない。

だがここで、われわれは、「コペルニクス的宇宙観」における「地球」の位置づけを扱ったフッサールの『基礎考察』と、ブルーメンベルクの『コペルニクス的宇宙の生成』とが触れあう地点に達したのではないであろうか。もちろん、ブルーメンベルクがこの草稿を目にしたり、それだけを念頭においたりしながら、考察を進めたという意味ではないが、二人の考察が、その意義の面で、ここで関係づけられるという意味においてである。すなわち、ブルーメンベルクは、「等質化の権利」の問題を、コペルニクス的天文学および物理学の成立の問題と関連させて考えたのではなかろうか。

フッサールによる、地球を基盤とする根源的な経験の層の呈示は有意義であり、これを忘れるわけにはいかない。しかし、それだけでは、「コペルニクス的宇宙観」つまり「等質化」の権利や意味を解明したことにはならないであろう。上の問いはまた次のように言い換えられるであろう。天体観測なども地球を基盤とする以上、「基盤としての地球」がコペルニクス的宇宙観の成立のための最低限の「必要条件」をなすけれども、ブルーメンベルクの考察は、《その宇宙観が成立するための、より近接的な要件》を呈示しようとしたのではないか、と。次節では、フッサールの考えと対照したときに、ブルーメンベルクは何を提示しようとしたと言えるのか、また、その際「地球の意味」がどのように考察されたのかをみていこう。

第二節　ブルーメンベルクによる地球の意味の考察

1　人類と宇宙の関わりの端緒

人類と宇宙の関わりの端緒について、ブルーメンベルクは次のように述べている。

> 星を見るということは、差し迫ってくる日常に対して人間が直立歩行の副産物として付け加えることのできた余剰の一つの精華である。…太古の人間の知覚は、惑星のゆっくりした移動を軌道上の姿として脳裏に刻み込み、無数の光点の眺望をはっきりした諸星座からなる一全景として分類する、息の長い執拗な追求だったと考えられなければならない（K. 14, I.6-7）。

こうした追求は「注意力を集中して周期性を確定し、伝承を記録する態度」に至ったと考えられる。その結果、「昇る太陽と沈む太陽を、満ち欠けのある月を、宵の明星と明けの明星を同一物として見る、といった具合」に、「合理性の初歩的操作が、宇宙の眺望の変化する諸現象に即してはじめて行われた」。さらに、天の現象は「解釈したり計算したりできるものと考えられ、したがってまた、天の下では経験できないような信頼するに足る秩序と法則性をはじめて予感させるもの」となった（同上参照）。

このようにして人間と宇宙との関わりは始まったとブルーメンベルクは考えるが、こうした星空の観察や規則性の把握は、人間の日常生活にも重要な意味をもっていることを忘れてはならない。たとえば、暦の作成は、季節の移り変わりの把握や時間計測、時刻設定なども関連して人間の共同生活には不可欠である。

このような端緒を経て、西洋では、天文学の成果はプトレマイオスの『アルマゲスト』に集大成されることになるが、それを伝統として受け継いだコペルニクスの観測上の状況についてブルーメンベルクは、コペルニクスが考察したのは「オリエントの天のきわめて明るい星座のもとではなく、天が雲に覆われた暗い地域、世界のあの北方の片隅であった」(K.15,I.7-8) と述べている。

このことは、コペルニクスが依拠したのは、推論や理論形成を別にすれば、「何千年にもわたる直接的観察の結果だった」ということになる。

さて、コペルニクス革命の意味について、上のような「宇宙との関わり」を度外視する見方も存在しうる。それは、地上における「物理学」の成立と展開によって、宇宙との関わりがなくとも、最終的にはコペルニクス革命の成果が得られるだろうという見方である。こうした考えは、同書の冒頭で、「アンリ・ポアンカレの思考実験」として紹介されている。ポアンカレの出発点は「もし地球が見通すこともできずけっして切れることもないような厚い雲に取り囲まれていたとすれば、コペルニクスのような人物ははたしてうまれただろうかという問いである」(K.12,I.4)。

ポアンカレの見解は、「天文学的な光学がなかったとしても、人間は宇宙における人間の位置と運動を解明する」、つまり「[天文学者としてではなく] 純粋な物理学者として地球の運動を主張せざるをえなくなったはずだ」というものである。

このポアンカレの見解に対してブルーメンベルクは、「ポアンカレの持ち出す物理学の観察と実験は、すでにその発端において地球の運動という…前提に依存している」と対応し、次のようにみずからの見方を述べている。

コペルニクスは特定の物理学的諸前提――たとえば慣性の原理や重力という前提――のもとでのみ天文学の難局を決定的に打開できたのだから、近代物理学は、そもそもコペルニクスによるこの打開を介して初めて本質的な推進力と諸問題を獲得したのである（K. 13, I. 6）。

すなわち、近代物理学の形成は、結局のところ天文学におけるコペルニクスの成果を機縁としているというのである。[5]

ところで、ポアンカレの問題と解答は、先に見たように、フッサールが『基礎考察』の「等質化の権利」の考察のなかで言及していた可能性と同種のものであるが、フッサールはこうした状況下で物理学が形成される可能性を否定してはいなかった。これを勘案すれば、この点においてブルーメンベルクがフッサールの考えを批判ないし補足しようとしたことがうかがえるのである。

２　宇宙との関わりとしての観測と屈地性

『アルマゲスト』の著者プトレマイオスに対するコペルニクスの態度について、ブルーメンベルクは次のように書いている。

［弟子のヨアヒム・レティクスによれば、］コペルニクスには、一世紀前に大レギオモンタヌスが示したような伝統と訣別する情熱が欠けている。レギオモンタヌスは、恒星天の歳差運動の大きさを決定する問題について、〈もし昔の人々のデータが不正確であるなら、新しい観測の正確さなど何の役にも立たないのだから、「後世の人々を伝承から解放すること」が必要であるかもしれない〉と書き記していたのである。

コペルニクスであればこんな考えはできなかったであろう。彼は、ほかならぬプトレマイオスの手で仕上げられたギリシャの恒星観測の伝統の正確さを擁護するために、ニュルンベルクの天文学者ヨハネス・ヴェルナーとむきになって論争している。また、彼自身、プトレマイオスが利用したデータ資料を広範囲にわたって保持している（K. 248, I. 279）。

つまり、コペルニクスは、プトレマイオスの著作を重視していただけでなく、そこに蓄積されていた天文学のデータにきわめて忠実だったのである。これはまさしく、「地球と宇宙のとの関連」としての観測結果であり、運動する星々とともに地球への影響や、歳差運動のように、地球の運動をも示すものなのである。観測データを重視するのは、天文学上のデータは、長い時間の採取を必要とするという特徴があるからである。(6)なお、右の「歳差運動」は、当時はそれが見出されないことから宇宙の「計り知れない」大きさが推論されたのであるから、この観測結果が宇宙像の構築にとって大きな重要性をもった一事例とみなすことができる（K. 299, I. 336 参照）。

コペルニクス以後の事柄ではあるが、観測の重要性を示すもう一つの例として、同書の中でしばしば語られた「光速度の有限性」の例を見ておこう。

（1676年にオーレ・レーマーは、）木星によって生じる木星の複数の月の食の時間を、その惑星［木星］から地球への距離に比例させて比較したのである。［その結果、光の速度が推測された］。太陽系の諸々の比と非常に相関性が高い値を持つ光の伝播の有限な大きさは、宇宙空間の飛躍的な拡張だけでなく、人間に対して知覚の絶対的な限界を設定するように思われる空間と時間の不均衡をもたらした（K. 733, III. 148）。

つまり、光速度が有限であるゆえに、少なくとも光を通して見える空間的広がりに相当するだけの時間の長さを宇宙の年齢として認めなければならず、宇宙はそれまで考えられていたよりも遥かに長い歴史をもつことが推測されたのである。またそれは次の効果をも生み出した。「有限な光速度の発見によって、星空の諸要素の同時性［多くの星々が同時に見えるということ］は前景だけの見かけになりはじめ、そのあとではこの同時性は偶然的なものと」見なされるようになったのである（K. 66, I. 66参照）。

コペルニクスは太陽の周りの諸惑星の運動と配置（諸天球の順序）を考察するにあたって、「軌道の大きさと回転周期との比率」を基準とした。だがその際、「もしあの『配置』が『データと観測に』適合するなら、地球は金星と火星のあいだをまさしく『通っている』と言われているように、やはり、「データと観測」が決め手となっている（K. 283, I. 318）。

さて、このことと関連するが、コペルニクスによれば、地球は太陽の周りをまわるゆえに、地球の位置からの天体の観測結果は、地球の在り方を表明していると言える。ブルーメンベルクは、コペルニクスの『天球回転論』第一巻第五章の文を引きながら、この点を次のように表現している。

観察者の立脚地はもはやこの問題［コペルニクスが取り組んだ地球のかたちと運動の連関の問題］に無関係なものとして中立化されることはできない。それ自体が天文学理論の第一の主題である。なぜなら、この立脚地が、観察者に示されるものにとっての最も重要な条件だからである。「ところで地球は、そこからその天の回転が観察されわれわれの視界にもたらされる当のものなのである」――コペルニクス――K. 585, II. 315)。

こうして、天体の観測は、暗黙のうちに地球の在り方を指し示しているが、こうした事態をブルーメンベルクは生物学の用語を使って「屈地性 Geotropie」[7]と表現している。人間の宇宙へ向かう営みは同時に地球を反省する傾向をもつというのが、その意味である。「屈地性」の例としては、『生成』の最終章では、コペルニクスが「［月に映る］地球の宇宙的規模の影が、地球の二つの元素がともにはたらいて統一した完全な形態［絶対的丸さ］…をなすことを証明している」としたことや、宇宙飛行の時代における「月から見た地球の映像」――荒涼たる宇宙の中のオアシスのような姿――などがあげられているが、先に見たような、すべての天体観測が地球からの観測であるという印を帯びているという事態がもっとも包括的な「屈地性」といえよう。しかもこれはまた、「われわれが地球上で生を営みながら、しかも星々を見ることができるという」（K. 11, I. 3）驚異的な地球環境——大気などの状態を含めて——を示唆するものでもある。

『コペルニクス的宇宙の生成』の末尾は、「…人間にとって地球以外の選択肢が存在しないということは、振り返る経験を通してのみ受け入れられるであろう」（K. 794, III. 317）という「屈地性」を示す言葉で結ばれている。

おわりに

ブルーメンベルクの叙述を是認すれば、第一節末（三）の（宇宙と地球の）「等質化の権利」問題に関して、彼は何を示したと言えるであろうか。彼の意見では、天文学と物理学を考慮すると、長期間の観測というかたちでの宇宙との関わりによってはじめて「コペルニクス的宇宙観」が成立したということになるであろう。だが、地球に関して言えば、「振り返られる」べき「地盤」としての位置づけが失われることはなく、その意味で地球と宇宙との完全な「等質化」は是認されえないであろう。この見方からすれば、（一）の「地球は基盤という意味で不動である」ということと、（二）の「超越論的歴史」の肯定に関しては、ある程度フッサールの主張を保持できるように思われる。

さて、フッサールとブルーメンベルクによって考察された「人間にとっての地球の意味」とは、次のようになろう。

フッサールは、物体の静止と運動の把握や測定といった行為は、その基盤として不動である地球――運動の様態ではない不動の地球――を前提するということを教えた。他方、ブルーメンベルクは、天体観測や宇宙飛行という宇宙へ向かう行為が「屈地性」をもち、反省的に地球を指し示すことを教えた。

宇宙へ向かう営みも、地球を基盤とする測定や物の運動・静止の経験の可能性を前提するであろう。だが逆に、「基盤としての地球」は人間が生きることを保証する環境のもとではじめて問題になりうる事柄とも言える。こうして、両方の観点は相補的なものであるように思われる。

また、一方は大地の経験の根源性を、他方は宇宙的規模での地球環境の貴重さを教えてくれるように思われる。それは、ブルーメンベルクが叙述したような宇宙の荒涼さ、不可視性、とらえ難さを背景としたものではあるが。

【文献】

引用は、［　］内に示した略号と頁数による。このほかの文献は註で示した。

Edmund Husserl:

*1. *Grundlegende Untersuchungen zum Phänomenologischen Ursprung der Räumlichkeit der Natur* in: Philosophical Essays in Memory of E.Husserl, ed. by M.Farber, 1940. [G]

*2. Notizen zur Raumkonstitution in : Philosophy and Phenomonological Research, Vol. 1, No. 1 (Sep., 1940, pp. 21-37)　and Vol. 1, No. 2(Dec., 1940, pp. 217-226). [N]

*3. *Ding und Raum Vorlesungen 1907.*, Husserliana Bd. XVI, 1973.

Hans Blumenberg:

*4. *Die Genesis der kopernikanischen Welt*, Frankfurt am Main, 1975^{1}, 1985^{2}. [K] 邦訳『コペルニクス的宇宙の生成　I、II、III』、後藤嘉也・

小熊正久・座小田豊訳、法政大学出版局、二〇〇二–二〇一一年（邦訳の引用は巻数と頁数を示す）。
*5. *Lebenszeit und Weltzeit*, Suhrkamp, 1986,
*6. *Beschreibung des Menschen*, Suhrkamp, 2006.

【註】

（1）本論文末尾の文献*1. 以下『基礎研究』と略す。この草稿を編集したA・シュッツの註によれば、これは一九三四年五月七日と九日の間に書かれたものであり、封筒の表書きは次のようであったという。「通常の世界観的解釈におけるコペルニクス説の転覆　原箱舟地球は動かない。最初の自然科学的な意味での『自然の空間性の物体性の現象学的起源に関する基礎研究』。すべての必要な端緒の諸研究」。なお、『講座　現象学3』（弘文堂、1980年）所収の邦訳（新田義弘、村田純一訳）を参照した。

（2）文献*6. S.670.「基盤の上に立って歩むことができるという可能性が、身体が媒体の中に立ち入り、その媒体を通して意志的に動くことができることを含意するということ——このことは、生活世界と身体意識の記述にとって中心的な事柄である」。Cf. S.673.

（3）文献*2.『諸注記』と略記する。なお、この草稿が刊行された上記雑誌におけるA・シュッツの紹介には、それは、『基礎研究』と同時期（一九三四年）に書かれ、それと同じ主題を継続して扱っている、と記されている。また、フッサールのそれ以前の空間研究として文献*3がある。「運動感覚」と「知覚野」などの分析の詳細については、拙論「知覚における同一性と差異——フッサール『物と空間　講義1907』を手がかりとして——」（山形大学人文学部研究年報　第五号、平成二〇年）を参照されたい。

（4）ここで、使われている「像Bild」の語は、「像意識」における「像」とは異なる事柄を指している。ただし、類比的考察は有意義であると考えられる。

（5）こうした主張をするにあたってブルーメンベルクが依拠した一人であるI・B・コーエンは、次のように述べている。「よく言われるように、コペルニクスの偉大さは、彼の提唱した宇宙系そのものよりも、むしろ彼の提唱した宇宙系が、ガリレオ、ヨハネス・ケプラー、アイザック・ニュートンなどの名前と結びつく、あの物理学の大革命への導火線となったことにある」。*THE BIRTH OF A NEW PHYSICS*, I. Bernard Cohen, Doubleday & Company Inc., P.63. 邦訳『近代物理学の誕生』（吉本市訳、河出書房、一九六七年）、七六頁。

（6）この点は、『生活時間と世界時間』（文献*5）では次のように述べられている。「天文学は、［長期間によって］発見の割合が増加するという理由だけでなく、もともと、時間を通し、時間によって媒介されることによって進歩するという形態をもつ」（S. 101）。

（7）「屈地性」については、拙論「ブルーメンベルク著『コペルニクス的宇宙の生成』最終章の含意——屈地性について——」（山形大学大学院社会文化システム研究科紀要、第九号、平成二四年）を参照されたい。

本研究はJSPS科研費24320001, 24520005の助成による成果である。

小熊　正久（おぐま　まさひさ）
山形大学人文学部教授
一九五一年新潟県出身
東北大学大学院文学研究科博士課程単位取得退学
博士（文学）
専門：哲学、現象学
主な著作：〈論文〉「フッサールの想像論」（二〇一三年、東北哲学会年報№29）、〈論文〉「中立性変様とその諸形態」（二〇一三年、山形大学大学院社会文化システム研究科紀要第一〇号）、〈共訳〉『コペルニクス的宇宙の生成Ⅰ、Ⅱ、Ⅲ』（二〇〇二～二〇一一年、法政大学出版局）

第２部　運命論の観点から

5 運命論的語りの構造に関する試論

佐藤　透

第一節　運命論と運命論的語り

生をその全体性と深さにおいて解釈することに秀でていると自負し、一般にもそう期待されている哲学が、生の形成にもっとも深く関わる力のいくつかと、まったく取り組まないも同然であるということは、考えさせられる事実である(1)。

ゲオルク・ジンメルは、一九一三年に発表された「運命の問題」という論文の冒頭で、こう述べている。彼によれば、「愛」や「体験」といった概念は、認識論や芸術の形而上学に劣らぬ重要性を持っているにもかかわらず、哲学によって等閑に付されている。また、それに劣らず無視されているのが「運命」という概念であり、彼はこれを取り上げてしばらく解釈を試みようとしたのである。

確かに、古代から今日に至るまで、「運命」という語が、いったいどれほど人の口をついて出たことだろうか。そしてそれが洋の東西を問わず、また時代を彩る諸思想の変遷にもかかわらず一貫して続いており、科学時代と言われる現代でもまたそうであるとすれば、運命について語ることは、おそらく私たちの生の構造に深く根ざしているはずなのである。

けれども、一口に運命と言っても、その語られ方が多様であるということもまた事実である。例えばキケローは、当時存在した二種類の運命論について語っているが、その一つは、命題の真偽に関わる、いわば〈論理学的運命論〉であり、もう一つは、自然界のあらゆる出来事は原因を持つがゆえに必然的だと論じる〈自然学的運命論〉であった。(2) 一方、アウグスティヌスは、当時「運命（ファァトゥム）」という言葉がもっぱら占星術などの占いに結びついていたことからこの言葉は拒否するものの、世の出来事の成り行きが神の摂理に導かれているという意味ではある種の運命を認めており、それゆえストア派に理解を示してもいる。(3) また、ボエティウスは、神の摂理は神の理性において単純性を保つもの、運命は時間において展開されるものとして、両者の関係を叙述している。(4) こうしたいわば〈キリスト教的運命論〉は、ヘーゲルの「理性の狡知」や、マルクスの「唯物史観」という形へ世俗化されると言われるが、(5) それらにおいてもまた、歴史の進行が何らかの定まった道筋を歩むものと想定されている。これらは〈歴史的運命論〉とでも呼べるだろうか。

さらに、近代においてデカルトが提唱したような、自然の探求から目的因を排除する新しい自然観は、ボイルやニュートンが目的因を擁護したにも関わらず広まって行き、自然法則の発見は、古代の自然学的運命論を、〈自然科学的決定論〉へと変貌させた。そこでは、世界に運動の始まりを与え、また摂理によって最終目的へ導く神は姿を消し、すべての自然法則と現在の状況を知り、未来の全現象を予測できる「ラプラスの魔」が想定された。

もちろんこうした運命論には各種の反論が対置されるのであるが、本稿は両者の主張を吟味して、運命論の可否を判定することを目指すものではない。というのも、人が「運命」を口にするとき、必ずしも右記のごとき理論的構成物としての運命論が念頭に置かれているわけではないと思われるからである。ある異性との出会いを「運命」だと感じ、友人にもそう語る人は、論理的運命論や自然（科）学的運命論を主張したいわけではなかろう。けれどもその人は運命を口にするのである。

とはいえ、運命ということが口にされる以上、何か物事の予め定められた進行というものが存在するという、漠然とした信念は抱かれているはずである。月の満ち欠けや季節ごとに見える星座の様子は、天上の世界の規則的運行を人に知らせる。地上に蒔かれた一粒のからし種は、それがどんなに小さく見えようとも、いずれ大木となる定めであり、成長した姿を自らの中に宿している。「みにくいあひるの子」は、いつの日か必ず大きな白鳥となって天高く翔る。私たちがそれに気づこうが気づくまいが、定められた道を進んで行く世の成り行きというものがある。こうした信念は、先の理論的構築物としての運命論の手前にあって、私たちの「生活世界」の中で感じられ、かたち作られ、理論的構築物を生み出す基盤となるものであろう。

それゆえ、私たちは、運命論に関わる以下の三つの次元を区別すべきであろう。すなわち、（一）理論的構築物としての運命論（二）生活世界的な運命論（三）運命論的語り、の三つである。（一）が世界の現象の全体に適用される強い主張であるのに対して（二）は部分的であり、かつ（一）ほどの強固さを持たない。それが現象に適用される範囲や強度はかなりの振れ幅をもつものと思われる。（三）は（一）および（二）に基づいて語り出されるその都度の発話であり、「嘘」が存在するように、（一）や（二）に関する信念をまったく伴わない場合すら想定できるものである。(6) 本稿の主題は、この運命論的語りの構造を分析することにある。

先にも述べたように、古代より今日に至るまで、人は運命を口にしてきた。しかし、そうした運命論的語りは、始終人の口をついて出てくるというわけではなく、特定の機会に集中しているように思われる。そのもっとも典型的な機会は、人が予想していなかった災難に遭遇する場合であり、もう一つの機会は、先に見た異性との出会いのような、予想していなかった慶事に遭遇する場合であろう。このような機会に何故人は運命を口にするのであろうか。運命論的語りは、どのような条件の下で成立し、どのような構造を持っているのであろうか。別の言い方をすれば、人がこうした状況において運命を口にするとき、それは人の精神的生活の上において何らかの機能を果たしているはずなのであるが、その機能とはいったいどのようなものなのであろうか。

こうした問題を考えるに際して、以下ではまず、本稿の問題意識に通じるものがあると思われる、先に触れたジンメルの考察を検討し、その後に本稿自身の試論を展開してみたい。

第二節　運命論的語りの条件――ジンメルの考察から――

ジンメルによれば、哲学が運命という概念を無視してきたのには理由があり、それは哲学の主要類型である観念論と汎神論および合理主義とが、この概念の構成要素を拒絶するからだという。観念論は、世界を主観から展開させ、人の実際的生活すべてを、その主観の絶対的な自己責任と無制限の自由の中に置くが、これでは運命という概念の中にある「暴力的で、まったく意志を凌駕し、さらに主観の把握を超えたところに位置するもの〈das Vergewaltigende, schlechthin über dem Willen, ja über dem Begreifen des Subjekts Stehende〉」（四八四頁）が入り込む余地がない。同様に合理主義も、把握できないもの、解明できないものという契機に対抗する。その一方で汎神論は、存在の統一の中にすべての個体的なものを解消してしまうので、運命概念のもう一つの構成要素である「個人的なものの強調〈das personale Akzent〉」ないし「個人への切迫〈die Zuspitung auf das Individuum〉」（同頁）を扱うことができない。

　ここからジンメルは、運命概念の深部構造を形作っている前提二つを取り出すが、すでに明らかなようにその一つは、あらゆる出来事から独立に自らの意味と内的傾向とを展開する一つの主体〈ein Subjekt〉[7]であり、もう一つは、このような主体独自の成り行きと関係なく発生し、経過してゆく特定の出来事である（同頁）。後者は主体の成り行きと発生的に無関係であるにもかかわらず、それを援助したり妨げたりするように見え、それ自体はたんに因果的な生起にすぎないのに、一つの意味を、いわば一種の遅ればせの目的性を獲得し、運命となるのだという。したがって、ジンメルは動物においても神においても運命概念は成立しないとする。前者では外的な出来事に抗する独立的主体が欠けており、後者では逆に、神の主体外の出来事は存在しないからである。

　ジンメルは以上を運命概念の分析として述べているが、彼が提示する二つの構成要素は、むしろ運命論的語りの条件として位置付けることが可能であるように見える。というのも、例えば論理的運命論にせよ、ラプラス的な物理的決定論にせよ、そこでは主体外の出来事の経過と主体とが対置させられることはなく、むしろ同じ原理が、主体内と主体外を問わず世界に隈なく成立しているという主張だと理解できるからである。その一方で、人が日常的に運命について語る場面は、まさにジンメルの言うように、自分の人生の成り行きと世の成り行き双方が絡み合う現場であることが多い。それゆえ、ジンメルが挙げる二つの構成要素は、私たちが先に見た理論化された運命論の構成要素なのではなく、運命論的語りの構成要素と考えるべきであろう。

けれども、ジンメルの挙げる二要素を運命論的語りに関するものと捉え直すとき、その不十分さも明らかになる。なぜなら、神や動物ではない人間にとっては、ジンメルの二要件は、人が極端な観念論や汎神論を採用しない限り、つまり常識的に人が生きる限りでは、ほぼ常に成立しているからである。私たちは自分の人生の成り行きと世間の出来事の成り行きを別個のものとして対置し、それが絡み合っていることを漠然とではあれ理解している。しかし、そのようにジンメルの二要件が成立するからといって、常に運命が語られるわけではない。別の言い方をすれば、私たちが運命を口にする機会が生じるためには、二要件に加えてもっと別の要素が付加されねばならないのである。

ジンメルが「運命の閾値〈eine *Schwelle* des Schicksals〉」（四八六頁）と呼ぶものは、おそらくこのことに関連していよう。彼の挙げる例をみてみよう。道を歩いて知人に出会うことは、偶然の領域を出ない。しかしたまたまその人に手紙を書こうと思っていた場合には、その偶然は「奇妙な〈merkwürdig〉」（同頁）ものとなり、意味を帯び始めるが、なお人生の決定的な目的性と結びつかず、偶然の中へと再び過ぎ去ってしまう。ところがこの出会いに続く結果の連鎖が人生の転換に深く関与することになると、そこでこの出来事は「運命の定め〈eine Fügung des Schicksals〉」（四八七頁）となる。この時、たんなる偶然事が肯定的ないし否定的な目的性を伴って、個人の人生の統一と意味に不可欠に帰属することになるという。

こうしたジンメルの所論については、さしあたり次のような問題点を指摘することができよう。第一に、ジンメルが念頭においているようなケースは、運命論的な語りの一種にすぎない。彼が念頭においているのは、先の友人との出会いでもわかるように、何らかの出来事が出来し、その後の経過のうちでその出来事が人生行路において持つ重大性が意識され、自分の人生行路の行き先（目的性）にとってあたかも予め定められていた事柄のように思われる場合であるが、次節冒頭で見る災難に会う人の事例のように、運命論的語りには、目的性と切り離して理解できるものもあるし、また過去の出来事を振り返って運命を感じるのではなく、未来の出来事を運命とみる場合もある。第二に、何故私たちは運命を口にするのか、つまり運命論的語りの機能に関する叙述は皆無ではないが、やはり不十分である。すなわち彼は、ギリシア悲劇のもたらす「宥和作用〈das Versöhnende〉」(8)（四八九頁）について語り、その本質を、偶然的に見えるものも実は徹底的に必然性に貫かれていることを示すことで、偶然的なもののもつ不気味さを止揚することに見ている。こうした記述は、運命論的語りの機能を見定めようとしている点で本稿の問題意識に添うものであるが、やはり限定的である。第三に、運命論的語りが先にみた二要件、すなわち一つの主体とその成行きとは無関係に進行する出来事、を前提とすることはその通りだとしても、この主体という概念が漠然としていて、外部の出来事との関係も不明である。私たちは以下で、この主体を〈出来事の進行の因果連関の認識に基づく行為主体〉と捉えることで、運命論的語りの構造をより明確にすることができると考えている。

第三節　運命論的語りの機能的構造

1　別種の事例研究から

先にジンメルが挙げた、友人との邂逅を運命と感じる事例とは別種の事例で考えてみよう。それまで平穏な暮らしを送っていた人が、突然の災難に遭うのである。例えばある人は、たまたま転居した後で、その地を襲った竜巻の被害に遭い、新築したばかりの家を失ってしまった。竜巻の通り道は自分の家だけで、少しだけ離れた隣の家は無事だった。この人は、「何故自分の家だけが被害に遭ったのか」、「そもそも何故自分はここに引っ越してきてしまったのか」と煩悶するだろう。そして「運命と思って諦めるしかない」と心を慰めるかもしれない。これは架空の想定だが、これと似た実在するケースはおそらく多いであろう。ここから、運命論的語りの構造について、何が読み取れるだろうか。

a．因果的連関に関する認識の欠如とその既定性の想定

まず、先のジンメルの挙げた事例と同様にこの事例でも言えることは、運命が語られる際、何らかの出来事が突然生じるということである。友人は突然現れるのであり、竜巻による家の破壊は突如としてやってくる。もちろん友人と出会うまでの友人の行動やそれに影響を及ぼしている環境要因の因果的連関を追跡することも、竜巻の発生とその進路に関する因果的連関を追跡することもできるはずであるから、因果的連関が存在していなかったということではなく、当事者がその因果的連関を認識していない、ということである。それゆえ、先にジンメルが運命概念の要件として、主体の成り行きと関係なく発生し、経過してゆく特定の出来事を挙げていたのは正しい。けれどもそれだけではたんなる「偶然」の出来事と変わりはない。「偶然」の出来

事と「運命」的出来事の分岐点は、双方ともその出来に至る因果的連関が認識されていないのだが、「運命」においては、それにもかかわらず、その出来事の出来が既に決定されていたものと考えられる点にある。逆に、出来事の出来が決定されているだけでも「運命」は語られない。「明日の朝、太陽が昇るのは運命である」と人が言わないのは、それがいかに因果的に決定されているとしても、その因果が明確に私たちに知られているからである。

したがって、因果的連関が私たちに知られておらず、かつそれが既定のものと想定されるということが、「運命論的語り」の一つの要件となる。

b. 出来事の回避可能性と行為主体

それでは、そのように考えることにどんな利点があるのだろうか。別の言い方をするなら、この場合、運命論的語りの機能とはどのようなものなのだろうか。それは、一言でいえば、この災難の出来を運命とみることによって、その人が一種の安心を得るということにある。それではなぜ運命を語ることによって人は安心を得るのであろうか。

運命だから「仕方がない」というのは、既に生起することが決まっていた出来事なのであるから、自分にはどうしようもなかった、その出来事を回避する可能性がなかった、ということであろう。それが慰めとなり、安心となるのは、裏を返せば、回避可能性があるなら当然回避の努力をすべきだったのであり、そのような悲劇を防ぐべきだったという思いがあることを示している。転居して来て竜巻にあったひとは、「そもそも何故自分はここに引っ越してきてしまったのか」と煩悶する。それは、「そうしないこともできた」からであり、自分の行為選択の仕方によっては、現在の悲劇を防ぐことができたかもしれない、という煩悶なのである。しかし、その悲劇の出来が運命として回避できないものとなれば、自分は過去の行為選択の適否について悩む必要はなくなる。「どうしようもなかった」つまり、どのような行為選択をしても無駄だった、のである。事態をこのようにみたときに浮かび上がってくるのは、先にジンメルが挙げていた運命概念の条件の一つである主体とは、行為するものとしての主体であり、行為選択の適否に悩む主体であるということである。しかし、そもそも、人が行為によってある出来事を回避するとはどのような事態なのであろうか。またそれはなぜ行為選択に関する悩みを人にもたらすのであろうか。

２　因果的連関の認識と行為による移轍――回避可能性の基盤

ａ．行為による因果的連関の移轍

ある人が車で道を走っていたら、走行車線の前方に大きな岩が見えた。山の斜面から路上に落ちてきたのである。この人はブレーキを踏んで減速し、反対車線を通って衝突を回避した。この回避はどのようにして成功したのだろうか。まず、運転手には、このまま車を走らせれば岩と衝突するという認識が成立していなければならない。車が同じ方向に走れば、数秒後には衝突するという、因果的連関に関する認識が行為の基盤となっている。また、減速し、ハンドルを切るという行為によって、出来事の進行を変更できるという信念をこの運転手はもっている。そのような知識と信念に基づいて、運転手は実際に行為を行うが、その行為はもちろん、衝突の回避という目的を目指して行われる（このように、行為によって因果的連関の筋道を変更することを以下「移轍」と呼ぶことにする）。したがって、行為による移轍が成功するためには、①出来事の因果的連関（行為以前および行為以後の出来事の進行）に関する認識の成立、②出来事の進行経路を自分の行為に

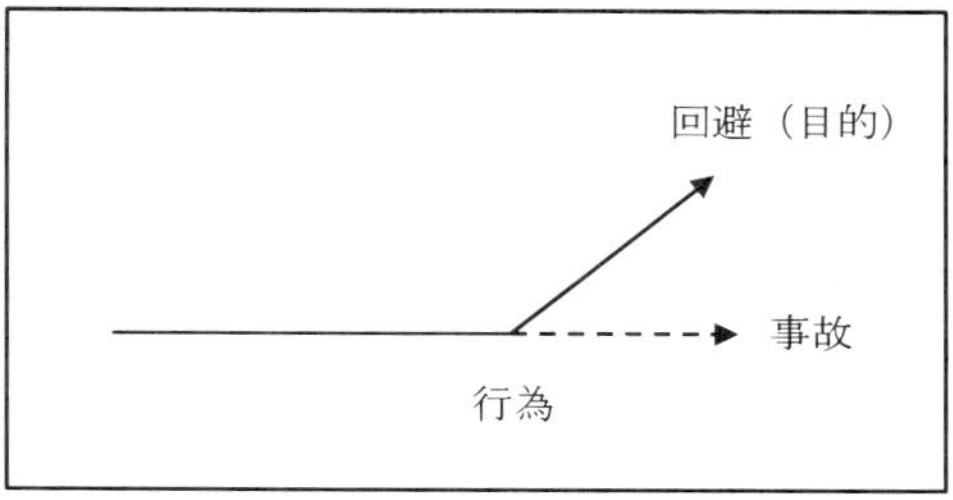

図1

よって変更できるという信念の存在、③行為の惹起によって、意図した目的へと出来事の進行が実際に変更されること、が必要である。また、行為の目指す目的は、何らかの意味で善なるものでなければならない。人はいかなる意味においても善とみなせない目的を目指すことはないからである。[9] このことを簡単に図示したものが図1である。これらのどれか一つの要素が欠落しても、行為による移轍は成功しない。人が因果的連関を承知していなければ行為を惹起することができない（①の否定）。また行為によって因果的連関の進路を変更できるという信念がなければ行為は惹起されない。例えば、巨大な隕石が地球に向かって進んでおり、このままでは衝突して被害が出るとわかっていても、人がそれを食い止める手段を持たず、出来事の進行経路を変更できないと考えれば、行為は惹起されない（②の否定）。もちろん、変更できると信じていても、何らかの理由で実際に行為が行われなければ移轍は成功しない（③の否定）。

b. 未遂行の行為選択における煩悶

それでは、行為選択の適否に関する煩悶はどのようにして生じると言えばいいだろうか。上記の構造から考えると、そうした煩悶の発生には基本的に二つのパターンがあると思われる。

まず次のような事例を考えてみよう。ある人は、電子回路と繋がった小型の時限爆弾を処理しようとしている。爆発を防ぐには、赤いコードか青いコードを切断すればいいのだが、間違うとその瞬間に爆発する。時間は刻々と迫るが、どちらを切断するのが正解か、はっきりしない。この時、彼の迷いや不安は、出来事の因果的連関が明確でないことから来ている。赤いコードを切るという行為の向かう先、青いコードを切るという行為の向かう先がわからない。それが明確であれば、為すべき行為自体ははっきりしているから、そこに迷いや不安はない。

また別の事例を考えてみよう。ある会社員は、自分の会社が重大な法令違反を犯していることを偶然知った。内部告発できる社内環境ではないので、報道機関にリークすることを考えた。そうすれば、社会的な大反響を呼ぶことは間違いないが、本当にそうすべきかどうか彼女は大変迷っている。この場合には先の事例とは異なり、出来事のなす因果的連関は明白である。[10] リークという行為が原因で社会的な反響が巻き起こされるということはわかっているのだが、しかし彼女はそのような行為が是か非かで迷っている。これは別の言い方をすれば、リークという行為がもたらす結果が善なるものであるかどうか不明なので、それを目的とする行為を惹起すべきかどうか迷っている、ということである。

このように見れば、未遂行の行為、つまりこれから為される行為選択に関する迷いや不安は、①因果的連関が不明であることによるものと、②それが明確である場合に、将来される結果が善であるかどうか不明であることによるもの、の二種類があるように思われる。しかし、これらいずれの場合でも、先に見た行為による移轍成功のための要件②の出来事の進行経路を自分の行為によって変更できるという信念は、成立したままである。そしてこのことは、既遂行の行為の場合にも同じように言える。

c. 既遂行の行為選択における煩悶

先の二つの事例について、時計の針を少し先に進めてみよう。爆弾処理をしていた人は、思い切って赤のコードを切ったが、それと同時に爆弾は爆発してしまった。防護服を着ていたので自分の怪我は軽かったが、

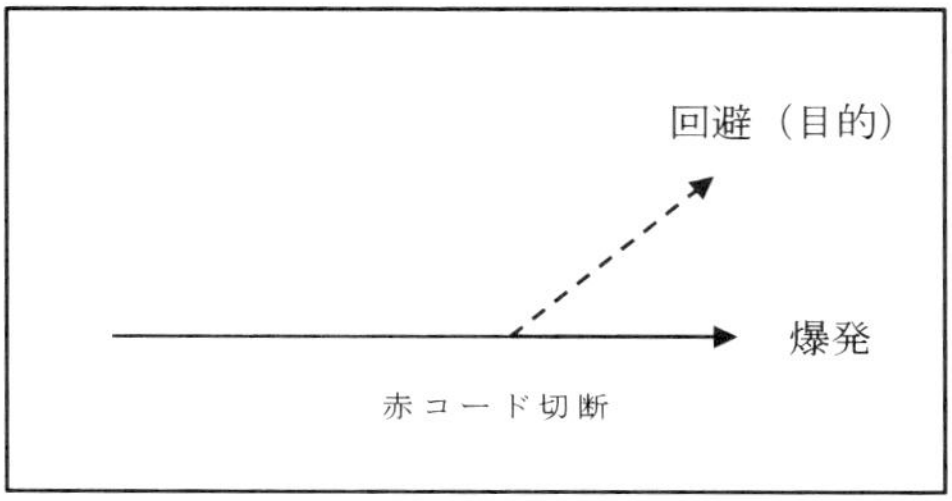

図2

周辺がかなり破壊されてしまい、彼は「青を切ればよかった」と後悔する。この状況を図1と対比的に描くとすれば図2のようになるだろう。出来事の因果的連関は、赤コード切断を経て現在の爆発に既に至っている。青コードを切断するという選択肢を採った場合の因果的連関は現実のものではないので点線で示されている。もちろんこの人には、青コードを切断すれば爆発を防げたという因果的連関を前もって知ることなどできなかっただろう。もしそれが分かっていれば、彼の取るべき行為は明白だった。したがってここでも、彼の煩悶（この場合は後悔）は、因果的連関が不明であったことに起因している。

社内不正に気付いた社員の場合はどうだろう。彼女は決心して実情を報道機関にリークし、その結果、予想通り社会的な大反響を巻き起こした。しかし、時を置かずに起こった別の大事件に世間が目を奪われると、この問題はいつしか人々に忘れ去られた。彼女は自分がリークしたことが知られて会社を解雇された上、社内の不正は有耶無耶となり、会社の体質もまったく変わらなかった。彼女は「リークするんじゃなかった」と後悔した。これは、もたらされた結果が善であるかどうかが不明だったことによる後悔と解釈できよう。

そしてこのように既遂行の行為の場合でも、出来事の進行を行為によって移轍できたという信念は成立したままである。

d. 回避不可能性と安心

それでは、転居によって竜巻被害に遭ったが、それを運命だと考えることで慰めを得た人の事例に戻ってみよう。この事例でも、途中までは先の爆弾処理で誤って赤いコードを切ってしまった人と同じである。彼は、現在の災難に至る因果的連関を認識していなかった。もし転居したら竜巻に襲われると知っていれば、もちろん彼は転居場所を別の所にするか、転居を中止したであろう。彼は、何故自分はここに転居してしまったのかと後悔する。しかし、そこで彼は、「これは運命だったのだから仕方がない」と考えて慰めを得る。この時彼は、行為による移輸成功のための要件②の出来事の進行経路を自分の行為によって変更できるという信念を否定することによって、移輸の可能性を否定し、そうした可能性の存立に基づいて発生する煩悶（後悔）を逃れるのである。行為選択に関する迷いや不安の根本には、人が出来事の進行経路を自分の行為によって変更できるという信念があるのであるが、運命論的語りはそこを打ち消すことによって、行為選択に関する可能的煩悶[11]から解放されるという機能的構造を持っているといえる。

3　運命論的語りの分類例と基礎的共通特性

けれども、このことはすべての運命論的語りについて妥当するのだろうか。というのも、先にも触れたように運命論的語りには多くの形があるように思われるからである。転居によって竜巻被害に会い、それを運命と考えて慰めを得た人は、道で友人と出会うジンメルの事例のように、必ずしもそこに目的性を見出しはしないだろう。自分の人生はこの災難に会うことを目指して進んできたのだと考える人はあまりいないと思われるからである。また、災難に見舞われた場合と同様、何か思いがけない幸運に見舞われた場合にも人は運命を

	現在→未来	過去→現在
積極的価値へ	**例1**「今出会ったこの人と私は、結婚する運命にある。」	**例2**「あの災難がなければ、今の幸福はなかった。あれは運命だったのだ。」
否定的価値へ	**例3**「人は死すべき運命にある。」	**例4**「平穏な暮らしを送っていたが突然の災難に会った。この災難は運命だったから仕方がない。」

語る。こうした語りの分類整理は、もちろんどのような観点から行うかによって変わってくるが、以下ではさしあたり二つの観点からこうした語りを分類してみたい。すなわち、まず問題になる因果的連関が、現在から未来へ向かっているものなのか、過去から現在へ向かっているものなのかという観点が一つである。また、その因果的連関が、善や幸福といった積極的価値を持つ出来事に向かうのか、悪や不幸といった否定的価値を持つ出来事へ向かうのかという観点が二つ目である。したがって、これら二つの観点を掛け合わせて、四つの場合分けができることになるが、この分類は運命論的語りの一部に関するあくまで限定的なものである[12]。左の表では、各場合に該当する事例が示されている。このうち、竜巻被害に会った人は、例4に相当する。それでは、他の場合についても、運命論的語りについて先に確認された機能、すなわち、行為選択に関する可能的煩悶からの解放という機能は成り立っているのだろうか。

例1を見てみよう。この場合、運命が語られる出来事は、今生起しているある人との出会いであり、それが将来の結婚という幸福な結果へと運命として繋がっているという語りである。この運命論的な語りがやはり行為選択に関する煩悶からの解放という機能を持っていることは、こうした出会いを単なる偶然としかみなさない人と比較してみることでわかる。例えばある男女がパーティで知り合って、お互いに好意を抱いたとしよう。女性の方はこの出会いに運命を感じたが、男性はたんなる偶然だと考えている。この男性は、このチャンスを生かそうとして、いろいろな行為を惹起するだろう。どうすればこの女性と良好な関係を築けるか、いろいろと考えて恋の作戦を練るかもしれない。それに対して、運命だと信じる女性は、今後どのようにこの男性に接するか、まったく悩まないだろう。どう行動しようと彼との結婚は定められているのであるから、悩む必要はないのである。[13] このように、出会いを運命だと語ることは、先の場合と同様、どう行為すべきか、という行為選択に関する可能的煩悶からの解放という機能を持っているのである。

　同じことは、例2や例3の場合でも言える。例2の語り手は、過去の災難があったからこそ今の幸福があり、その経過は運命で定められていたと考えている。この人は、災難に会った時に、この災難にどう対処しようか、また今後どうするか、悩んだであろう。今でも当時のことを思い起こすと胸が痛む。しかし、それは今の幸福に至るための運命の導きだったのだ。だとすれば、かつてあんなに悩む必要はなかったのだし、今も気に病む必要はないのだ、と。例3もそうである。人はどのような手段を尽くしても死を免れることはできない。それは運命なのだからどう仕様もなく（どのような行為の選択肢もなく）、悩んでも仕方のないことなのだということになる。

　このようにみれば、私たちはやはり、行為選択に関する可能的煩悶からの解放を運命論的語りの基礎的共通特性と見なし得るのではないだろうか。

第四節　いくらかの含意

右記の規定はむろん暫定的な結論にすぎず、これはもっと多くの事例に即して考察を深めて行くべきものであるが、こう考えることで、運命論を巡るさまざまな事象を説明する道筋も開けてくるように思われる。最後にその点に触れて本稿を閉じることにしたい。

1　責任回避との関連

その一つは、運命論的語りと責任論との関連である。例えば大規模な災害で被害があって、それが運命だったと語られたとしよう。その語りがある種の無責任性を帯びるのは、まさに運命論的語りが、行為による移轍可能性に関する信念を否定し、災害の場合にはその回避可能性を否定するからに他ならない。そこで運命を語ることは、その災害に至る因果的連関を追究し、どのような行為を選択すればそれを回避できるかという追究を止めることに通じる。私たちが運命論的な語りに直観的に感じ取る無責任さを、右記の機能的構造の規定はより明確に自覚させてくれるだろう。ただしそれは、そうした行為の可能性の保有者による語りに関して、である。つまり、災害出来の原因を追究し、回避策を講じるべき科学者共同体や行政には、そうした語りは許されない。しかし、そのような行為手段を持たない市民が運命論的語りによって自らの心を慰めることとは、非難に値することではない。そもそも、自分の生まれ落ちた環境、背負っている遺伝的素質、生物としての死すべき運命などは、行為による移轍の範囲外にあるのであって、それゆえあらゆる運命論的語りが、無責任性を帯びているというわけではないのである。

2　文化的差異との関連

先に見たように、例えば何らかの自然災害が生じた際の運命論的語りは、その災害の回避可能性がなかったと考えることによって安心をもたらすという機能を持っていたが、その裏には、回避可能性があるなら当然回避の努力をすべきだったのであり、そのような災難を防ぐべきだったという思いがある。また、こうした構図の基盤には、人間は自然に働きかけてそれを改変することで、自然が人間に与える悲劇を回避する能力がある、という人間観がある。そのような、自然を改変する人間の能力を高く見積もっていれば、「何故悲劇を回避できなかったのか」という自責の念は大きくなるだろう。逆に、もともと自然界の成り行きを人間が支配できるはずはない、と考えているなら、自然が人間に対して与える悲劇の衝撃はそれほど大きくないかもしれない。日本人の災害に対する受容的な態度の背後には、そうした自然観があるのではないか。もともと自然支配という観念が強くはないということと、災害を運命として受容するという態度は構造的につながっているようにみえるのである。

また、降りかかった災難を運命だとする場合でも、そう考えることでたんに心を慰める場合と、この災難が自分に降りかかったのは遠い未来の目的に照らした意味があるのだ、と捉える場合があろう。ジンメルが見ているような目的性からの意味づけは、人類が終末へと神の摂理によって導かれるとするキリスト教的な救済史観と親和性が強いが、日本や東アジアでは災難のそうした理解はあまり見受けられないことにも、伝統的歴史観の相違から来る文化的差異を見て取ることができよう。

【註】

（1）Georg Simmel, *Das Problem des Schicksals*, *Georg Simmel・Gesamtausgabe*, Bd. 12, Suhrkamp, 2001, S. 483. 以下、本書からの引用に際しては、頁数のみを本文中に記す。編集者によるとこの論文は、新たに創刊された週刊雑誌『精神諸科学』のために彼が寄稿したもので、第五冊目として一〇月二九日に出されているが、その際に第一冊目で予告された「運命の概念」という題名から改題されているとのことである（S.534)。なお、この論文の概要は、木田元『偶然性と運命』岩波書店、二〇〇一年、で紹介されているが、そこでは立ち入った考察は加えられていない。

（2）キケロー、「運命について」、『キケロー選集11』岩波書店、二〇〇〇年。論理学的運命論は、アリストテレス「命題論」第九章（『アリストテレス全集1』一九七一年、岩波書店）ですでに論じられている。また、入不二基義『時間と絶対と相対と―運命論から何を読み取るべきか』勁草書房、二〇〇七年、第九章は、リチャード・テイラーによる最近の論理学的運命論を取り上げ、アリストテレスのものと比較しつつ検討している。

（3）アウグスティヌス『神の国』第五巻、特に第八章以下（『アウグスティヌス著作集』第一一巻、教文館、一九八〇年）。

（4）ボエティウス『哲学の慰め』筑摩書房、一九六九年、一七〇頁以下。

（5）キリスト教的救済史観あるいは終末論の世俗化については、R・K・ブルトマン『歴史と終末論』岩波書店、一九五五年を参照。ただし本稿では、こうした「嘘」の語りはひとまず考察の外に置く。

（6）Subjekt の語は言うまでもなく多義的であるが、先に「主観」と訳したこの語をここで「主体」と訳し直すのは、すぐにみるように、運命論の文脈で問題になるのは、認識論的な主観概念を超えて、行為の「主体」だと考えるからである。

（7）おそらくアリストテレス『詩学』にいう「カタルシス」のことを指しているものと思われる。

（8）アリストテレスはすでに、「どのような術もどのような論究も、行為も選択もみな同じように、或るひとつの善いものを目指していると考えられる」と述べている（『アリストテレス全集13　ニコマコス倫理学』岩波書店、一九七三年、三頁）。

（9）因果的連関ということは、広く理解されるべきであり、自然科学的に確定される因果関係のみではなく、社会的出来事の連鎖の認識をも含み得ると考えるべきである。野家啓一は、このような日常的な因果了解を「物語り的因果性」と呼んでいる。『物語の哲学』（増補新版）岩波書店、二〇〇五年、三一三頁参照。また、これに先立ってカッシーラーは、近代科学における因果性のように、複合体から一定の契機を抽象化、孤立化させて選び出す作用とは無縁とはいえ、神話的思考様式においても因果性の認識が確かに存在するとし、それを「神話的因果性（die mythische Kausalität）」と呼んでいた。Ernst Cassirer, *Philosophie der symbolischen Formen, Zweiter Teil, Das Mytischen Denken*, 8., unveränderte Auflage, 1987, S. 59.

（10）

（11）ここで、「可能的」という語を用いるのは、運命論的語りが為される際に、この煩悶が、必ずしも顕在的な仕方で表面化してはおらず、あたかも煩悶という事態が関与していないかのように見える場合があるからである。その煩悶は、「運命」が口にされなかった場合に生じ得たものであるので、「運命」が語られた場合には顕在的にはならないことがあると思われる。

（12）この四つの場合は、私たちに比較的身近な運命論的語りにすぎない。そのことは、問題とされる因果的連関が、過去から現在への場合と、現在から未来への場合とであって、全時間を貫く因果的連関が問題となっていないことからもわかる。全時間、全歴史を通じた因果的連関についての運命論的語りは、私たちが冒頭で区別した（一）の理論的構築物としての運命論であり、それに対してこの表はすべて、（二）の生活世界的な運命論に関わっていると言える。（一）をも含めてこうした分類を拡大してゆくことは今後の課題としたいが、おそらくそのように拡大しても、「行為選択に関する可能的煩悶からの解放」という基礎的共通特性は、変わらないのではないかと筆者は考えている。例えばストア派の論客が、「あらゆる出来事は原因と結果の連鎖を為しており、それゆえ運命は決定されている」と語ったとしよう。この語りは、全時間に及び、また個別の出来事をきっかけとして発話されていないという点で、表で分類した語りとは異なっているが、「定まっているのだから、あれこれと行為選択に悩む必要はない」という機能を担う点では同じだと思われるのである。

（13）この女性は先の男性と違って、あまり積極的に行動しないものと想定されているが、反対の事例を考えることもできる。ある女性は、ある男性との出会いを運命だと信じて、事態のなりゆきを傍観するのではなく、むしろ積極的に行動を起こすのである。確かにそうした場合も考えることができるが、その場合でもこの人が行為選択に関する可能的煩悶から解放されているという点では同じであろう。彼女は何ら迷うことなく突き進むのであろうから。

佐藤　透（さとう　とおる）
東北大学大学院国際文化研究科教授
一九六一年新潟県出身
東北大学大学院文学研究科博士課程修了
博士（文学）
専門：近・現代哲学
主な著作：〈単著〉『時間体験の哲学』（一九九九年、行路社）、〈単著〉『人生の意味の哲学』（二〇一二年、春秋社）、〈共著〉『生の倫理と世界の論理』（二〇一五年、東北大学出版会）

6 無意味な自然における意味の誕生
――(脱)人間中心主義をめぐって――

後藤嘉也

自然は、残酷にも被収容者の健康や美しさまで含めてその不幸に対して無関心だが、傲慢さそのものであるSSに対してもやはり無関心である。

――S・コフマン

宇宙に人間が存在することに意味や根拠はあるだろうか。そうしたものは幻想でしかないだろう。人間中心の目的論は仮構であって、自然は人間に無関心(in-différent)である。しかし、コペルニクス革命によって人間が宇宙の中心から追放されてからも、今日にいたるまで、人間中心主義的な補償を望む(脱)人間中心主義が続いてきた(一、二)。

ところで、人間中心主義と(脱)人間中心主義の双方が成立している境位(エレメント)は世界内存在に、すなわち存在者が存在するという運命とこれに対する人間の応答にある。たまたまいまここに、自然と世界の一隅に存在する私は、自分に送り遣わされた呼びかけを耳にし、聞き損っている(三)。その呼びかけは自然

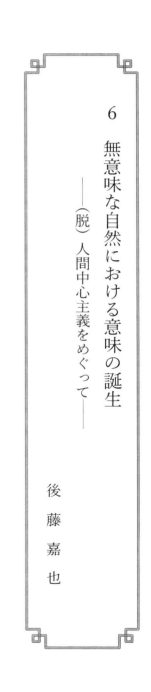

にとってはどうでもよいが、私にとってはどうでもよくなく、私は無関心ではいられない。こうして、無意味に存在する宇宙の片隅で根拠なき意味が生まれる（四）。

第一節　存在することの無記性と人間中心主義的な補償

ちっぽけなプライドを気にして日々を暮らす私たちは勘違いしているかもしれないが、宇宙全体を俯瞰する目で見れば、自然や人間が存在することに格別な意味や目的はない。コペルニクス革命が地球と人間を宇宙の中心から追い出したことによって、この無意味さはいっそう際立つ。ところが人間はこれに耐えられず、ハンス・ブルーメンベルクによれば何らかの人間中心主義的な補償を求める。本節ではその次第を一瞥したい。

宇宙の時空は広大で、そのなかで人類や個々の人間が占める位置はとるにたりない。青年ニーチェはこう書き残した。「またたきながら無数の太陽系が注ぎ出された宇宙のどこか辺鄙な片隅に、昔一つの星があった。そこには賢い動物たちがいて、認識を発明した。それは、宇宙史のこの上なくうぬぼれたいんちきな瞬間だった。だがこれはほんの一瞬にすぎなかった。[1]」次の瞬間に地球は凍り人類は絶滅したからである。ホモ・サピエンスは真理を愛し、ノーベル賞競争を繰り広げ、地球の大気圏外に出るのを宇宙飛行と称して鼻高々だが、めでたすぎる話である。

それどころか、これを宇宙史上最も尊大な瞬間だとくさすことさえ、滑稽な思い上がりでもあろう。宇宙という自然には高慢も謙虚もない。そこにはあれこれのものが存在するが、それらが存在することはそれ自身では善くも悪くもなく、美しくも醜くもない。無記である。存在することの価値は、人間か神仏のような知的存在者がそれぞれの視界（パースペクティブ）から付与するだけである。宇宙、世界、自然のただなかにある人間（人類、各人、国家・民族等の共同体）は、自然と人間自身が存在することについて価値判断しながら存在する。宇宙や地球や空気や水が存在するのは人間のためではない。空気や水や放射能「汚染」水はそれ自身では善くも悪くもない。

そこで、晩期のニーチェは、意味、統一、真理というカテゴリーは人間が世界に挿入した価値にすぎないことを洞察した。これまでこう信じられてきた。あらゆる出来事には意味がある。世界全体には統一性があって、個々人もこの偉大な全体に寄与するものとして価値がある。たとえ意味や統一が偽りだとしても、生成転変するこの世界の彼岸に真の世界、真理が存在している。ところが、これらの「宇宙論的価値」によって世界を解釈することの不可能性に私たちは気づいてしまった。いまやそれらの価値は抜きとられ、「自分自身を事物の意味と価値尺度として設定するのは〔…〕人間の大仰な素朴さである」[2]。こうしてあらゆる至高の価値が崩落する。これがニヒリズムの到来である。

この出来事は、「コペルニクス以来人間は中心からXへと転がり出ている」[3]とも表現されている。最高の被造物か万物の霊長であるはずの人間が、コペルニクス革命によって、地球もろとも宇宙の中心から未知の片隅に追放された。

だが、宇宙における人間の脱中心性に、ひいては無意味さに耐えるのは、コペルニクス以後にも容易なわざではない。ブルーメンベルクが『コペルニクス的宇宙の生成』（一九七五年）で言うには、「コペルニクス的に断念せよという要求は、そのまったく峻厳なありさまにおいては、そして新しい種類の人間中心主義的な補償がなければ、まったく受け入れられなかった」[4]。

彼は、この根本動向をコペルニクス革命以後の歴史と革命を準備した前史のなかに見出し、みずからも、現代風の緩和された人間中心主義的補償を提案している。ここでは、この動向を、脱人間中心主義である人間中心主義、筆者の造語で「(脱)人間中心主義」と呼びたい。それは、時間空間上の脱中心性を認めるかぎりでは脱人間中心主義であり、その痛みを甘受できずに意味を回復しようとするかぎりでは人間中心主義である。小稿も、最後に別種の(脱)人間中心主義に傾斜するだろう。

ブルーメンベルクによると、古代ギリシャ人には悲劇とコスモスとの、ないし生に関するペシミズムと宇宙に関するオプティミズムとの二律背反があった。ソポクレスはコロスに「最善なのは生まれなかったことだ」と歌わせたが、一方、「なぜ人は生まれないことより生まれることを選びうるのか」と問われたアナクサゴラスは、「天の建築と宇宙の秩序を観察するために」と応じた。ブルーメンベルクはこの二律背反の謎を解く鍵を、「神々も人間もコスモスの外部にいる」[5]点に探し当てる。神々はコスモスを作り出したわけではなく、人間はコスモスの最下層の諸元素が最も混乱した地帯にあってコスモスに向き合っている。美しい星空は人間の手に届かず人間のためにあるわけではないが、観想の対象となりえ人間にとって僥倖である。

そうだとすると、理論的観想は宇宙が人間に授けた幸福だという伝統的定式となった人間中心の目的論は後代のものである。人間に到達不可能な天は、ストア派においては観想すべき美しいもの、エピクロス派にとっては思いどおりにならない腹立たしいものであった。こうして、ストア派とエピクロス派以後、天は観想すべき美しいものと忌むべきものとの、地球と人間は特権性と無意味さとの両義性をおびる。

ところで、コペルニクス革命は人間を宇宙の中心から追放し、天界と地上の世界との二元論を突き崩したため、地球は天文学的に宇宙に統合され星の一つになった。それにもかかわらず、まだ十分にコペルニクス的に、つまり、人間を自然の中心や目的とみなさない態度になっていないという宇宙とのかかわりが続いた。これをブルーメンベルクは「コペルニクス的比較級」[6]と呼ぶ。彼によらない修飾語を付け加えるなら、この比較級は劣等比較級である。

当のコペルニクスも、コペルニクス的に断念せよという要求をまったく峻厳なありさまで受け入れてはいなかった。たしかに彼は人間の位置が中心にあるという幻想を打破した。コペルニクスが活動したポーランドのフラウエンブルクは「天が雲に覆われた暗い地域、世界のあの北方の片隅」[7]であり、宇宙を観察するにはおよそ不向きな場所であった。だが彼にとって、直観があてにならないのに比べて、認識する理性は信頼に足るものである。『天球回転論』の教皇パウルス三世宛献呈序文では、「哲学者の仕事は、神によって人間に許されたかぎりで、すべての事柄において真理を探究することにある」と記した。コペルニクスはみずからの理論が真理だという主張を掲げたのである。[8]「宇宙の中心だというこの事態を地球中心主義というかたちで物理的に表明するのを断念する」[9]のと引き換えに、宇宙の中心という概念は理念化された。古代ストア派はテオリアを人間の使命とみなす人間観と地球中心の宇宙論とを結合したが、遅くともコペルニクス以後、この統一は砕かれ、理論構成が直観を圧倒するにいたった。宇宙の片隅の地球の、そのまた片隅に住むコペルニクスは、真理を認識できる理性、ホモ・サピエンスであることに補償を見出したわけである。コペルニクス革命は人間の位置が中心にあるという幻想を打破したが、宇宙の中心は理念化されて人間の理性に与えられ、コスモスの秩序と人間中心の目的論が維持された。

コペルニクス以後も、まだ十分にコペルニクス的になっていないという劣等比較級が続いた。たとえば、コペルニクスは合理的な理論構成のために、地球が不動で宇宙の中心を占めるという感覚的明証性に反対したのに、ガリレイは同時代人に望遠鏡を使わせて、感覚的明証性によってコペルニクス説の正しさを証明した。コスモスの秩序の代わりに絶対的な無秩序を主導原理として定めた二〇世紀初頭の天文学者Ｋ・シュヴァルツシルトにさえ、目的論や秩序の思考が残存していた。彼にとって、人間はもはや宇宙の出来事の名宛人ではないが、「宇宙に無秩序が要請されたからといって、地球の住み心地が打撃を受けいれるわけではない」。生命と理性は、地球上での偶然的存在というもろい特異現象にさらされてはならなかった。[10]

しかし、若いニーチェなら、この手の人間中心主義的補償はもちろんのこと、人間理性を宇宙の中心に置くことをも嗤うにちがいない。自然が人間びいきだというのは思い上がりである。それをアーレントは、地球をも動かす支点である「アルキメデスの点の発見に本来含まれている難問は、地球外のその点が地球によって拘束されている被造物によって発見されたということだった」[11]と言い表している。これが理性の難題だということを自覚したのはデカルトである。彼女が指摘するとおり、デカルトの解は、アルキメデスの点を人間の内部に移し、究極の基準点として人間精神の数学的パタンを選ぶというものであった。「なぜなら私は、この普遍的懐疑を固定した動かない点にして、ここから、神やあなた自身や、世界に存在するあらゆるものの知識を引き出そうとしたからである」[12]。同時にしかし、アーレントによると、この基準点は人間の精神のパタンにすぎないのではないかという疑いをぬぐえない。[13] これは、宇宙の中心を理念化したコペルニクスや、自然を数学化したガリレイ――ブルーメンベルクのガリレイ像とは少し違うが――にもまとわりつくだろう。

次に、人間の存在の偶然性を救おうとする、脱人間中心主義という人間中心主義、すなわち（脱）人間中心主義の一九世紀後半以降の形態をいくつか取り上げて、コペルニクス的比較級の根強さを垣間見たい。

第二節　（脱）人間中心主義の諸相

人間の生命も理性も偶然に出現した。自然は、人間が理由なく打撃を受けることにも、善にも悪にも何の関心も寄せない。それを残酷だと評するのはあくまで人間であって、そもそも自然は思考し意志し感情をもつ主体ではない。私たちは地球環境破壊を日々進行させているが、その帰趨がどうなろうと、宇宙という自然にとってはどうでもよい。しかし、ほとんどたいていの人間は、コペルニクス説の刻印をまぎれもなく押された場合にも、新しい種類の人間中心主義的な補償を要求し、コペルニクス的比較級にとどまっている。ここでは三人に注目する。

まず、あのニーチェでさえ、宇宙の中心位置を断念せよというコペルニクスの要求を無条件でのみこんではいない。人間は、かつて神の子だと信じていたはずなのに、コペルニクス以来、中心から加速度的に転落してきた。「人間が存在者の序列に占める唯一でかけがえのない地位に対する信仰は失われた」。この転落に対してニーチェは、少なくともこの文脈では肯定的ではない。天文学をはじめ「あらゆる科学は〔…〕人間がこれまでもっていた自尊心を奇妙なうぬぼれにほかならないかのように人間に捨てさせたがっている[14]」という所見から、それは読みとれる。これは、コペルニクス的断念を最初から拒否する態度である。

まだしも永遠回帰のイデーは中心の位置を放棄している。同じものが永遠に回帰するとすれば、時空間のどの場所も、どの出来事も傑出したものではない。回帰説は「あらゆる事物を目的への隷属から救い出した」。何ものも目的や意味をもたない。世界は「神的な偶然が躍る踊り場」でしかない。すべての出来事は偶然であり戯れである。

とはいえ、「神的な」ということさらな形容が暗示しているように、この偶然には自尊心の傷を癒す含みがある。世界が「神的な賽と神的な賽遊びをする者にとっての神的な卓だ」とすれば、なおさらである。世界とその辺鄙な片隅に生きる人間の生とは偶然でしかないが、それをそれとして肯定することは神的な意味を帯びる。片隅が片隅でありながら際立った位置を回復したかのようである。ツァラトストラは偶然を救済しようとせずにはいられなかった。[15]運命愛には補償要求が現れている。そもそも運命という観念はどんな場合にも補償要求の所産である

別の人々は、宇宙の進化のもたらした僥倖を喜ぶことによって、人間が宇宙に存在するという事実の偶然性に奇蹟のような意味を見出す。地球と生命の誕生は、そして精子と卵子の出会いから始まる人間の誕生はいわば奇蹟である。二〇世紀後半のブルーメンベルクとアーレントにとってもそうである。

古代ギリシャ以来天の光景の美しさという観念があったが、ブルーメンベルクが強調するのは、人間が星空を見ることと地球上で生きることとの両方が可能だという点である。『コペルニクス的宇宙の生成』は次の言葉から始まる。「われわれが地球上で生を営みながら、しかも星々を見ることができるということ、生きるための条件が見るための条件を排除せず、またその逆でもないということ――これは、信じがたい驚異である」[16]。地球を取り巻く大気がほどよいために、私たちは呼吸することも、宇宙からの粒子や放射を適度に防ぐこともでき、同時に天の光景を眺めることもできる。

この驚異は地球に宇宙空間の中心位置を指示しない。コペルニクス革命が月の上の世界と月の下の世界という区分を無効にし地球を星々の一つにしたという事実はごまかしようがない。とはいえ、ブルーメンベルクによれば、人類が地球の大気圏から脱出して宇宙に乗り出すと、地球が特別な星であることが判明した。一九六

六年、無人月面探査機ルナ・オービタ二号は生命のない荒地である月の天空に輝く地球の映像を送信してきた。この映像は、星々の美しさという太古からの期待を裏切り、反対に地球こそが人類の生息できるたぐいまれな天体であることを明らかにした。こうして、無限に近い宇宙の広大さに比した地球の卑小さという「コペルニクス説が残したトラウマ」は終わりを告げた。「人間が生きるオアシス、この例外的な奇蹟、幻滅させる天の砂漠のただなかにある私たちのこの青い独特な惑星は、もはや「これも星」なのではなく、その名に値する唯一の星である」[17]。地球こそ美しい星であり、人間の理性も進化がたまたま生み出した例外である。ブルーメンベルクは、運命ということごとしい語は使わないが、現代の科学と技術の成果をもとに、地球と人間に宇宙におけるかけがえのない位置を取り戻させ、コペルニクス的比較級の新版を編み出した。

地球が人類にとってもっているこの意義は、地球を宇宙飛行の母船にたとえる「母船地球号」という隠喩から明確に区別される。この隠喩には、宇宙空間で遠心的活動を行うたんなる拠点であって不安定さを免れないという特徴がある。しかし、「宇宙船がひどく急いで帰還するのはやはり地球という堅固な基盤だという点だけから考えても、星々のなかの例外的奇蹟としての地球は母船などではない」[18]。この奇蹟は、地球から宇宙飛行に旅立って地球に戻るという一種の反省の運動をとおして浮き立った。

反省の運動のうち地球から宇宙へという往路は、アーレントが「世界疎外」あるいはむしろ「地球疎外」という近代以降の動向の現代的な様相として位置づけた動きと類比的である。

古代ギリシャやローマでは、人間は死すべきものだが、自由な市民が織りなす共通の世界、つまり政治的行為と言論が形づくる公共領域はずっと存続する可能性のある安定したもので、永続性（permanence）ないし不死性（immortality）をもつ（永続性は、観想する生が対象とする時間を超えた永遠性（eternity）から峻別される）。中世では、解体した公共領域に代わって個人の生命が不死で永続できるものだった。ところが、近代に入ると、個人の不死性という信仰——真理に満ちた永遠の世界——は危うくなり、不死の可能性をもつのは「生命そのもの、ヒトという種の永続できる生命過程」[19]だけになった。こうして人間は世界から遠ざけられた。これが世界疎外である。

近代初頭にはまた、「望遠鏡の発明と、地球の自然を宇宙の観点から考える新しい科学の発展」という出来事があった。近代自然科学の勝利は、「地球に拘束された自然を完全に宇宙の視点から眺め取り扱った」ことに負うところが大きい。これは広義の世界疎外、狭く言えば地球疎外である。一九五七年に打ち上げられた最初の人工衛星は、地球から宇宙への二重の意味でのフライト、つまり飛行にして逃亡であった。宇宙への飛行が地球からの逃亡であるという理解はアーレントに人間の条件の反省を促し、これはブルーメンベルクにおける宇宙から地球へという復路に似る。地球こそが、人間が人間であることを制約し可能にしている条件、人間の条件の精髄であり、「人間が努力もせず、人工の装置もなしに動き、呼吸のできる住家であるという点で、宇宙でただ一つのものかもしれない」[20]。

人間の行為ないし政治が自由に基づき、地球が人間の条件であるという考え方は、地球という惑星の知的生命体である人類の存在が、そして各人が新たに始めるという自由が奇蹟だという「奇蹟信仰」に結びつく。ここで言う奇蹟とは、ある種の宗教で信じられる超自然現象、つまり、自然の因果連鎖に介入しそれを攪乱するという意味での奇蹟ではない。「とうていありそうもない事件（unendliche Unwahrscheinlichkeiten まったく非蓋然的な事柄）」というほどの意味である。宇宙のなかに地球が存在し、そこに生命が誕生し、人類が生きているということが、そして人間の自由がそうした奇蹟である[21]。自然の必然性は奇蹟と矛盾しない。

このように、自然科学と技術の進展とともに、地球という縛りを相対化し宇宙空間に飛び出す地球疎外、世界疎外の時代にあって、宇宙空間における地球上の人間の生命とその自由という事実に驚異を見出すのも、やはりコペルニクス的比較級の一つであろう。

以上の三人は、コペルニクス以後の刻印を押された（脱）人間中心主義であって、自然科学の知の優位を崇めも呪いもせずに前提している。さらに、新たに始める自由を強調し世界の不壊性に何ほどかの期待を寄せるアーレントとは対照的に、人間の理性に全幅の信頼を置きすべてを数学的な自然必然性に還元し意志の自由を否認するたぐいの自然主義も、人間中心主義の変形、（脱）人間中心主義にとどまっている。

次に、人間中心主義と（脱）人間中心主義とを成立させている境位を、ハイデガーに学びながら、存在者が存在するという、すなわち人間に隠れつつ立ち現れるという運命との呼応関係として考えたい。

第三節　存在者が存在するという運命への応答

存在することの無記性にもかかわらず、人間は自分の視界から脱することができない。どんな生物もそれぞれの種や個体の視界から周囲の世界をとらえている。日本語を母語とする私は大気中のある現象を「虹」と呼び、その美しさに息をのむ。狭義の自然科学者にとっては無記的な光学現象だろうが、だからといって、あの現象を知覚して感嘆するのを私が否定することはない。私の脱中心性が証する視界の相対性と有限性が視界の放棄を強いるわけではない。

人間は自然の片隅にあって、みずからの視界から自然とそれが生み出す存在者に応答しつつ存在する。科学、技術、芸術、宗教、思想などを含む、人間のあらゆる存在形式ないし生活形式はそうした応答の仕方である。近代以降は人間による自然支配へと傾斜し、「自然は、それに従うことによってのみ征服される」（F・ベーコン）と語られるようになるが、これも自然の呼びかけに対する人間の呼応の形式である。自然とそのうちなる存在者の働きかけに対する人間の応答という境位（エレメント）が、種々の人間中心主義の、そして（脱）人間中心主義の成立基盤である。

ハイデガーが世界内存在（In-der-Welt-sein）と呼んだのはこの境位であった。『存在と時間』（一九二七年刊）では、世界内存在とは現存在（存在にかかわるかぎりでの人間）の統一現象をなす根本構造であり、これを構成するのは、「世界」「…の内に存在すること」「世界内存在という仕方で存在する存在者（現存在）」という三つの契機である。そのうち「…の内に存在する」とは、財布のなかに百円玉が入っているという物理的状態でも、主体が客体を認識することでもない。現存在が存在者となじみ、そのもとに住むというあり方をしていることの「形式的な実存論的（existenzial）表現」である。「内に存在する」というこのあり方は、硬貨などとはちがって脱自的な（ekstatisch）特徴をもつ。そして、「世界」の世界性は、現存在が諸々の道具存在者を結びつけ意義づける働きの全体、有意義性にある。[22] 道具存在者の存在は道具存在であり、ハンマーはくぎなどを打つためのものという存在性格をもち、現存在はこれを発見する。そうだとすると、小稿の第一節で無記的だと述べた存在、つまり、客観的認識が想定している存在、客体存在は、道具存在者とのかかわりを捨象してから現れる存在である。自然科学的な世界認識は世界内存在にもとづいてようやく可能である。不動の大地が地球中心説や太陽中心説の基盤をなす。現存在にとって陽は昇り、陽は沈む。

そのハイデガーは、主に一九四〇年代以降、ソクラテス以前の思索者たちを受容しながら、ピュシス（自然）やモイラ（運命）にも注視して、この応答関係ないし世界内存在の構造を、存在者が存在するという歴史的運命への応答として思考した。世界とは「存在することが開かれていること（Offenheit des Seins 存在の開放性）」であり、世界内存在とは「人間が存在の開放性のなかへと出で立つこと（herausstehen）」である[23]。herausstehen は、『存在と時間』の existieren（脱自的に実存する）というラテン系の語を直訳したゲルマン系の語で、外へ立つ、出で立つという語義である。存在の開放性とは存在することが明らかになりうるさま、隠されていないさま、あるいは、明らかになりえないさま、隠されているさまのことである。ハイデガーがもっと頻繁に使う語では明るむ場（Lichtung）である。明言されてはいないものの、ここには読み直しがこめられている。現存在が可能にしている有意義性としての世界は、したがってまたこれを基盤とする世界認識も、存在することの明るむ場へと人間が出で立つことを根底にしている、というのである。

しかも、(1)存在するものが存在するとは、存在するものが人間に対して隠れつつ立ち現れることであり、(2)存在はそれぞれの局面でそれぞれの仕方で人間に送り遣わされ、割り振られる歴史的運命である。隠れつつ立ち現れる存在のこの運命に応答することが明るむ場へと出で立つことである。

(1)ピュシスは古代ローマでは natura（自然）と訳され、近代西欧の諸言語もこれを受け継いだが、ハイデガーによると、この自然概念はピュシスの本来の意味を隠している。ピュシスはエオン（存在すること、存在するもの）を表す語であり、その本来の意味は、「みずからのそのつどの限界のなかへとおのずから立ち現れ、そのなかにしばしとどまるもの[24]」という点にある。桜のつぼみが花開き、しばしその状態を続け、そして落ちるさまを思い描けばよい。デーロス島が少しずつ現れる様子をエーゲ海の船上から眺めたハイデガーの例では、

「山並みと島々、天空と海洋、植物と動物が、純粋にみずからのうちにまもられ隠されながら立ち現れること」[25]、これがピュシスである。非現前から現前へ、現前から非現前へという動き、隠されているさまから隠されていないさまへ、そして再び隠されているさまへという運動である。

(2)この運動は、存在することが人間に対してみずからを送り遣わす（schicken）という出来事、すなわち存在の歴史的運命（Geschick）である。存在するという事象はそれぞれの局面・時期（エポック）でそれぞれの仕方でみずからをあらわにし隠す（エポケーする、控える）。人間は、存在するという事象をイデア、エネルゲイア、モナド、対象性、力への意志、資源（Bestand）等々として理解し、存在するということ自身を思考しなかった。[26]これは人間に送られるモイラ（運命）、歴史的運命である。

この運命について、互いに関連する二つの点に気をつけたい。(1)存在という神のごときものが人間に対してみずからを与えるという一種の神学的図式で捉えてはならない。存在の歴史とは、存在という傑出した実体が局面によって七変化して人間に現れるという物語ではない。存在することは存在するものの根拠である。これは、存在するものが存在するものであるのはそれが存在するからだ、ということである。存在すること自身には何の根拠もない。桜は咲くから咲き、存在するから存在する。存在と存在者との関係に神と世界のような二世界説を適用して、存在という高貴なものが、つまり因果連鎖の究極の原因が桜という存在者を当の桜として作り出したと考えてはならない。宇宙や個々の生物の誕生について科学は原因を究明でき、神の創造もそれを根拠づけられるとしても、そもそも存在するということは謎のままにとどまる。[27]

存在することと存在するものとのこの関係を思考したのがパルメニデスのモイラ（運命）であった。「モイラがエオンを縛めてそれを完全にして不動のものたらしめているのであるから」[28]という断片中のエオンは、ハイデガーによれば、現前することと現前するものとの、つまり存在することと存在するものとの襞の二重性（Zwiefalt）のことである。襞の二重性とは、襞の両面のように二つでありながら一つであることだから、二世界説という民衆向けのプラトン主義（ニーチェ）と同類に扱うことはできない。「襞の二重性のなかで〔…〕現前することが輝き、現前するものが現出するにいたる」[29]。

(2)人間に割り振られ遣わされた運命を、運命と自由の二者択一の図式に押し込めて決定論としてとらえてはならない。人間と存在の運命とはこの二者択一の手前にあって、非対称ながら呼応関係にある。したがって、これをもとに（脱）人間中心主義が成り立つ。

キケロが言うには、クリュシッポス以前に相争う二つの立場があった。あらゆる事象は必然性によって強制する運命・宿命（fatum）によって起こるか、運命に規定されない自由意志による動きがあるかという対立がそれである[30]。だが、人間はエオンの歴史的運命の操り人形でも、自由意志によってこれに反逆する存在者でもない。歴史的運命は、それぞれの局面で、死すべき人間たちに存在するものが存在するという襞の二重性を思考するよう、また自分たちの死へとかかわるよう呼びかけているが、しかし人間たちはその呼びかけに耳を傾けない。存在することの明るむ場も死も忘れられている。この運命は決定論ではなく、存在するものが存在するという出来事と世界のただなかで存在する人間とのあいだの非対称な呼応関係である。

この非対称の関係は、あらゆる人間中心主義や（脱）人間中心主義の基底をなす。超越論的主観主義や自然主義（物理学的客観主義）はそれと知らぬまま呼びかけに応答しており、非対称の関係のなかで成立している。この関係はまた、存在と人間の思考が切り分けられないことを含意するが、その応答は不十分なものにとどまる。存在することはあらわでありながら隠されている。存在することは人間によってのみ思考されるにもかかわらず、人間の思考を超え、その外部に逃れる。

こうして、人間の生、最広義の思考は、存在者が存在するという、つまり隠れつつ立ち現れ語りかけるという歴史的な運命への応答である。この応答の諸形態が種々の人間中心主義や（脱）人間中心主義となる。最後に、この応答が意味なく存在する自然の片隅に意味を到来させる可能性について考えたい。

第四節　無意味な自然における意味の誕生

宇宙論的カテゴリーとしての意味や目的はその無根拠さがあらわになった。自然か神仏が地球人に特別な役割を与えてはいない。自然という書物を解読できる偉大な能力かもしれない人間の理性も、広大無辺な宇宙のなかではささいなエピソードである。死すべき人間は、無目的な自然の遊動（大地震もその一つである）のなかで根拠なく誕生し、存在し、姿を消す。人間は自分の視界からこの遊動に、つまり、存在するものが隠れつつしばし立ち現れるという、自分に送られた運命に呼応している。

ところで、存在者が根拠なく存在し、隠れつつしばし立ち現れるというこの運命に私が応答するなかで、目的とは違った意味がそのつど与えられうる。

フランス語の sens という言葉は多義的で、感覚、方向、意味などを指す。メルロ＝ポンティはそれらの意義の根底に、「みずからではあらぬものへと向けられひきつけられた存在者という同じ基礎観念」を見出した。(31)この存在者は世界に住む主体、世界内存在であり、みずからではあらぬものは主体にとっての他なるもの、自分以外の存在者である。川の流れという他なるものの方向がまさしく方向でありうるのは、川の流れとそれをみつめる主体があってこそである。一幅の水墨画を見るという感覚が成立し、ロゼッタ・ストーンに彫り込まれた文字が意味をもちうるのは、絵や文字と、絵に目を向け文字の解読可能性を考える人間とがいるからである。世界と主体との呼応関係のなかで sens が生まれる。

意味が即自的に存在すると思うのは宇宙論的価値の崩落についての無知である。主体が客体に付与するとみなすのは順番の転倒である。自他が存在することに無意味な偶然しか見ないのは、自分に送り遣わされている事柄に身を閉ざすことである。「意味作用のゆりかご、すべての意味の意味としての世界」は、「偶然と絶対的理性の、無意味と意味の〔…〕二者択一を乗り越える手立て」にして「すべての合理性の故郷[32]」である。メルロ＝ポンティ自身にとっては、このゆりかごは何らかの好運な一体性を含意していたかもしれない。しかし世界内存在に、幻想の母子関係にも似た渾然一体で主客未分のありさまを発見するのは早計である。前節でたしかめたあの非対称性に照らせば、ゆりかごという甘い言葉にもかかわらず、対象と主体のあいだには埋めようのない断裂が走っている。ハイデガーの故郷や民族もすでに失われた故郷や民族でしかない。

小川の向きや水墨画の視覚やヒエログリフの意味は、ある姿勢をとるよう客体が主体を促し、主体がこれに応じるときに生じる（それゆえ、厳密には主体や客体という語は適切さを欠く）。そこではずれが、つまり時間の遅れと内容の差異がまつわりつく。子どもが送るシグナルを大人が見損なうのは不可避である。それどころか、他なるものの促しが「記憶を前にしての限界のない〔…〕責任・応答可能性の感覚（le sens d'une responsabilité)[33]」である場合には、「記憶せよ」という声にとうてい応じられない。呼びかけと応答は、この断裂にもかかわらず、あるいはこの断裂ゆえに意味と方向、感覚を帯びる。これとは異なって、かりに自然必然性が主体を客体に自動的に寄り添わせているか、あるいは自然の働きが自然科学以前で人間に無縁なおのずからしかある現象であるなら、ただの自然現象になるだろう。

意味が生成するこの現場で、呼びかける他なるものを人間の他者に限定したのはレヴィナスである。彼は、超越論的主観性による意味付与に先行し、これから独立した意味を追求した。『全体性と無限』（一九六一年）によれば、他者が私に現前するということが「意味作用の根源的な出来事」であり、他人が隠れながら現前する仕方が顔である。つまり無言で語る顔の言葉こそが意味している。意味とは他者であり、意味するのは他者の顔である。これに従うと、「私の享受する世界は他者によって意味作用をもつ主題となる」[34]。これをハイデガーに引きつけ、またハイデガーをこれに寄せて解釈するなら、他者の要求に私が応えるときにはじめて、私の世界とその事物（パンや鍋釜）が有意義性としての世界となり、パンや鍋釜が道具存在者となる。

それから一三年を隔てた『存在するのとは別の仕方であるいは存在することの彼方』（一九七四年）では、意味がもっとラディカルな仕方で語られる。そこでも、無限者、あるいはその痕跡である他者の顔が意味するという表現も残っているものの、根本的には、「他人のために身代わりになる一者〔自己〕（l'un-pour-l' autre）」が意味である。この書物の最後のページには次のように記されている。「他者のために私が焼け尽きること〔…〕に関して本書で繰り返し語られた数々の表現が示唆しようとしていたのは〔…〕意味である。」数々の表現とは、「他者のために」「身代わり」「犠牲」「近さ」「迫害」「強迫」「消失」「告発」「外傷」「人質」等々の窒息させるような言葉である。レヴィナスにとって、存在するとは自分の存在に固執することであり、他者ないし他者の顔はこの存在を放棄するよう間近で私を告発している。この無限な要求、他者の意味していることに答えること、つまり、他者のために身代わりになり犠牲になってみずからの存在を消失させること、これが意味である。[35]

このように、他者が、あるいは他なるものが私に隠れながら立ち現れて要求し、これに私が応えようとするときにはじめて、意味が誕生する。それは、ニーチェが宇宙論的カテゴリーとして放逐した意味とは異質である。宇宙がどうあろうと、宇宙という時空間のなかで人間がどういう位置を占めようと、重大ではない。主体は世界のアルケーでもテロスでもない。[36]他者が、またレヴィナスに反して生物や無生物も、私に命じるという仕方で意味しており、それに従うことが、根拠も目的もなく存在する私にささやかな意味を授ける。

＊　　＊

コペルニクス以後の時代に生きる私たちにとって、存在するものが存在するという出来事は無記で、人類も宇宙の中心を占めはせず、無目的な自然の遊動のなかで生まれ、存在し、消える。地球上の私も他者も生物も無生物も隠れつつ立ち現れては無に帰る。強制収容所の囚人にとって自然は冷淡だが、自然はＳＳをえこひいきもしない。自然はすべてのものが生じ、存在し、滅びるに任せる。人間は、この無意味な自然の片隅にあって、自分や他者や種々の存在者が存在するという遊動に、自分に送られた存在の運命に、自分の視界から応答する。そのなかで脆弱な意味が生まれる。

【註】

（1）Fr. Nietzsche, *Sämtliche Werke*, Kritische Studienausgabe, Bd. 1, Gruyter, 1980, S. 759. 強調はニーチェによる。

（2）Fr. Nietzsche, *Wille zur Macht*, n. 12, Kröner, 1964. 強調はニーチェによる。

（3）*Ibid*., n. 1.

（4）H. Blumenberg, *Die Genesis der kopernikanischen Welt*, Suhrkamp, 2. Aufl., 1985, S. 97.（邦訳『コペルニクス的宇宙の生成Ⅰ』後藤嘉也、小熊正久、座小田豊訳、法政大学出版局、二〇〇二年、一〇三ページ。）

（5）*Ibid*., S. 16.（邦訳、一〇ページ。）

（6）*Ibid*., S. 610.（邦訳『コペルニクス的宇宙の生成Ⅲ』座小田豊、後藤嘉也、小熊正久訳、法政大学出版局、二〇一一年、四ページ。）

（7）*Ibid*., S. 15.（邦訳『コペルニクス的宇宙の生成Ⅰ』七ページ。）「地上で最も辺鄙なこの片隅」であることはコペルニクス自身の認めるところであった（N. Copernici, De revolutionibus orbium caelestium Liber primus, in: N. Copernicus, *Das neue Weltbild*, Meiner, 1990, S. 76. 邦訳『コペルニクス・天球回転論』高橋憲一訳、みすず書房、一九九三年、一六ページ。）

（8）*Ibid*., S. 66.（邦訳、一二ページ。）ところが、オジアンダーは、匿名の前書きを「この著作の仮説について、読者へ」と題して執筆し、真理主張をもたない最良の仮説としてコペルニクス説を紹介した。この「オジアンダーの前書きは著者の意図と相容れないもの」であった（Blumenberg, *op. cit*., S. 348. 邦訳『コペルニクス的宇宙の生成Ⅱ』小熊正久、座小田豊、後藤嘉也訳、法政大学出版局、二〇〇八年、五一ページ）。

（9）*Ibid*., S. 244.（邦訳『コペルニクス的宇宙の生成Ⅰ』二七四ページ。）

（10）*Ibid*., S. 778, 665.（邦訳『コペルニクス的宇宙の生成Ⅲ』一九九、六九―七〇ページ。）

（11）H. Arendt, *The Human Condition*, Univ. of Chicago Pr., 2. ed., 1998, p. 284.（邦訳『人間の条件』志水速雄訳、ちくま学芸文庫、一九九九年、四五〇ページ。）

（12）R. Descartes, Recherche de la vérité par les lumières naturelles, in *Oeuvres de Descartes*, éd. Adam & Tannery, t. X, Vrin, 1974, p. 515.（邦訳「真理の探求」井上庄七訳、『デカルト著作集4』所収、白水社、一九七四年、三一四ページ。）

（13）Arendt, *op. cit*., p. 286.（邦訳、四五三ページ。）

（14）Nietzsche, *Sämtliche Werke*, Bd. 5, 1980, S. 404.

（15）Nietzsche, *Sämtliche Werke*, Bd. 4, 1980, S. 209f. そうすると、「自分自身を事物の意味と価値尺度として設定するのは〔…〕人間の大仰な素朴さである」という先の引用文は、人間の脱中心化とは別の仕方でも理解できる。ニーチェ哲学を、近代主体性の究極、存在するという事象を忘却した形而上学の歴史の完成として解釈するハイデガーは、この文言に次のように注した。「素朴さの欠点は、事物を人間化することではなく、人間化が自覚的に遂行されていない点にある」(M. Heidegger, *Gesamtausgabe*, Bd. 6.2, Klostermann, 1997, S. 163. 強調はハイデガー)。人間化とは人間的な価値を事物に投入して解釈すること、広い意味での擬人化である。この読解はいかにも強引であり、ハイデガー自身が引用している「人間はもはや生成の協力者ではなく、いわんや中心点ではない」(Wille zur Macht, n. 12. 強調はニーチェ)というほぼ同時期のニーチェの記述と相容れない。だが、矛盾を抱えているのはハイデガーの解釈だけではなく、ニーチェその人である。ここで仮面の哲学者ニーチェの真実の顔を暴き出す必要はないだろう。広大で寄る辺ない世界のなかに投げ込まれた人間が身を置くコペルニクス的比較級の多様性が、ニーチェのなかにもさまざまな仕方で現れているのである。

(16) Blumenberg, *op.cit.*, S. 11.(邦訳『コペルニクス的宇宙の生成I』三ページ。)強調はブルーメンベルクによる。

(17) *Ibid.*, S. 786, 793f.(邦訳『コペルニクス的宇宙の生成III』二〇八、二一七ページ。)強調は引用者による。

(18) *Ibid.*, S. 793.(邦訳、二一七ページ。)これはフッサールによるコペルニクス説の転覆と奇妙に類似している。「根源的な表象形態においては、大地〔地球〕自身は運動も静止もしていない」(E. Husserl, Grundlegende Untersuchungen zum phänomenologischen Ursprung der Räumlichkeit der Natur, in: *Philosophical Essays in Memory of Edmund Husserl*, ed. by M. Farber, Greenwood Pr., 1968, p. 309. 邦訳「自然の空間性の現象学的起源に関する基礎研究」、新田義弘・村田純一訳、『講座・現象学3』所収、弘文堂、一九八〇年、二七〇ページ)。フッサール(とりわけコペルニクス説の転覆)とブルーメンベルクとの関係については、本書所収の小熊正久の論文「人間にとっての地球の意味――フッサールとブルーメンベルクによる考察」を参照されたい。なお、ブルーメンベルクは、学問・科学が生にとっての意義を喪失したという後期フッサールの診断に同意するが、その理性の目的論――理性の自己実現としての哲学――には与しない。これは、『コペルニクス的宇宙の生成』で言うコペルニクス的比較級でしかないからである。ブルーメンベルクにとっては、「現象学という理論的立場の使命が意味するのは〔目的論ではなく〕偶然性を推し進めることにほかならない」。彼が依拠したのは「フッサールの立場の内在的批判」という見地であった(H. Blumenberg, *Wirklichkeiten in denen wir leben*, Reclam, 2012, S. 48, 50. 邦訳『われわれが生きている現実』村井則夫訳、法政大学出版局、二〇一四年、五〇、五三ページ)。

(19) Arendt, *op. cit.*, p. 321.(邦訳、四九八ページ。)

(20) *Ibid.*, pp. 248, 11, 2.(邦訳、四〇三、二五、一一ページ。)ブルーメンベルク自身は、『コペルニクス的宇宙の生成』に先立つ『近代の正統性』(一九六六年)で、近代における世界の喪失という点に限定して、アーレントの世界疎外にふれている(H. Blumenberg, *Die Legitimität der Neuzeit*, Suhrkamp, 2. Aufl., 1988, S. 16f. 邦訳『近代の正統性I』斎藤義彦訳、一九九八年、九―一〇ページ）。アーレントとブルーメンベルクのこの共通性を支えているのは、思うに、「生き延びる」という志向である。アーレントは個人の可死性に甘んじることなく世界の永続性に希望をつないだ。地球を奇蹟の星と見るブルーメンベルクが隠喩の思想史家であるのは、人間という貧しい存在者にとって、真理の欠如に対処して「生き延びる」ための技法が修辞であり、その重要な要素が隠喩だからであった（vgl., Blumenberg, *Wirklichkeiten in denen wir leben*, 105f., 116. 邦訳、一二九、一四四ページ）。どちらも、人間が死んで空しくなることに抵抗するコペルニクス的比較級である。さらに、個人史の水準では、ユダヤ人アーレントも半ユダヤ人ブルーメンベルクも、それぞれの仕方でナチズムの嵐を生き延びなくてはならなかった。

（21）H. Arendt, *Was ist Politik?*, Piper, 2010, S. 32-35.（邦訳『政治とは何か』佐藤和夫訳、岩波書店、二〇〇四年、二三—二六ページ。）

（22）M. Heidegger, *Sein und Zeit*, Niemeyer, 12. Aufl., 1972, S. 53, 87.

（23）Heidegger, *Gesamtausgabe*, Bd. 9, Klostermann 1976, S. 350.

（24）M. Heidegger, *Denkerfahrungen*, Klostermann, 1983, S. 138.

（25）Heidegger, *Gesamtausgabe*, Bd. 75, 2000, S. 231.

（26）Heidegger, *Gesamtausgabe*, Bd. 14, 2007, S. 13, 11.

（27）もしも創造する神が存在すれば、次のように自問するのではないだろうか。「私は永遠から永遠にわたって存在する。私の外には、ただ私の意志によって何ものかであるものしか存在しない。だが、私はいったいどこからきて存在しているのか」（I. Kant, *Kritik der reinen Vernunft*, B. 641. 強調はカント）。神学は、存在することについての問いに答えられない。なお、『存在と時間』では、「現存在は存在している」という純粋な被投性の事実が示され、現存在がどこから来てどこへ行くのかは闇に包まれている（*Sein und Zeit*, S. 134）。ところが、敗戦の翌年に執筆された『ヒューマニズムについての手紙』では、人間は「存在自身によって存在の真理〔明るむ場〕へと「投げられて」いる」（Heidegger, *Gesamtausgabe*, Bd. 9, S. 330）。とはいえ、この相違を素朴に受けとるべきではない。後者も、存在自身という神のような実体が人間をこの世のなかに投げ入れたと語っているわけではない。存在するから存在するという根拠なき事実——現存在ないし人間に与えられた事実——を述べるために、存在するという事象をいわば擬人化せざるをえなかっただけである。

（28）Parmenides VIII, 37f.（邦訳『ソクラテス以前哲学者断片集 第II分冊』所収、藤沢令夫、内山勝利訳、岩波書店、一九九七年、八九ページ。）

（29）Heidegger, *Gesamtausgabe*, Bd. 7, 2000, S. 256f. しかし、ハイデガーによると、歴史的運命はこの襞を襞として広げることをせず、隠されたままにとどめる（*ibid.*）。花びらが開くとき存在は輝き、存在者が現出するが、襞の二重性としての存在は思考されない。

（30）Cicero, *De fato*, 39.（邦訳「運命について」五之治昌比呂訳、『キケロー選集11』所収、岩波書店、二〇〇〇年、三一二ページ、「宿命について」水野有庸訳、『世界の名著13』所収、中央公論社、一九六八年、二六三ページ。）

（31）M. Merleau-Ponty, *Phénoménologie de la perception*, Gallimard, 1978, p. 491.（邦訳『知覚の現象学2』竹内芳郎・木田元・宮本忠雄訳、みすず書房、一九七五年、三三五ページ。）

（32）*Ibid.*, p. 492.（邦訳、三三六ページ。）

（33）J. Derrida, *Force de loi*, Galilée, 1994, p. 44.（邦訳『法の力』堅田研一訳、法政大学出版局、一九九九年、四六ページ。）邦訳に従って「感覚」と訳したこの sens が意味なのか感覚なのか方向なのか、そのどれでもあるのか、筆者には不明である。さしあたりは「記憶に対する責任感」というほどの意味だろうが、多義性をはらんでいるように思われる。

（34）E. Levinas, *Totalité et infini*, Nijhoff, 1984, pp. 64, 181f., 184.（邦訳『全体性と無限（上）』熊野純彦訳、岩波文庫、二〇〇五年、一七五ページ、『全体性と無限（下）』熊野純彦訳、岩波文庫、二〇〇六年、五九、六〇、六五ページ。）

（35）E. Levinas, *Autrement qu'être ou au-delà de l'essence*, Kluwer, 1988, pp. 120, 233.（邦訳『存在の彼方へ』合田正人訳、講談社学術文庫、一九九九年、二二五、四一三ページ。）

（36）「主体の無起源性と無目的性」（*ibid.*, p. 198. 邦訳、三五三ページ。）レヴィナスによると、意味するという働きは、存在と無の戯れによって無意味に還元されない（*ibid.*, p. 173. 邦訳、三一〇ページ）。これを小稿の文脈で読めば、宇宙の生成消滅や人間の生死の無常という根拠なき戯れは存在することの無意味さを浮き彫りにするかもしれないが、だからといって眼前で苦しむ他者の犠牲になるという行為は無意味にはならない、ということである。ことレヴィナスに関しては、「コペルニクス的比較級」は当てはまらないだろう。みずからが存在することの無意味さを補償するという動機はないからである。レヴィナスの倫理はたしかにヒューマニズムを旗印に掲げるかぎりで人間中心主義ではあるものの、しかしそれは「他なる人間（他者）のヒューマニズム」なのである。

後藤　嘉也（ごとう　よしや）
北海道教育大学函館校教授
一九五三年山形県出身
東北大学大学院文学研究科博士課程単位取得退学
博士（文学）
専門：哲学、倫理学
主な著作：〈単著〉『ハイデガーにおける循環と転回——他なるものの声』（二〇〇八年、東北大学出版会）、〈単著〉『哲学書概説シリーズXI　ハイデガー『存在と時間』』（二〇一一年、晃洋書房）

7　天罰論をめぐって

荻原　理

地震などによる災害を天罰とみる見方を「天罰論」とよぼう。天罰論およびこれをめぐる言説や態度について論じたい。

第一節　天罰論の〝一定の意義〟？

東日本大震災にさいして（も）、天罰論やこれにたいする否定的な見解が唱えられた。それだけでなく、（A）天罰論について、または（B）ある種の天罰論について、それは一定の意義をもつ、と語る思想系の学者があった。いわく、（A）天罰論はわれわれを、われわれがともすれば見落としがちなある重要なことに気づかせてくれる、と。あるいは、（B）かくかくの種類の天罰論はしかじかの種類の天罰論よりも、これこれの点ですぐれている、と。

このように、天罰論、またはある種の天罰論の〝一定の意義〟について語る人文学者のなかには、そもそも神なり天なりを信じていない（と、すくなくとも筆者にはおもわれる）人もいくたりかあった。[1] 神なり天なりを信じていないその人たちは、（いかなる種類のものであれ）天罰を信じていないはずだ。みずからは信じていない天罰論の〝一定の意義〟について語ってしまうこと。そうした振舞いは浮薄なものになりかねないとおもわれる。説明しよう。

信仰をもたず、したがって天罰を信じない者[2]（筆者もそう）は、じぶんはようするに天罰を信じていないということを、じぶんと天罰論との関わりについてのもっとも基本的なことがらとして弁えるのがよいとおもう。そうすれば、天罰論についてじぶんがいうべきことは、じつはほとんどない、という事態を清潔に認識できるとおもうのだ。[3]

信仰をもたず、したがって天罰を信じない人文学者が、それにもかかわらず天罰論、あるいは、ある種の天罰論の〝一定の意義〟を論じてしまうとしたら、それはいったい何のため、だれのためか。おおざっぱにいって、二つの可能性がおもいうかぶ（これですべての可能性が尽くされるというつもりはない）。（ア）天罰、またはある種の天罰を信じている人の力になってあげる（たとえば、まわりの人たちの偏見から守ってあげる）ため。（イ）天罰論にたいして偏見をいだいてしまっている人たちを啓蒙してあげるため（ここには、われわれがともすれば見落としがちでありかつ天罰論が気づかせてくれるなにかを、指摘することも含まれる）。

だが、これらの可能性について反省するとき、〝信仰をもたない人文学者が天罰論の意義を語ること〟が、だれのためにも、何のためにもなりそうにないことが明らかになってくるとおもわれる。

（ア）信仰をもたない思想系の学者が天罰論、あるいは、ある種の天罰論の〝一定の意義〟を論じるとしても、天罰を信じている人は、これに感謝などせず、むしろいらぬ世話だとおもうのではないかと推測する。[4] それは第一に、信仰をもたない人文学者がしたり顔で〝天罰論はそのままでは受け入れられるものではないが、しかし、一定の意義を有しているものと認められる〟などと語るのは、天罰を信じている人からすれば、不快な「上から目線」以外のなにものでもなかろうからだ。

第二に、天罰を信じている人が、およそ人と天罰論との関わりについてなにより心に懸けているのは、人が天罰論を（信じないのでも、信じるかどうかを曖昧にしておくのでもなく）信じることであるかもしれない。その場合、その人が、信仰をもたずに天罰論の一定の意義を論じる人文学者について、この者と天罰論との関わりとしてもっとも重要だと見るのは、その者がようするに天罰を信じていないという一点であろう。また、同じ前提（すなわち、天罰を信じている人が、人と天罰論との関わりについてなにより心に懸けているのは、人が天罰を信じることであるという前提）に立ちながら付け加えれば、天罰を信じている人は、〝意義があるから天罰論を信じる〟という姿勢をよしとしているとは限らない。その人にとって、天罰を信じることは、そこから生じると期待される望ましい結果への考慮にはいっさい動機づけられることなくなされるべきことであるかもしれない。その場合、〝天罰論の意義〟など、その人にとってどうでもよいことになろう。

（イ）信仰をもたない人文学者が天罰論、あるいは、ある種の天罰論の意義について語るのは、天罰論にたいして偏見をいだいてしまっている人の蒙を啓いてあげるためだとしよう。しかし（天罰論を奉じ唱える者の、信教の自由、表現の自由を尊重すべきだという点の指摘を超えて）天罰論の内容に立ちいってその積極的意義を説こうというのなら、その人文学者はようするに天罰など信じていないのだから、その立ち回りは偽善的であるほかない。

なお、もし信仰をもたない人文学者が〝天罰論はわれわれに、ある大事なことに気づかせてくれる〟とほんとうにおもっているのなら、天罰論をダシに使ったりせず、じぶんじしんがコミットできることばで、その大事なことを最初から直接いえばよい。逆に、どうしても天罰論でなければわれわれに気づかせてくれない大事なことがあるという人は、じつはすでに信仰をもちつつあるのではないか。だがいま筆者は、当の人文学者が信仰をもたない人であることを前提に話してきたのだ。

以上（ア）・（イ）の考察より、信仰をもたない人文学者が天罰論の意義を論じることは、だれのためにも、何のためにもなりそうにないと筆者にはおもわれる。

それは結局のところ、論じる本人のためにならないとおもわれる。一般に、（a）〃ある論者がじぶんのオーディエンスから、じぶんがいっていることへの同意を得られるか〃という問題とともに、（b）〃ある論者がじぶんのオーディエンスから、論者としてのじぶんの誠実さについて信頼を得られるか〃という問題があり、（b）も（a）同様、おのおの人文学者にとって重要だとおもわれる。さて、（イ）で見たように、信仰をもたない人文学者による、天罰論の〃一定の意義〃についての発言には、論者の誠実さを疑わせるものがある。しかもこの事情は、オーディエンスの多くが容易に感じ取るところであろうとおもわれる。したがって問題の発言は、（b）の点で、論者じしんにとって痛手となるようにおもわれるのである。

たしかに天罰論はある種のインパクトや話題性に富み、これが人文学者の関心を引くのはある意味で自然である。だが天罰論はようするに、信仰のさなかで（いだかれるとしたら）いだかれる信念にほかならない。筆者じしんも含め信仰をもたない者は、あまり浮薄な態度でこれに近づくことのないよう、最低限の節度をもつべきであろう。

第二節　末木氏は天罰論者ではない

末木文美士《ふみひこ》氏はしばしば天罰論者として言及されるが、東日本大震災は天罰かそうでないかについて断定を避けている。氏の『現代仏教論』（新潮新書、二〇一二年）より次に孫引きするのは、「東日本大震災　とどけ、思い」と題する、「中外日報」二〇一一年四月二六日号への末木氏の寄稿（全文）である。

　大震災による犠牲者の方々に慎んで哀悼の意を表すとともに、一日も早い原発事故の終息と被災地の復興を心から願っています。

　石原慎太郎東京都知事が震災を「天罰」と発言したことで批判を浴びて、取り消した。確かに氏の言い方は誤解を招きやすく、被災者を傷つけるところがあった。しかし、天罰という見方は、必ずしも不適当と言えない。もちろん被災地の方が悪いのではない。今日の日本全体、あるいは世界全体が、どこか間違っていたのではないか。経済だけを優先し、科学技術の発達を謳歌してきた人間の傲慢が、環境の破壊や社会のゆがみを招き、そのひずみが強者にではなく、弱者にいっそう厳しい形で襲い掛かってきたと見るべきではないか。

　日蓮の『立正安国論』では、国が誤れば、神仏に見捨てられ、大きな災害を招くと言っている。その預言を馬鹿げたことと見るべきではない。大災害は人間の世界を超えた、もっと大きな力の発動であり、「天罰」として受け止め、謙虚に反省しなければいけない。だから、それは被災地だけの問題ではなく、日本全体が責任を持たなければならないことだ。

大げさかもしれないが、明治以来の近代国家の根本方針の転換が必要である。富国強兵で国力を充実させ、世界の大国にのし上がることを第一目標にしてきた国のあり方が問われている。それこそ、一番でなくてもいいではないですか。ナンバーワンではなく、オンリーワンの平和な文化立国を目指すべきである。

そのとき、長い歴史を持つ仏教の果たす役割はきわめて大きい。そもそも今回の大地震は貞観以来のことと言われる。これまでのように、近代の範囲だけでものを見るような狭い視野では、これからの日本をつくっていくことはできない。千年単位の大きな視野が不可欠である。原発の問題にしても、誰もが不安を感じながら、とりあえず必要だからと、容認してきた。これからは専門家だけに任せず、宗教家や哲学者が大きな見通しをもって発言していかなければならない。(5)

ここで末木氏は、東日本大震災が天罰であったとか、じぶんはそう考えるとはいっていない。たんに、「天罰という見方は、必ずしも不適当と言えない」、「大災害は……「天罰」〔鍵括弧に注意〕として受け止め、謙虚に反省しなければいけない」、と記すのみだ。——しかもこれらの点の理由としていわれていることは、（じつは筆者にはよく理解できていないのだが）〝「環境の破壊や社会のゆがみ」のツケが回ってきた、われわれは反省しなければならない〟という（それじしん重要な）点であるようだ。そしてこの論点は、〝天ないし神が災害によって人間を罰する〟という信念をかならずしも前提しなくても理解できることがらのようにおもわれる。そうだとすればこのことは、末木氏が天罰論にコミットしていないことの傍証となろう。いずれにせよ——ここで末木氏は天罰論にコミットしていない。

『現代仏教論』本文からの次の引用では、末木氏が天罰論（「厳格な理論としての「天罰論」の立場」[6]）にコミットしないことが明瞭に言い表されている。

それでも、そうしたさまざまな多様性や相違点を含めて、このような〔引用者注、天罰論的な〕宗教的な説明は、理論的にはいろいろと不備がありながらも、大事なことを指摘していると思う。それは、人知の及ばない何ものかへの畏れと、それでもそのような人知を超えたものと何らかの関係を結ぼうという志向を持っているという点である。人知を超えている以上、どんな理論でも説明しつくすことはできないし、説明しようとすれば矛盾が出てくる。それでも何とか理解しようという苦闘なのである。理論の整合性がどうかということよりも、その底にある必死な思いこそ大事なのだと思う。先に述べたように、僕は決して厳格な理論としての「天罰論」の立場に立つわけではないが、それでも、そのような人知を超えた何か、僕の用語でいう「冥」の領域を無視して、人間至上主義の傲慢に陥るよりは、「天罰」という言い方でも、「冥」の世界への畏れを持つ方に共感する（pp.30-1）。

末木氏が天罰論者でないことは以上より明らかだろう。

なお末木氏は、「環境の破壊や社会のゆがみ」、「人間至上主義の傲慢」について、それがあたかも天罰論がわれわれに気づかせてくれることであるかのように語っているが、そこでいわんとしていることは、さきほどもふれたように、天罰論に立たなくても語りうるような文明批評的論点であるのかもしれない。そうだとすると、天罰論の〝是非〟なり〝意義〟なりを考えるさい、末木氏が指摘するそれらの文明批評的論点は、天罰論をサポートする考慮事項のリストには数え入れないのが論理的にすっきりしたやりかたであろう。

同じようなことを、角度を変えてのべる。末木氏のスタンスは、〝かならずしも神や仏を信じない人にも理解でき〟そうだ、という意味で「ソフト」そうである。しかし、しばしば天罰論者とみなされる末木氏が、ソフトにおもえるスタンスを示しているからといって、天罰論をソフトに展開、ないし再解釈する余地があるとおもうとしたら、それは間違いだ。いま見たように、氏はじつは天罰論にコミットしていないからである。天罰とは文字通り天ないし神が人間に下す罰に他ならず、天罰論はあくまで「ハード」なのだ。

第三節　本気で信じられた天罰論の表明は許されるべきだ

さて、天罰論の表明が、聞く人を傷つけうることが指摘されている。「あの災害は天罰だった」ということは、天の業には十分な理由があるはずだとの想定のもとでは、〝犠牲者の犠牲は当然のことだった〟という、遺族らにとって冷酷な含意をもつとみなされるからだろう。[7]

上掲の引用で末木氏もふれているように、東日本大震災について、当時東京都知事であった石原慎太郎氏は、これを天罰とする発言をおこない、のち、これを撤回した。朝日新聞の関連記事を引用する。

石原慎太郎・東京都知事は〔３月〕14日、東日本大震災に関して、「日本人のアイデンティティーは我欲。この津波をうまく利用して我欲を１回洗い落とす必要がある。やっぱり天罰だと思う」と述べた。

都内で報道陣に、大震災への国民の対応について感想を問われて答えた。

発言の中で石原知事は「アメリカのアイデンティティーは自由。フランスは自由と博愛と平等。日本はそんなものはない。我欲だよ。物欲、金銭欲」と指摘した上で、「我欲に縛られて政治もポピュリズムでやっている。それを（津波で）一気に押し流す必要がある。積年たまった日本人の心のあかを」と話した。一方で「被災者の方々はかわいそうですよ」とも述べた。

同紙より。

東京都の石原慎太郎知事は15日、記者会見を行い東日本大震災に絡んで「天罰」とした14日の発言について「行政の長であります私が使いました天罰という言葉が被災者の皆さま、国民、都民の皆さまを深く傷つけたことから、発言を撤回して深くおわびいたします」と陳謝した。

石原知事は「かつてない困難の中にある被災者の皆さまの失意、ご無念は拝察するに余りがあります。同じ日本という国土に住む者として、明日はわが身、わがことであると思う」と述べた。また、刻々と変化する被災状況を踏まえ、被災地の映像もつぶさに見ていると明言。「首都の知事としても被災地のために全力を尽くすことを改めてお約束いたします」と語った。

石原氏にとって天罰論は、現代日本人の精神性を批判する（という、それじたいとしてはよく理解できる意図の実現の）ためのレトリカルな意匠にすぎなかったようだ。だから撤回もできたのだろう。

だが、神を本気で信じ、その神が災害によってわれわれを罰したと本気で信じる人がある。そのような人は、天罰を説くじぶんの発言が、これを聞く人を「深く傷つけた」からといって、撤回などすまい。（それは天罰を説く人が、じぶんの言葉を耳にする人のことを気づかわないからではなかろう。〝聞く人のことを本当に気づかうなら、正しい教えに導いて救うほかない〟と信じているのだとおもう。〝善意をもって人と接するとき、人を傷つけるはずはない〟と想定するのはナイーヴにすぎるし、〝善意をもちながら人を傷つけるとしたら、それは不注意によるはずだ〟との想定もやはりそうだ。）

ここで、〝ある人が天罰を本気で信じている場合、天罰論の表明は、これを聞く人を傷つけうるにもかかわらず、倫理的に許されるか〟という問題が生じる。

筆者の見解では、道徳の名のもとに天罰論の発言を禁じることはできない。そう考える根拠は、良心・思想の自由と、これと結びついた表現の自由だ（J・S・ミルもいうように、思想の自由は表現の自由をともなわなければ空しい）。ただし、天罰論を説くにしても、ことさらに攻撃的な口調を用いるのは問題であろう。信条の表現のために、それは必要ないと考えられるからだ。

筆者のこの主張は次の含意をもつ。すなわち、自由主義的・民主主義的社会の市民は、みずからの感情に逆らうような信条の表明にさらされる心の準備をするよう、社会倫理の観点から求められている。たとえば、ある教えの敬虔な信者にとって、不信仰の表明は許しがたくおもわれるかもしれない。不信仰者にとって、信仰者がじぶんを罪人呼ばわりしたり、地獄行きで脅したりするのは許しがたくおもわれるかもしれない。だが、たがいに言うだけはいわせておき、受ける不快感は我慢するほかない（そして心の性向に関しては、我慢できるようになるほかない）とおもうのだ。宗教的多元性における共存のこの方式は、自由主義のいわば大人の知恵である。共同体主義者は、〝こうして得られる相互理解は実質を欠き不十分だ〟と見るかもしれないが。

信仰に関わる見解が異なる者どうしが同じ社会のなかで共存するということの課題について、次節ですこし考察したい。

第四節　信仰に関わる見解が異なる者どうしの間で

たとえば有神論者と無神論者は、信仰に関わる見解があからさまな不一致をきたしているし、あいいれない信仰をもつ二者についても同様だ。このような場合、まさにその不一致の点について、両者の間でとことん話しあおうとしても、通常、物別れに終わるだけだろう(8)。その意味で〝わかりあえない〟という苦い現実を両者が弁えていれば、無用の衝突を避けようとするかぎり、その議論には立ち入らないようにするだろう（その話題が出かかっても、さりげなく流すかもしれない。ことによると微笑を交わしながら）。前節の最後でのべたように、自由主義・民主主義の原則により相互の良心・思想の自由を認めるとは、ひとつにはこのようなマナーを身につけることを含意しよう。関連するマナーの習得のうちには、どのような発言や振舞いが相手にとって侮辱に当たるか、等について知ることも含まれていよう。

信仰に関する見解が不一致を来たしている者どうしがこのように賢明に距離を取っている場合、それは互いの間で何度か〝言いあい〟になり、いやな目を見た経験から学んだからかもしれない（痛いおもいをしてはじめて学ぶこともある）。

信仰に関わる見解があからさまな不一致をきたしているとき、不一致をきたしているまさにその点において、互いに尊敬しあうということは考えにくい[9]。ただし、不一致をきたしている点以外の点で——誠実さ、一貫性、知性、倫理的諸徳（勇気、博愛、正義、等）などを——尊敬しあうことはありうる。

信仰に関してあいいいれない立場を取っている人どうしの間で起こるのとやや似た事態が、信仰に関してはっきりした立場を取らないことにしている人と、はっきりした立場を取っている人との間でも起こりうる。はっきりした立場を取っている人はじぶんの立場を相手に宣伝・布教しようとするかもしれないが、はっきりした立場を取らないことにしている人は、〝（今は）放っておいてもらいたい〟といい、他方は相手の意向を尊重し、この話題にはそれ以上ふれないことにするかもしれない。

日本には、信仰に関してはっきりした立場を取らないことにしている人が多いようだ。そのような条件のもとで、宗教（宗教一般であれ、特定の宗教であれ）にたいするアレルギー的な反応が強まりうるとしたら、それは望ましくない。なにかのきっかけで迫害や差別を生みうるからだ（じぶんがよく知らないものは恐怖を引き起こしえ、恐怖に陥った者は凶暴になりうる。集団的規模でそうなるかもしれない[10]）。むしろ〝宗教リテラシー〟を高めるのがよい。

学校等で若干の時間を宗教リテラシーの教育に充ててよいとおもう[11]。ただし、〝教えを言い表す言葉づかいは違っても、同じ人間、話せばわかりあえる〟といった具合に、平和な側面のみを強調し、〝（見解の上でも、武力衝突を巻き込んだ形でも、）宗教に関する諸対立がある〟という現実を覆い隠すのはよくない。厳しい対立があること、あったことも、今ある対立を乗り越える必要とともに、教えるべきだ。そのような教育の実施にあたっては、宗教団体などから要望や抗議が寄せられたり、〝うちの子が入信（あるいは棄教）したのはその授業のせいだ、どうしてくれるのか〟といった苦情が来たりなど、面倒が生じることも予想される。カルトとそうでない宗教との判別基準や、カルトへの対処法も問題になるだろう。だが、面倒を避けるため、そういう教育の場を最初から設けない、というのではなく、諸方面での接触の経験を蓄積しつつ敢行するのがよいとおもう。(12)

だが宗教リテラシーの教育は、（筆者じしんを含む）日本の大人たちにも有益だとおもわれる。ここでは、信仰をもたない日本の大人たち、および、信仰に関してははっきりした態度を取らないままにしている日本の大人たちの話をしよう。そうした人が、（知的好奇心から、あるいはなんらかの必要が生じて）宗教について学ぶとして、そのやりかたはかならずしも、書籍やネットから知識を得ることにかぎられない。信仰をもって生きている人と接することも重要だとおもわれる。繰り返せば、そのような接触がなにかをもたらすとして、もたらされるものは、積極的内実をもった相互理解とは限らない。むしろ、しょせんどう理解しあえないかについての具体的な感触だけかもしれない。いずれにせよ、信仰者とそのように話しあうことも、広義の宗教リテラシー教育の一環だとおもう。実際、天罰を信じている人と突っ込んだ話をする時間を多くもった人が、天罰論の〝一定の意義〟について論じてしまうといった事態は考えにくいのである。

【註】

（1）実名を挙げることはひかえさせていただく。小論はこれらの人たち（のすくなくとも大部分）にたいする批判を含むが、批判の相手を名指していないために、筆者の議論は公正さを欠きうる。この点、お詫びする。

（2）他方、同じく天罰を信じないが、信仰はもっている人もある。この人と、天罰を信じる人とは、ともに神ないし天を信じながら、その神ないし天が災害によって人間を罰するか罰しないかについて見解を異にしている。このような、信仰をもち、天罰を信じない人を筆者はここで考慮から外す。そのような人の信念など心のありようについて、筆者はあまりに無知だからである。

（3）じっさい筆者じしんも小論で、天罰論それじたいについてはほとんどなにもいっていない。

（4）例外も考えられる。（甲）天罰を信じていないが、格別の影響力をもつ人が、天罰論について好意的な発言をしてくれることを、天罰論の信仰をひろめるという目的にとって有効だという理由で歓迎することは、ことによるとあるかもしれない。また、（乙）天罰を信じていない人が天罰論の意義を認め、これを論じることを、その論者がこれから天罰を信じるにいたる一歩として歓迎することもあるかもしれない。

（5）末木氏によれば、ネット上でこの文章に対して批判が寄せられ、氏もこれに応答した（先ずはツイッターで、やがてブログで）。同書、pp. 19-20。

（6）「厳格な」という限定の意味はわからない。だが念のため、本節最終段落を参照。

（7）（1）災害の犠牲者は全員罪を犯していたのであり、それらの罪は災害によって一挙に罰せられた、とする考えと、（2）ある時代のある大集団が全体として犯した罪が、その部分集団への、災害という形での罰を招いた（そのさい、かならずしも罪深くない個人も犠牲になったが、それは巻き添えを食ったのだ。同じ大集団に属していて、罪を犯しながらもその災害から免れた者は、その災害の機会に悔い改めるよう求められている）、とする考えがある。（1）のように考えるなら、犠牲者が犠牲になったのは〝当然の報いだ〟ということになり、天罰論的発言の冷酷さはより大きい。ただし（1）のように考える者はあまり多くないとおもう。第一節で示した視点と関連付けていえば、神も天も信じない者にとっては、「（1）と（2）のどちらがより受け入れやすいか（あるいは、すぐれているか）」を考えるポーズを取るのは白々しいことであろう。信仰をもたない者については、〝その者は、どんな形態であれ天罰論は信じない〟というのが基本的なことがらだからだ。

（8）もちろん話しあうなかで、一方が（あるいは、両方が？）回心、入信、棄教するという事態も起こりうるが、ここではそれが起こらない場合を考える。

（9）いうまでもないだろうが、ここで「尊敬」とは、〝相手が取っているある見解・態度を、じぶんはよいとおもわないが、独立の個人として相手に敬意を払うために、その点は放っておくことにする〟といった消極的リスペクトではなく、〝相手が取っているある見解・態度をじぶんもよいとおもう〟という積極的リスペクトである。他人の信仰に対するリスペクトの概念が問題的なしかたで用いられる可能性については、Simon Blackburn, 'Religion and Respect', in Louise M. Antony (ed.), *Philosophers without gods* (Oxford UP, 2007) 参照。

(10) 森達也氏がこの点を力説している。
(11) 関連する事項はすでに社会、国語、英語などの時間に教えられていよう。
(12) その種の授業等への参加は、生徒にひとしなみに要請するのではなく、個別的事情を考慮して、場合により不参加を認める方がよいだろう。

荻原　理（おぎはら　さとし）
東北大学大学院文学研究科准教授
一九六七年埼玉県出身
ペンシルヴァニア大学大学院修了
PhD
専門：哲学
主な著作：〈論文〉「われわれのしていることにめまいをおぼえてはならない」（岩波書店『思想』二〇〇八年七月）、〈論文〉'The Contrast between Soul and Body in the Analysis of Pleasure in the *Philebus*', in J. Dillon, L. Brisson (eds.), *Plato's* Philebus, Academia Verlag, 2010、〈論文〉'The Choice of Life in the Myth of Er', in *Plato: The Internet Journal of the International Plato Society*, Vol. 11, 2012.

第3部　科学技術と自然観

8　トランス・サイエンス概念と科学技術的意思決定への市民参加

原　塑

はじめに

原子力発電所の耐震基準をどの程度厳しく設定するのか、原子力発電所をある場所に建設すること認めるかどうか、ある病気（例えば、子宮頸がんなど）の予防ワクチンを定期接種（対象年齢の接種費用が、公費により助成される）の扱いにするのか、もしくは任意接種（摂取費用に対する公的援助がない）の扱いにするのかといった問題は、政策的意思決定の対象であるが、そのような意思決定を行なう際に、科学的知見が本質的に重要な役割を果たす。これらの例のように、ある政策的問題に対して意思決定を下すために、参照されるべき科学的知見があるのに、それが考慮されないとすれば、そのような意思決定が妥当なものとは認められない場合がある。このような場合、その政策的意思決定の妥当性は、本質的に、科学的知識に依拠している。このように科学的知識を参照することが不可欠な種類の政策的意思決定のことを「科学技術的意思決定」と呼ぶことにしよう。

政策的意思決定の場への市民参加の必要性は政治学、特に熟議民主主義理論において盛んに議論されてきた。熟議民主主義においては、政治過程における熟議の意義は以下のように位置づけられている。(1) 議会の議論で考慮されるのが、もっぱら選挙で表出される国民の多数意見と、影響力の大きい少数の社会的経済的エリートの意見であることは民主主義体制でもよくあることである。この場合、本来ならば議論されるべき重要な政策課題であっても、国民の多くが関心をもたず、社会的経済的エリートにとって不利益をもたらすものであれば、議会で取りあげられる機会を得られなくなる。この不備を補完するために、熟議民主主義論が重視するのが、市民社会における熟議を吸い上げる回路であり、そのような回路の一つが市民参加型討論の場であるとされる。

熟議民主主義理論において、市民参加が望まれる政策課題は、科学技術に関わるものに限られない。対照的に、科学技術社会論において広く受け入れられている見解では、市民参加は科学技術的意思決定においてこそ特に必要である。そのような議論で、市民参加を正当化する根拠として挙げられるのが、科学的知識の政策的応用にともなう不確実性である。ある科学技術的意思決定を十分な根拠をもって下すために必要とされる科学的知識が、現行の科学が提供できるものではない（その意味では、問題が〈科学を超えている〉）としよう。この時、既存の科学的知識の中で、必要とされる科学的知識に何らかの点で類似したものが参照されることになる。このような場合、ある科学技術的意思決定から、どのような事態が帰結するのかを十分正確に予測することは難しく、結果、その予測は不確実性をもつ。そのため、ある科学技術的意思決定を下すべきかどうかに関する専門家の意見は一つに集約されず、専門家の間で見解が分かれることになる。専門家の意見の多様性は、科学技術的意思決定を下すことを困難にする。ここで、科学的知識の不備による予測の不確実性を補い、ある特定の仕方で科学技術的意思決定を下すことの根拠を与えるのが、市民参加型討論であるとされるのである。

この見解を強く主張してきたのが小林傳司である。小林は以下のように述べている。

原発事故では「想定外」という言葉が話題になった。津波による非常用電源の喪失を「想定」すべきかどうかという問題である。…一般に、工学装置を設計する際にすべての可能性を尽くすことは不可能であり、ある種の割り切りが必要なことは認めねばならない。しかし、こと原子力発電所のような装置の場合に、その割り切りを専門家のみで決定することの是非という問題は残るのである。これは、まさに「トランス・サイエンス的領域」だからである…ワインバーグはこの種のトランス・サイエンス的問いに関しては、専門家のみで意思決定をすべきではなく、民主主義社会においては専門家を含む社会全体で討議をしつつ決定するしかないと主張していた。それが彼の言う「拡大されたピア（仲間）[2]」、つまり専門家以外の人々を巻き込んだ意思決定なのである（小林、二〇一二、一九－二〇）。

ここで小林が述べているのは以下のことであろう。ある原子力発電所の非常用電源が津波により喪失する可能性がどの程度であるかを推定することは、専門家にとっても難しく、意見が分かれる。ここで、工学的割り切りを行なえば、専門家は、原子力発電所の非常用電源が津波により喪失する可能性を考慮して原子力発電所を設計すべきかどうかについて決定を下すことができる。しかし、専門家の工学的割り切りのみに基づく決定は妥当とは言いがたく、決定は一般市民を含めた討論に基づかなければならないのである。

科学的知識の政策的応用にともなう不確実性に基づき、科学技術的意思決定過程への市民参加を正当化する理論のことを、「トランス・サイエンス理論」と呼ぶことにする。このように名付けるのは、この理論が、トランス・サイエンス概念に依拠するからである。トランス・サイエンス理論は、不確実性を伴う科学的知識に基づく科学技術的意思決定を妥当な仕方で行なうには、意思決定過程への市民参加が必要であり、市民参加を欠いた科学技術的意思決定は妥当ではないとする。したがって、たとえ、工学の専門家が、彼らなりの暗黙知に基づけば、科学技術的意思決定を下せる場合でも（工学的割り切りは、まさにそのような工学者の暗黙知によるものである）、工学の専門家が、彼らだけで下す科学技術的意思決定は、妥当ではない。というのも、その意思決定過程には市民が参加していないからである。[3]

この論文では、まず、トランス・サイエンスとはいかなる概念であるのかを確認した後で、トランス・サイエンス理論の構造を分析する。その上で、トランス・サイエンス理論が妥当なものであるかどうかを明らかにしたい。

第一節　ワインバーグのトランス・サイエンス

トランス・サイエンスとは、アメリカの原子力工学者、科学行政官であったアルヴィン・M・ワインバーグが一九七二年に発表した論文「サイエンスとトランス・サイエンス」において初めて使用した概念であり、科学の中で「科学に対して問うことはできるが、科学によって答えをうることができない」問題群からなる領域のことを指す（Weinberg, 1992: 4）。より詳しくは、トランス・サイエンス的問題群とは、「認識論的に言えば、事実に関する問いであって、科学の言葉で述べることができるが、科学によって答えることができない」問いの集合のことであり、そのような問いは「科学を超えている」（ibid.）。その具体例として、ワインバーグが挙げているのが、低レベル放射線被ばくの生体への影響、非常に稀な事象の確率、工学、個人の行動、諸科学の分類や価値序列に関する問いである。

トランス・サイエンス的問題群の特徴は、科学的方法によって獲得されうる、ある事象に関するデータに高い不確実性があるために、その事象が発生するかどうか、またその頻度や確率がどれくらいなのかを一意に決定できないことである。例えば、マウスの突然変異率の変化を計測することで、放射線の低線量被ばくの生物学的影響に関する信頼性の高いデータを得ようとすると、きわめて多数（数十億単位）のマウスを使った実験を行う必要があるが、そのような実験を行うことは事実上できない。そのため、低線量放射線被ばくの生体への影響について確定的な答えを得ることはできない。また、原子炉の多くの部品が同時に破損することで起こる重大事故や、巨大地震が起こる確率を正確に見積もることは、それがきわめて低頻度であるために困難である。これらの問題は、科学の言葉で定式化できる点で科学的な問いではあるが、答えを科学的に確定することができない点で、トランス・サイエンス的問題群に属する。

ところで、ワインバーグが、予測が不確実である科学的事象を指すために、「トランス・サイエンス」という特別な用語を用意したのは、なぜなのだろうか。それは、政策的な意思決定に直結する科学的問題の多くがトランス・サイエンス的問題群に属しており、そのような問題が社会的・政治的重要性をもつからである。

例えば、低線量放射性被ばくの生体への影響や原子炉の重大事故が発生する確率は、原子力発電所の建設をすすめるべきかどうかという政治的意思決定にとって不可欠な科学的エビデンスである。

論文「サイエンスとトランス・サイエンス」の主な目的は、社会的・政治的重要性をもつトランス・サイエンス的問題に対処するために、どのような意思決定システムを導入すればよいのかを考察し、そのシステムにおいて科学者がどのような役割を果たすべきかを論じることである。トランス・サイエンス的問題群に対して科学から十分に確実な答えをえることができない以上、科学技術の専門家だけで意思決定を下すことはできず、政治家や一般市民のような非専門家が意思決定に参加することは避けがたい。しかし、彼の眼には、専門家による査読システムによって品質保証がなされる科学と比較すると、政治的意思決定の過程は、無原則的で、秩序を欠いたものに映った（ibid.:9）。そこで、彼は、さまざまな社会的意思決定システムの中から、特に裁判における対審構造に類似したシステムを、トランス・サイエンス的問題の決着のために導入することを提案する（ibid.）。対審構造では、原告の依頼を受けた専門家と被告の依頼を受けた専門家が、それぞれ依頼者にとって有利な専門的所見を提示するために出廷し、法廷で対決する。ただ、専門家はそれぞれ単独で尋問され、専門家同士が直接やり取りをすることはない。専門家の主張をチェックするのは非専門家である裁判官である（尾内・本堂、二〇一一）。

科学者が科学技術的意思決定の過程に関与する際に、科学者には、問題となっている現象に関して専門的知見をもっていることと、彼がもっているすべての専門的知見を嘘や偽りなく人々に伝えることが求められる。対審構造は、科学者の専門的能力の判定には適していないが、科学者が信頼に値するかどうかを人々が判断するのには有効であるとワインバーグは考えている（Weinberg, 1992:11）。

科学技術的意思決定の場合に、対審構造における裁判官の役割をはたすのが、一般市民である。科学者は、非専門家である市民の前に立ち、問題となっている事象に対して科学的に主張できることを述べる役割を果たさなければならず、政治力学で歪みがちな議論に秩序を与える責任を負い（ibid.: 16）、政治家や一般市民の役割は、対立する専門家見解を聞き、判断を下すことである。

これまで、論文「サイエンスとトランス・サイエンス」に依拠しながら、トランス・サイエンスという概念に、ワインバーグがどのような説明を与えているかを確認してきた。ワインバーグの論文は、科学技術的意思決定への市民参加を不可欠だと主張し、それを推奨するものであるという印象を与える。例えば、ワインバーグは次のように述べている。「私たちが行なっていることが科学を超えていて、一般の人々に突き当たっているとき、私たちは、一般の人々が討論に参加することを歓迎する――鼓舞させする――しか他に選択肢がない。」（ibid.: 18）ワインバーグの発言の趣旨は、科学技術的意思決定に市民が参加することは、社会的重要性をもつトランス・サイエンス的諸問題に関わる科学技術的意思決定においては避けがたい（というのも、その問題は「科学を超えている」のだから）というものだ。しかしながら、一九八五年に発表された論文「規制者のディレンマ」において、ワインバーグは、トランス・サイエンス的問題群の解決に対する社会の役割に関して、極めて否定的な見解を表明するようになる。例えば、次のように述べる。「おそらく、低線量被ばくと身体の損傷のつながりは、魔女と凶作の連鎖と同じくらい、証明するのが困難だ。低線量被ばくと身体の損傷のつながりが重大な社会問題となることを私たちの社会が許容してきたことは、倒錯であると私は思う。このことは、現代の文脈において、過去の魔女狩りとほとんど同じくらい、愚かなことである。」（Weinberg, 1992: 36）実際、この論文で、ワインバーグは、原子力発電所の安全性を高める必要性を主張しながら、他方で原子力エネルギーの使用に対して不信感をもつ一般市民の意見に耳をかそうとする態度を決して示そうとしない[4]。この二つの論文が発表された一九七二年から一九八五年にかけて、ワインバーグが社会（一般市民）に関して、大きく見解を変化させたのは、なぜなのだろうか。

この二つの論文の間に生じた重大な出来事として、一九七九年に生じたスリーマイル島原子力発電所事故がある。この事故後、アメリカでは原子力エネルギーに対する不信が高まり、規制が強化されたが、ワインバーグは確固とした原子力推進論者であり、このような政治的動きに対して批判的だった[5]。

しかし、それだけではない。一九七二年の「サイエンスとトランス・サイエンス」以降、原子炉の安全性に関する研究において、確率論的リスク・アセスメントが本格的に導入されたことが重要である[6]。ワインバーグの考えでは、トランス・サイエンス的問題群にともなうリスクを、確率論的リスク・アセスメントにより、不完全ながら、評価することが出来るようになった。この評価に基づき、科学技術的問題の技術的解決（technological fix）をはかることや（例えば、より安全性の高い原子炉を開発することで）、あるいは放射能や線量など有害な物質や自然現象を、そのデ・ミニミス・レベル（規制免除レベル）を定めて規制することができるようになった。ワインバーグによれば、デ・ミニミス・レベルの確定は、トランス・サイエンス的問題ではあるが、専門的知見をもつ科学者が合意可能である（ibid.:35）。一九八〇年代以降のワインバーグの見解をまとめると、トランス・サイエンス的問題群に対しても科学的・技術的対処が可能なのであり、不合理な仕方で反対する人々を多く含む一般市民を科学技術的意思決定の過程に参加させることは無用だということになるだろう。

では、一九七二年の論文「サイエンスとトランス・サイエンス」に表明されていたワインバーグの見解と一九八〇年代以降のワインバーグの見解において、何が維持され、何が変化したのだろうか。この間、一般社会や市民が科学技術的意思決定には果たす役割に対するワインバーグの期待が、失望に変化したことは認められる。しかし、ワインバーグは一九七二年の時点で、すでに「トランス・サイエンス的議論はカオス的であり、科学者はそこに秩序と規律を加えるために、自分たちの専門的知識を注入することが可能であり、またそうしなければならない」（Weinberg, 1992:16）と述べており、その意味では、ワインバーグは、そもそも政治や一般市民の能力をそれほど高く評価していなかったことは明らかである。つまり、一九七二年の時点でのワインバーグの見解は、トランス・サイエンス的問題群を科学が解決できない以上、民主主義的政治体制では、一般市民が何らかの仕方で科学技術的意思決定の過程に関与するのは仕方がないというあきらめの気分をもっていたのであり、市民参加が科学技術的意思決定に対して重要な貢献をしてくれるだろうと彼が期待していたわけではなかったと考えられる。市民参加が不可避であるのなら、せめて対話の相手として一般市民を受け入れていこうというのが、一九七二年でワインバーグが主張したことであり、これに伴う不安感を、彼は「賽は投げられた」（the die is cast）（ibid.:16）と表現したのだ。一九八〇年代以降、ワインバーグが苦々しく認識したのは、彼にとって、投げた賽は吉とは出なかったという事実に他ならない。

また、トランス・サイエンス的問題群に対する対処可能性に関するワインバーグの見解も変化している。一九七二年の論文では、トランス・サイエンス的問題群は科学を超えている以上、科学技術的解決法は考えられないのだから、民主主義的政治体制では、科学技術的意思決定への市民参加が不可避であるとされていた。しかし、一九八〇年代以降、確率論的リスク・アセスメント、技術的解決法、有害物質に対する規制値の設定といった科学技術的手法を組み合わせることで、トランス・サイエンス的問題群は対処可能であるという見方をワインバーグはとっているのである。

第二節　トランス・サイエンス理論とその評価

トランス・サイエンス理論とは、科学的知識の政策的応用にともなう不確実性に基づき、科学技術的意思決定過程への市民参加を正当化する理論、市民参加の過程を欠いたまま下された科学技術的意思決定は正当性をもたないとする理論である。トランス・サイエンス理論は、市民参加が、いかなる点で、トランス・サイエンス的問題群への有効な対象方法であるという説明を含まなければならない。トランス・サイエンスという概念を作ったワインバーグ自身は、最初は、科学的知識の政策的応用にともなう不確実性のため、科学技術的意思決定過程へ市民が参加する事態を迎えることは避けがたいと考えていたが、市民参加がどのような意味で、科学技術の不確実性という問題を解決するのかは明らかにしていなかった。さらに、一九八〇年代になると、ワインバーグは、トランス・サイエンス的問題群への対処に、市民参加が不可避であるという見解そのものを放棄している。その意味で、ワインバーグは、トランス・サイエンス理論を提唱しているとは言いがたい。トランス・サイエンス理論を作り上げたのは、科学技術社会論の論者たちである。

トランス・サイエンス理論を支えるのは、科学的合理性と社会的合理性という二つの合理性概念である。科学的合理性は、科学的知識が世界に成立する真なる事実を捉えていることに依拠する合理性である。このような科学的合理性を支えるのが、科学研究の査読システムである。実験や観察により明らかにされる科学的事実や科学的知識は研究論文の中に記録されるが、研究論文は専門の研究雑誌に掲載されることを目的として、投稿される。投稿された論文は、その研究分野の研究者からの査読を受ける。その際に適用される査読基準が、研究論文の妥当性、つまりその科学的合理性を評価する基準となる。つまり、科学的合理性は科学論文の質保証を行なう査読システムにより支えられる（藤垣、二〇〇三、一〇八）。

トランス・サイエンス的問題群は、科学を超えており、その解決には、科学的合理性をもつ科学的知識を利用するだけでは不十分であるとされる。そこで、必要とされるのが社会的合理性である。社会的合理性という概念を提唱したのはリスク社会論研究者のウルリッヒ・ベックであるが、彼は社会的合理性を「科学的合理性と一緒になって、社会的に受容可能なリスクの程度の判断の根拠になるもの」（Beck, 1986:38）としている。科学技術リスクを認識・対処するためには、科学的合理性と社会的合理性が協働することが必要だというのがベックの主張であり、そのことを「社会的合理性を欠いた科学的合理性は空虚であり、科学的合理性を欠いた社会的合理性は盲目である」（ibid.:40）と表現するのだが、残念なことに、社会的合理性が具体的どのようなものであるかをベックは説明してくれない。社会の中の様々な仕組みや、一般市民の知識や判断から社会的合理性は成り立っているはずだが、社会的合理性を具体的にどう規定すればよいのかは、難しい課題である。知識や情報に限ると、社会的合理性の核になると考えられる候補には二種類ある。それは、一般市民の一部の人々がもつローカル・ノレッジ(7)と、社会的に共有されている価値観や良識である。

ローカル・ノレッジをもつ一般市民が科学技術的意思決定過程に参加することが必要不可欠であるという主張は、以下に見られる。「何故公共の参加が必要なのか。…不確実性ゆえに科学者が答えを出せない、という状況が公共の参加を要請する。科学者だけの参加では意思決定ができないためである。しかし、科学者が答えを出せないからといって、何故素人を入れるのか？　という反論もありえよう。それに対しては、職業的専門家――非専門家図式では「素人」に分類される現場のひとたちが、現場系におけるローカルノレッジによる現場系の変数結節を主張しうる可能性があるため、という再反論が可能である。」（藤垣、二〇〇三、一六三）

この引用文の中で、「現場系におけるローカルノレッジによる現場系の変数結節を主張しうる」と述べられている箇所が意味するのは、現場での科学研究や科学技術的意思決定を行なう際に、現地の人々がもつローカル・ノレッジが不可欠な知識として使用されることがある、ということである。

また、社会に共有される価値観の代表者として、一般市民の参加が必要だとも言われることもある。「巨大で複雑なシステムを対象とした社会的意思決定の場合、通常の専門家の知識だけでは不十分であり、拡大されたピアによる多様な情報、価値観が動員されなければならない。」（小林、二〇〇七、一四〇）この「拡大されたピア」とは、科学技術的意思決定の過程に参加している一般市民のことをさす。これら二つの引用箇所に明示されているように、ローカル・ノレッジであれ、多様な価値観であれ、それらは、科学技術的意思決定に際して科学的知識に内在する欠落を補充するものとして要請されるのであり、科学的合理性を補う社会的合理性の核をなすのである。

以上、確認してきたように、トランス・サイエンス理論によれば、トランス・サイエンス的問題群の対処に必要なのは、査読による質保証がなされた科学的知識と、ローカル・ノレッジや社会的価値観である。科学的知識は科学的合理性をもち、ローカル・ノレッジや社会的価値は社会的合理性の核をなす。これらの二つのタイプの知識を有機的に融合させるために、科学的知識をもった専門家と、ローカル・ノレッジを持ち、社会的価値を代表する一般市民が対話し、その上で、合意形成をはかることが必要である。また、このように、科学的合理性と社会的合理性を融合させる措置を講じなければ、トランス・サイエンス的問題群に妥当な仕方で対処することは望めない。このように考えるならば、工学的割り切りにより下された科学技術的意思決定は、社会的合理性を欠いているために、妥当性をもたないと見なされることになるのである。(8)

しかし、トランス・サイエンス理論にはかなり疑わしい点があると言わなければならない。問題の多くは、社会的合理性という概念のあいまいさに起因する。まず、ローカル・ノレッジについてみてみよう。確かに、ローカル・ノレッジ、つまり現場で生活する人々がもっている知識を適切に考慮しなかったために、科学技術災害が生じる場合があるだろう。しかし、ローカル・ノレッジをもっているのは、専門家と対比される一般の人々だとはいえない。地域の言い伝えや伝承、歴史の中にも、科学技術的意思決定に不可欠なものは多いが、それらを収集、整理しているのは、行政や郷土史家であり、必ずしも一般市民ではない。そもそもローカル・ノレッジは、科学的知識ではないが、何らかの専門的知識だと見るべきだろう。するとローカル・ノレッジ論が述べているのは、科学技術の専門家であれ、それ以外の分野の専門家であれ、ある問題の解決に役立つ知識をもっている人々を、もれなくその問題の解決にあたらさなければならないということである。このように考えたとすると、市民参加が必要とされるのは、市民参加が、ローカル・ノレッジをもっている在野の専門家を選抜するための有効な手段だからだということになるだろう。確かに、直面している問題解決のために必要なローカル・ノレッジが何であり、それをもっているのが誰かは簡単に特定できない。その意味では、一見すると、とにかく出来るだけ多数の人々に討論の場に参加してもらうことが重要であるように見える。しかし、そこからどのようにして、問題解決に必要なローカル・ノレッジは何かということと、そのローカル・ノレッジをもつ人が誰かを特定すればよいのだろうか。確かに、討論の勝ち負けを人々が見て、選挙をすることで、これらのことを決定することが可能であるかもしれないが、このような選抜方式は問題解決のために必要な専門的知識とその持ち主の選定には有効性をもたない(9)。結局、ローカル・ノレッジ論に基づいて、市民参加を正当化することはできないとはいえないまでも、困難である。

また、社会的価値については、一般市民の価値観を考慮することが、トランス・サイエンス的問題群の解決にどのように寄与するのか、明らかではないという問題がある。確かに、トランス・サイエンス的問題の解決を科学的知識だけに基づいて行なおうとした場合、複数の解決案が考えられ、それらの優劣を決することで、結論を一つにまとめるといったことができない事態に立ち至ることは考えられるだろう。ここで、解決案の優劣を、一般市民の価値観に基づいて、定めることは可能であるかもしれない。しかし、それは単なる素人考え以上のものにはならない。実際、それぞれの選択肢の価値は、その経済性、コスト、リスクの程度、リスクの分配など、多様な観点から評価される必要がある。そのような評価には、自然科学的知識とは異なるが、専門的な知見が必要であり、そのような知見をもつのは一般市民ではない[10]。したがって、トランス・サイエンス的問題群の解決に、それぞれの解決案の価値評価が不可欠であるにしても、そのことが科学技術的意思決定過程への市民参加を正当化するわけではないのである。

以上、科学技術的意思決定の中にトランス・サイエンス的諸問題が含まれるという前提に基づき、科学技術的意思決定への市民参加を正当化できるかどうかを検討してきた。ここまで見てきたように、トランス・サイエンス理論は妥当とはとても言えないことは明らかとなった。

では、ここで観点をかえて、トランス・サイエンス理論が目指している通りに、科学技術的意思決定への市民参加がうまく機能し、トランス・サイエンス的問題への解決案を一本化できたとしよう。このことから、定まった科学技術的意思決定から何らかの災害が将来的に生じることを回避することが期待できるのだろうか。実際のところ、科技術災害を引き起こす要因は極めて多様である。確かに、トランス・サイエンス理論が想定するように、科学的知識の不確実性の故に、科学技術災害が生じることもあるだろう。しかし、より多くのケースでは、政策を立案し、実施する官僚組織の秘密主義や前例主義、また安全神話のような、専門家・一般市民がもつ誤った信念、人権の軽視、地方と中央の経済格差といった多様な要因が、複合的して科学技術災害を引き起こし、その被害を深刻化させるのである。したがって、科学技術や科学的知識の不確実性に対する対処を正しくおこなうことが、科学技術災害を回避したり、そこからの被害を低減したりするために、どの程度、有意義なのかは明らかではない。トランス・サイエンス理論が扱っているのは科学技術災害の（最も重要であるとは、とてもいえない）一要因を扱っているに過ぎず、科学技術災害を回避したり、解決したりすることにはあまり役立たないと考えられる。(11)

おわりに

この論文では、科学技術的意思決定の根拠として使われる科学的知識の不確実性を根拠として、そのような意思決定への市民参加を正当化することができるかどうかを検討してきた。結果として明らかになったのは、科学技術的意思決定への市民参加を、科学的知識の不確実性に基づいて、正当化することは難しいというものである。とはいえ、政策過程への市民参加を進めるべき理由は、政策決定の根拠となる科学的知識の不確実性以外にもある。したがって、これまでの議論により、市民参加の必要性一般が否定されるわけではない。

【註】

（1）以下の記述は、尾内（二〇一四、一一一－一一四）に依る。

（2）「拡大されたピア(仲間)」という概念を打ち出したのは、ワインバーグではなく、科学哲学者のラヴェッツであるが、このことは、小林自身が著書において指摘している（小林、二〇〇七、一三九）。

（3）ワインバーグは、工学的割り切り（engineering judgment）による対処が必要な問題がトランス・サイエンス的であるとしている（Weinberg 1992:6）。ただし、工学的割り切りのみに依る、市民参加の過程を含まない科学技術的意思決定が妥当性を欠くかどうかについては、述べていない。

（4）この時期のワインバーグは、原子力発電反対派を対等な対話の相手ではなく、むしろ意見操作の対象と見なしていた（Weinberg, 1992: 303）。

（5）ワインバーグは、環境に対する負荷が少ない点で、原子力が化石燃料よりも優れているという主張を述べた最初期の論者の一人であり（Weinberg 1992: 274）、チェルノブイリ原子力発電所事故の後でも、地球温暖化に対する対策として原子力発電所の使用継続を主張している（Weinberg 1992: 318）。

（6）これにあわせて、一九八五年の論文「規制者のディレンマ」では、トランス・サイエンス的問題群は、以下のように再定義される。「サイエンスの領域は決定論的事象か、もしくは、発生確率そのものを厳密に述べることができる事象をカバーしている。対照的に、トランス・サイエンスは、発生確率そのものが高度に不確実な事象をカバーする。」（Weinberg, 1992:23）

（7）「ローカル・ノレッジ」は、もともと文化人類学者のクリフォード・ギアーツが使用し始めた概念であり、それぞれの文化圏に固有の知識体系のことを指していた。科学技術社会論では、ローカル・ノレッジは、このギアーツの用法とは無関係に、一般の人々がそれぞれの居住地域に関してもつ、日常的体験に裏打ちされた知識、特に科学技術の専門的知識と対照的な知識として扱われる（藤垣、二〇〇三、一二九）。その具体的事例は、カンブリア地方の養羊家がもつ羊に関する知識である。一九八六年に発生したチェルノブイリ原子力発電所の事故により、ヨーロッパの広範囲に放射性物質が拡散し、特に、イングランド北部のカンブリア湖水地方は高濃度のセシウムにより汚染された。この地方は養羊の盛んな地域であり、牧草を介してセシウムにより羊が汚染されると養羊農家にとって重大な損失が生じてしまう。この被害を避けるため、セシウムを吸着する性質をもつベントナイトを土壌にまくことが計画された。それを実行する前に、科学者は、ベントナイトをどの程度の濃度にすればよいのか調査するための実験を行なった。この実験では、放牧地を小さな区画にわけ、その区画でのベントナイトの濃度に差をつけた上で、それぞれの区画に羊を放って生活させ、時間経過とともに羊の汚染の程度がどのように変化するのかを調べることになっていた。

ここで、現地の農民は、羊たちは、広い丘陵を自由に動き回ることに慣れているため、狭い区画に囲い込まれると体調を崩すだろうと予測し、実験が失敗すると警告した。その警告を科学者は無視し、実験を実行に移したが、農民の言った通りの理由により、実験は失敗した（Wynn, 1992:287）。ここで、農民がもっていた、現実の羊の生活ぶりに関する知識が、ローカル・ノレッジの典型例である。ベントナイトによるセシウムの吸着実験を行なった科学者は、現地の養羊家がもっていたローカル・ノレッジを考慮にいれることが出来なかったため、実験に失敗したのである。

（8）ワインバーグの議論をトランス・サイエンス理論と見なすことができないのは、ワインバーグの議論が社会的合理性の理論を欠くためである。

（9）この方式が有効性をもつなら、私たちは、選挙を通じて選出された議員によって科学技術的意思決定を有効に下すことができているはずである。

（10）ジョンソン『核廃棄物と熟議民主主義』（二〇〇八）は、高レベル放射線廃棄物の地層処分というトランス・サイエンス的問題の解決に有効な手がかりを与える点で、功利主義や義務論など規範倫理学理論より、熟議民主主義理論の方が優れていることを示そうとした野心的な試みである。しかし、ジョンソンは、功利主義、義務理論の問題点は明らかにしているものの、これらの規範倫理学理論より熟議民主主義理論がどのように優れているのかを示すことには残念ながら成功していない。

（11）ある科学技術の運営に失敗したことにより災害が生じたときに、その科学技術や施設の運営主体（行政や企業、および助言役の科学者集団）が、災害に対する責任が自分たちに帰せられるのを避けるために、その災害が「想定外の」事態により生じたものであると弁解することは十分に考えられることである。その弁解を支えるのが、科学技術の不確実性という観点である。このような弁解を行政、企業、科学者が行なうときに彼らが意図しているのは、言い逃れに加えて、真相を隠し、原因究明を妨げることでもあるだろう。このことは、以前から行なわれてきたし（添田、二〇一四）、東日本大震災とそれに続く福島第一原子力発電所事故以降も、引き続き行なわれていることであると考えられる。この状況において、東日本大震災や福島第一原子力発電所事故の問題を、科学技術がもつ不確実性という観点からのみ捉え、それ以外の問題を検討のフレームから外すことは、東日本大震災の被害や原子力発電所の事故の責任を負うべき組織の意図に従うことであり、結果、彼らの過誤を明らかにして、責任を問うことを難しくする。

【文献】

Beck, U., 1986, *Risikogesellschaft: Auf dem Weg in eine andere Moderne*. Frankfurt am Main, Suhrkamp.（＝一九九八、東廉・伊藤美登里訳『危険社会』法政大学出版会）。

藤垣裕子、二〇〇三、『専門知と公共性――科学技術社会論の構築へ向けて』東京大学出版会。

Johnson, G. H., 2008, *Deliberative Democracy for the Future: The Case of Nuclear Waste Management in Canada*. University of Toronto Press.（＝二〇一一、船橋晴俊・西谷内博美監訳『核廃棄物と熟議民主主義――倫理的政策分析可能性』新泉社）。

小林傳司、二〇〇七、『トランス・サイエンスの時代――科学技術と社会をつなぐ』ＮＴＴ出版。

小林傳司、二〇一二、「トランス・サイエンスの時代の科学者の社会的責任」、『学術の動向』17(5)、一八－二四。

尾内隆之、二〇一四、「熟議民主主義」本田宏・堀江孝司編著『脱原発の比較政治学』法政大学出版局、一〇九－一二八。

尾内隆之・本堂毅、二〇一一、「御用学者がつくられる理由」尾内隆之・調麻佐志編、二〇一三、『科学者に委ねてはいけないこと――科学から「生」をとりもどす』岩波書店、二一－三〇。

添田孝史、二〇一四、『原発と大津波　警告を葬った人々』岩波新書。

Weinberg, A. M., 1972, “Science and Trans-Science,” A. M. Weinberg, 1992, *Nuclear Reactions: Science and Trans-Science*. New York: American Institute of Physics. 3-19.

—, 1985, “The Regulator’s Dilemma,” A. M. Weinberg, 1992, *Nuclear Reactions: Science and Trans-Science*. New York: American Institute of Physics. 21-37.

—, 1987, “Nuclear Power and Public Perception,” A. M. Weinberg, 1992, *Nuclear Reactions: Science and Trans-Science*. New York: American Institute of Physics. 273-289.

—, 1989, “Engineering in an Age of Anxiety: The Search for Inherent Safety,” A. M. Weinberg, 1992, *Nuclear Reactions: Science and Trans-Science*. New York: American Institute of Physics. 291-305.

—, 1987, “Nuclear Energy and the Greenhouse Effect,” A. M. Weinberg, 1992, *Nuclear Reactions: Science and Trans-Science*. New York: American Institute of Physics. 307-319.

Wynn, B., 1992, “Misunderstood misunderstandings: social identities and public uptake of science,” *Public Understanding of Science* 1. 281-304.

8　トランス・サイエンス概念と科学技術的意思決定への市民参加

原　塑（はら　さく）
東北大学大学院文学研究科准教授
一九六八年東京都出身
ヨハネス・グーデンベルク大学マインツ哲学・文献学学部修了
哲学博士
専門：科学哲学、分析哲学
主な著作：〈共編著〉『脳神経倫理学の展望』（二〇〇八年、勁草書房）、〈共編著〉『脳神経科学リテラシー』（二〇一〇年、勁草書房）〈共著〉『道徳の神経哲学　神経倫理からみた社会意識の形成』（二〇一二年、新曜社）

9 自然観の多様性と変化
――国際比較調査を通して――

小山田 晋
長谷部 正
木 谷 忍
リチャード・ムーア
范 為 仁
朴 壽 永

はじめに

「自然」に関する、各社会内で共有された道徳的判断や評価のパターンを「自然の倫理」とよぶなら、自然の倫理は社会ごとに差異を持つ。それは、そもそもどのような事態を「自然」と認識するかを規定する「自然観」が、個々の社会により異なるためである。

人びとの自然観が一様でないことは、「自然」概念に関する言語表現の違いによく表れている。[1] 英語の nature は名詞であり、木や山などの具体的個物を指すが、もともと日本語の「自然」は副詞であり、「自ずから然り（おのずからそうであること）」という、人びとが自らの心の内に感じる主観的事態を指していた。同様に、老子が無為自然の哲学について語る中で用いる「自然」も、アーサー・ウェイリーによる英訳では the self-so となり、nature とは一致しない。[2] さらに、自然観の違いは必ずしもこのような言語表現の違いとして明確に表れるわけではない。人びとが互いに同じ言葉を用いて「自然」について議論していても、双方の想定している「自然」概念が異なるということもありうる。

自然の倫理は多様であるため、主体間で互いに矛盾することがある。典型的な事例としては、世界遺産の白神山地の保全をめぐって、貴重な生物種の保護を理由に入山禁止措置を取る営林局と、入山禁止に伴い慣習的に行われてきた釣りや山菜採りができなくなることを拒む地元住民との対立が挙げられる。[3] この事例では、「世界遺産」というグローバルな視点での自然評価が、地元住民が伝統的に培ってきた自然とのつきあい方と矛盾を来している。このような、異なる自然の倫理同士の矛盾は、今後ますます課題となってくると考えられる。少数派の自然観を共有する人びとにとって、自分たちの求める自然のあり方が社会から配慮されない事態が起こりうるのである。本稿では、日本・アメリカ・中国・韓国の四か国を対象に行った自然観調査の結果に基づき、現在において自然の倫理の多様性がどの程度保たれているか、また、どのような要因がこうした多様性維持に寄与しているかを示す。

第一節　自然の倫理と自然観の多様性

本稿のいう「自然の倫理」は、地理学者オギュスタン・ベルクのいう「環境の倫理」と同義である。ベルクは、和辻哲郎[4]の影響を受けた独自の風土論に基づき、自然と社会の関係について考察している。ベルクによれば、自然と社会を分離し「である（is）」と「でなければならない（ought）」を区別する近代科学は倫理を捨象して事物の記述にのみ特化するものであり、自然から主体が後退することで、自然は倫理の枠内に入らないものとなっている。これに対し、ベルクのいう「風土《ミリュー》」とは、「ある社会の、空間と自然に対する関係」[5]であり、風土論の枠組みにおいて、自然と社会は分離されることなく、さまざまなレベルで相互に影響を与え合うものとして捉えられる。社会を構成する個々人は空気を呼吸したり動植物を摂取したりしなければ生きていけないし（生態学的関係）、自然は社会における文化を通して「風景」として眺められるし（価値論的・認識論的関係）、社会の構成員は農業等の労働を通して自然に働きかけ居住域を整備する（技術的関係）。ベルクは「自然の倫理（環境の倫理）」について、自身の風土論に基づき次のように述べている。「「環境の倫理」と呼ばれるものは風土《エクメーネ》の枠の中でしか意味を持ち得ない。人間存在を抜きにすれば、あるのは生態学的な食物連鎖（trophisme）や動物行動学的規定ばかりで、倫理はそこには存在しない。倫理の次元はもっぱら風土《エクメーネ》の次元に固有のものである。」[6][7]。自然の倫理とは、それぞれの風土において生きる人間存在にとってのみ意味を持つものであって、風土を離れた普遍的な自然の倫理というものはありえない。そのため、異なる風土に住む人同士の間で、自然のあり方をめぐってすれ違いや対立が生じることになる。たとえば鯨食の文化が無い欧米人にとって、鯨を殺して食べる日本人は「自然破壊」をしていると理解されるだろうが、日本人にとっては、むしろ鯨食を続けることで自然との関係性を守っているのだとも理解されうる。自然の倫理は画一的なものではなく、個々の社会によって異なる多様性を持っている。そしてこのように自然の倫理が多様であるということは、そもそも「自然とは何か（どうあるべきか）」という自然観が、風土によって異なるということでもある。自然観もまた、風土に固有であり、風土を離れた普遍的な自然観というものは存在しない。本稿では、自然の倫理の多様性を示す指標として、自然観に着目する。

第二節　既存研究における対象国の自然観

今回対象とした国に関しては、宗教や古代思想、哲学における自然の位置づけを考察した文献レベルでの自然観研究が、地理学者や宗教学者、倫理学者らによって進められている。自然の倫理の多様性が、現在どの程度保たれているかを評価する基準点を定めるため、まずこうした文献研究に見られる自然観を簡単に整理しておこう。

日本人にとって自然は、前述の木村が整理しているように、「自ずから然り」という主観的・情感的事態として捉えられる。たとえば、万葉集巻一三にある「山の辺の五十師の御井は自然《おのずから》成れる錦を張れる山かも」という歌において、「自然」は、誰かが意図して働きかけたわけでないのに、ひとりでに山に錦（ここでは女官の比喩）が張られている様子を現している。(8)

このような日本人の「自ずから然り」の自然観は、人間の計らいを捨て、仏の力にゆだねようとする親鸞の自然法爾《じねんほうに》の思想に典型的にみられるが、森三樹三郎によれば、自然法爾は老荘の無為自然の思想と同根のものである。[9] 老荘の思想では、人為である知識・欲望・道徳を無くし、自然の状態に帰ることが求められる。人為を捨て、一切の相対的区別を消滅させたところに現れるのが「無形の真理」であり、これは、親鸞が「自然《じねん》とふは、自はおのづからといふ。行者のはからひには非ず。然らしむるといふ言葉なり。……（中略）……無上仏と申すは、形もなくまします。形のましまさぬ故に、自然とは申すなり」とする阿弥陀仏のあり方と類似している。

　中国、韓国でもこうした老荘の無為自然（＝自然法爾）の思想が少なくとも近代化以前までは継承されてきたため、「自ずから然り」の自然観は日本に特有のものではないといえる。さらに、中国、韓国の場合、民間信仰の道教が人びとの自然観に大きく影響している。道教において、自然と人間は「気」の流れで一元的に捉えられる。人間が病気になるのは人体を流れる気の流れの淀みで説明されるし、自然の中も同じように気が流れている。[10] この気の流れを制御するのが「風水」であり、たとえば韓国では、気が流れる山の連なりの先に農業集落が作られているという。[11][12]

　こうした東洋の自然観は、国ごとの個性があるものの、自然と人間を切り離すことなく、一体的に捉えるという点で共通している。「自ずから然り」の自然観では、「自然さ」が感じられるという心の情態性があるだけであり、人間という主体が自然を客体として認識するという関係にはなっていない。また、道教の自然観でも、気は人間と自然を区別することなく流れている。

　これに対し、アメリカのような西洋の自然観には、キリスト教が大きく影響している。[13] 旧約聖書の創世記に、神の言葉として「われわれは人をわれわれの像《かたち》の通り、われわれに似るように造ろう。彼らに海の魚と、天《そら》の鳥と、家畜と、すべての地の獣と、すべての地の上に這うものとを支配させよう」[14]とあるように、キリスト教圏の人びとにとって自然とは「支配」の対象である。しかし、そのような「支配」関係が成立するには、近代社会の成立が欠かせない。技術の未発達な近代以前の社会において、人間は自然を支配するだけの生産力を持ち合わせていなかった。近代において人と自然の関係が変化したプロセスは、ヨアヒム・リッターが論じている。[15]リッターは、古代ギリシア以来の西洋における伝統的な自然との関わり方として、テオリア（観照）とプラクシス（実践）を挙げている。哲学者たちはテオリアを通して全体としての自然（世界の秩序）に接することができたが、多くの生活者たちにとって自然とはプラクシスを通して関わる「故郷」であり、人は自然の中に生まれ落ち、そこに住み着き、自然の恵みに依存しつつ生きるものであった。これが、近代になり自然科学が発達し、「全体としての自然」という発想が欠落していく中で、それを埋め合わせるように、テオリアではなく美的に自然を眺めるという態度が生まれてきたという。この美的に自然を眺める態度は、近代社会の科学と労働が出現するとともに生まれたものであり、「周囲に休らう自然」という自然との一体的な関係を失うことにより成立する、自然との自由な関わり方である。このように自然を美的に眺める態度が生まれたことは、自然を支配と搾取の対象として従属させるようになったことと表裏一体であった。つまり、自然を美的に眺めることも、自然を支配し搾取することも、人間が自然から自由となり、自然を客体として捉える態度に基づいているのである。

ただし西洋でも国や文化により自然観に差異はあり、キリスト教や近代化だけで彼らの自然観を理解しきれるわけではない。アメリカに特徴的な自然観としては、一九世紀のロマン主義の影響により、自然をレクリエーションの場としたり、自然を「原生自然」として手つかずのまま残そうとしたりする点が指摘できる。[16]し

表1　文献にみる各国の自然観の類型

国	自然観に関わる思想	自然と人間の関係	自然観類型
日　本	老荘、浄土教	自ずから然り	「こと」的
アメリカ	キリスト教、ロマン主義	自然を支配（放置）	「もの」的
中　国	老荘、道教	自ずから然り、気一元論	「こと」的
韓　国	老荘、道教	自ずから然り、気一元論	「こと」的

かし、日常生活の中で自然と親しんでいるわけではなく、自然と人間の生活はやはり切り離されている傾向があるといえる。

こうした各国の多様な自然観を共通の基準で比較するため、自然観を「もの」的、「こと」的という視点で分類する。これは、木村が日本人や中国人にとっての自然は「もの」ではなく「こと」であると述べていることに倣っている。[17]「もの」「こと」の用法は、主体が現実をどのように捉えるかという態度と相関する。自然科学者のように、自然を「種」「細胞」「気温」「質量」などのいくつもの要素に分解し、状態を客観的に観察・記述したり、操作したりする態度において、自然は「もの」として捉えられている。反対に、「古池や蛙飛びこむ水の音」という句のように、対象を認知する主体の位置が不明確で、「古池」「蛙」「水の音」といった現象と渾然一体となっているとき、自然は「こと」として捉えられている。一言でいえば、主体が客体を認識するという主客二元論的な現実認識が行われるとき、現実は「もの」という客体として現れ、主体と客体が一体化し、行為を通して現実が直観されるとき、現実は「こと」という主客未分の事態として現れる。

以上を踏まえ、自然と人間の関係を一元論的に捉える自然観を「こと」的、二元論的に捉える自然観を「もの」的とよぶ。日本、中国、韓国の自然観は、「自ずから然り」や「気」といった思想に見られるように主客未分の傾向が強いので「こと的」であるといえる。逆に、アメリカは自然を「支配の対象」として捉えるという主客を分ける傾向が強いので、「もの的」であるといえる（表1）。

第三節　自然観の国際比較調査概要

二〇一四年三月七日から二六日にかけて、自然観に関するウェブ調査を行った。サンプル数は、日本三一四名、アメリカ三一五名、中国三一四名、韓国三一四名で、調査会社[18]に登録しているモニターのうち、今回の調査への協力を希望する者を対象者とした。自然観に関する質問では、「「自然」という言葉のイメージ」を聞いているが、表2のように、「こと」的、「もの」的という自然観の軸に加え、「生命維持活動」「鑑賞」という自然との関わり方の軸を用いて分類している。その他の自然観に関する質問としては、「環境評価手法に関する賛否」「自然災害への対処」「これまで飼ったことのある生き物のあり方」を設定した（表3）。「「自然」という言葉のイメージ」に関しては、「こと」的な選択肢として、「生業や生活を通して共生する相手」「ものごとが人間と関係なく自ずから変化すること」を、「もの」的な選択肢として、「天然資源」「景色」を設定した。[19]環境評価手法については、これは環境経済学における手法であり、市場で適切に評価されていない環境の価値を貨幣量で評価するために用いられる。環境評価手法の実施に肯定的である場合、自然を「財」として客体化する傾向があると見なせるため、「もの」的自然観が強いと判断する。自然災害は、自然をコントロールせずに災害対応していこうとするほど「こと」的とする。飼っていた生き物のあり方は、「家畜」とすれば「もの」的、「家族の一員」とすれば「こと」的と判断する。また、表4のように、自然との関わり方に関する質

表2　「自然」という言葉のイメージ分類

自然観	自然との関わり方	
	生命維持活動	鑑　　賞
「もの」的	「資源」としての自然	「美しい景色」としての自然
「こと」的	「共生の相手」としての自然	「自ずから変化」としての自然

表3　自然観に関する質問と選択肢

「自然」という言葉のイメージ
　1．天然資源　　2．生業や生活を通して共生する相手
　3．景色　　4．物事が人間と関係なく自ずから変化すること

環境評価に対する賛否
　1．環境評価を積極的に推進した方がよい
　2．環境評価はひとつの参考として行った方がよい
　3．環境評価はなるべく行わない方がよい
　4．環境評価は行うべきではない

自然災害に対してどのように対処すべきか
　1．科学技術をより進歩させて自然災害による物的被害を小さくする
　2．自然災害を予測して素早く避難することのできるシステムをつくる
　3．ある程度の被害は受け入れて昔ながらの自然災害とのつきあい方を学ぶ
　4．自然災害があまり発生しない土地で生活するようにする

これまで飼ったことのある生き物のあり方
　1．家畜　　2．家族の一員　　3．観賞用のペット
　4．その他　　5．生き物を飼ったことがない

表4　自然との関わり方に関する質問

子ども時代、家族に農業、漁業など自然と関わる仕事をしていた人はいたか
　1．家族でお互いに手伝いながらやっていた
　2．家族のうち、特定の人だけがやっていた
　3．よその農業、漁業などを手伝う人がいた
　4．いなかった

子ども時代、日常的な生活範囲（徒歩や自転車で移動できる範囲）に次のものはあったか（複数回答）
　1．山　　2．川　　3．森　　4．海　　5．池
　6．湖　　7．田畑　　8．この中にはない

問も行った。

第四節　自然観調査の結果分析

まず、表5にサンプルの基本属性を示す。今回、サンプル確保が困難だった韓国を除き、農林漁業従事者を多めとした。これは、自然に関わる仕事に従事することが、自然観の形成に影響すると想定したためである。こうしたサンプルの限定を入れたことで、基本属性に各国で偏りが見られる。こうしたサンプルの偏りを考慮して、偏りのある変数を主な制御変数として、国籍と自然観関連変数で偏相関係数を取ったのが表6である。偏相関係数とは二つの変数の間の相関関係を示す統計学的指標であり、正であれば正の相関が、負であれば負の相関があることを示す。たとえば、「日本」と「景観」の偏相関係数は〇・一四であるが、これは日本人ほど「自然」のイメージが「景観」である傾向があることを示す[20]。表から、まず日本とアメリカが比較的傾向が似ているのがわかる。いずれも、「自然」を「資源」ではなく「景観」と捉える傾向があり、環境評価には否定的、災害対応は自然を支配しないものを好み、飼っていた生き物のイメージは「家族」である傾向がある。自然イメージが「景観」であるという点を除いて、「こと」的な自然観に近いといえる。これと対照的に、中国は自然を「資源」としてみる傾向が比較的強い。そして、環境評価には肯定的、災害対応は自然を支配するもの、飼っていた生き物のイメージは「家畜」であり、比較的強固な「もの」的自然観を持っているといえる。ただし、「自然」を「自ずから変化するもの」と見なす傾向があるのも中国だけである。韓国

表5　各国サンプルの基本属性

国	性　別	平均年齢	主な職業
日　本	男：199 女：115	49.8	農林漁業：106　会社員：79
アメリカ	男：118 女：197	46.6	農林漁業：103　会社員：61
中　国	男：183 女：131	40.8	会社員：126　農林漁業：96
韓　国	男：156 女：158	45.0	会社員：117　主婦：57 （農林漁業：21）

＊平均年齢算出にあたり、80歳以上は80歳として計算した。

表6　国籍と自然観関連変数の偏相関係数

国	「自然」のイメージ				環境評価すべきでない	自然を支配しない災害対応	飼っていた生き物のイメージ		
	資源	景観	共生相手	おのずから			家畜	家族	ペット
日　本	－0.14	0.14			0.14	0.10	－0.25	0.11	－0.08
アメリカ	－0.13	0.14			0.26	0.23	0.08	0.14	0.15
中　国	0.34	－0.19	－0.19	0.06	－0.25	－0.24	0.08	－0.20	
韓　国	－0.07	－0.09	0.19		－0.15	－0.09	0.09	－0.05	

＊制御変数は、性別、年齢、職業（農家かどうか）、付近にある（あった）自然環境の該当数。
10％水準有意の数値のみ記載している。

は「自然」を「共生相手」と見なす点が特徴的であるが、環境評価や災害対応、飼っていた生き物のイメージは中国と類似しているため、やや「もの」的であるといえる。

まとめると、まず、アメリカと中国は文献にみられるのとは反対の自然観を持つ傾向にあることがわかる。アメリカは「もの」的な自然観を持つと考えられているが、実際には環境評価をすべきでないと考えたり、災害対応も自然を支配しないものを好んだりするなど、「こと」的自然観に近いといえる。逆に中国は「こと」的な自然観を持つと考えられているが、実際には比較的強い「もの」的自然観である。日本はアメリカに似ていて「こと」的寄りで、韓国は中国に似ていて「もの」的寄りである。

次に、データを国ごとに分けずに用い、「自然」イメージを目的変数として、重回帰

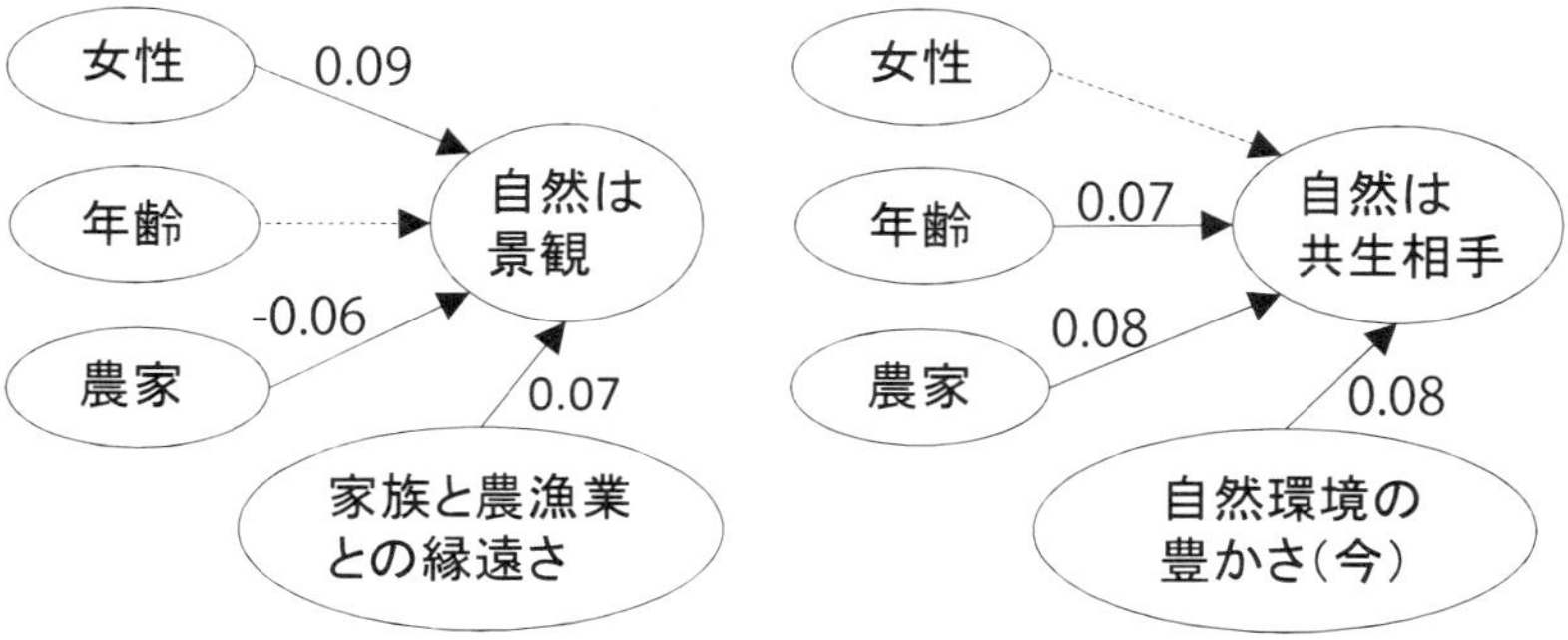

図１　「自然」イメージの規定要因

＊「家族の農業との縁遠さ」は、表４の「子ども時代、家族に農業、漁業など自然と関わる仕事をしていた人はいたか」という質問に対応する変数で、選択肢番号が大きいほど縁遠いと判断する。「自然環境の豊かさ（今）」は、現在、生活範囲にある自然（山、川など）の該当数である。係数は10％水準有意のもののみ掲載している。

分析を行った結果が図１である。重回帰分析とは、ある変数の大きさに他の変数がどの程度影響しているかを明らかにする分析手法であり、図の矢印に振っているのはその影響の度合いを示す「回帰係数」である。「自然は景観」に「女性」から伸びた矢印に〇・〇九と振ってあるのは、女性であるほど「自然は景観」というイメージを持つ傾向があることを示す。この図によると、農漁業と疎遠な人ほど自然を「景観」と見なす傾向があり、逆に農業と関わりがあるほど自然を「共生相手」と見なす傾向がある。また、生活範囲の自然環境が豊かである（山がある、森があるなど）ほど、自然を「共生相手」と見なす傾向がある。労働（農漁業）や生活を通した自然との関わりがあるほど自然を「共生相手」と見なし、そうでないほど「景観」と見なすと解釈できる。これは、リッターが、近代化とともに自然を美的に見る態度が生まれたと述べていることに対応していると考えられる。自然と親密に関わりながら生きる非都市的な生活様式を持つ人にとって、自然は人と切り離されていない「共生の相手」であり、逆に自然と疎遠な都市的生活様式を持つ人にとって、自然は人と切り離され、美的な態度で自由に眺められる「景観」として捉えられるのである。

おわりに

本稿では、グローバリズムのもとで自然観の多様性が損なわれることで、少数派の自然観を共有する人びとにとっての自然のあり方が配慮されなくなる事態が起こりうるという問題意識から、日本・アメリカ・中国・韓国を対象に自然観の調査を行い、自然観の多様性がどの程度保たれているか、また、どのような要因がこうした多様性維持に寄与しているかを示した。まず、自然観の多様性がどの程度保たれているかを評価する基準点を定めるため、各国の自然観に関する文献を整理し、日本・中国・韓国のように、人と自然を切り分けることなく主客一元論的に自然をとらえる自然観を「こと」的自然観として分類し、アメリカのように主客二元論的に自然を捉える自然観を「もの」的自然観として分類した。ところが、各国を対象として質問紙調査を行ったところ、中国は「もの」的自然観の傾向があり、アメリカは「こと」的自然観の傾向があるという、文献に見られる自然観とは異なる結果となった。また、韓国も中国と同様に「もの」的自然観に該当する回答が多く見られ、日本はアメリカと回答傾向の近い「こと」的自然観寄りの結果であった。

こうした結果は何を示唆しているのか。まず、日本とアメリカ、中国と韓国のそれぞれのペアで自然観が似ているという結果については、後者は前者に比べ、近代化の時期が最近であることが指摘できる。近代化を積極的に進めている国の人びとにとって、自然が発展のために利用される「もの」と見なされることはありう

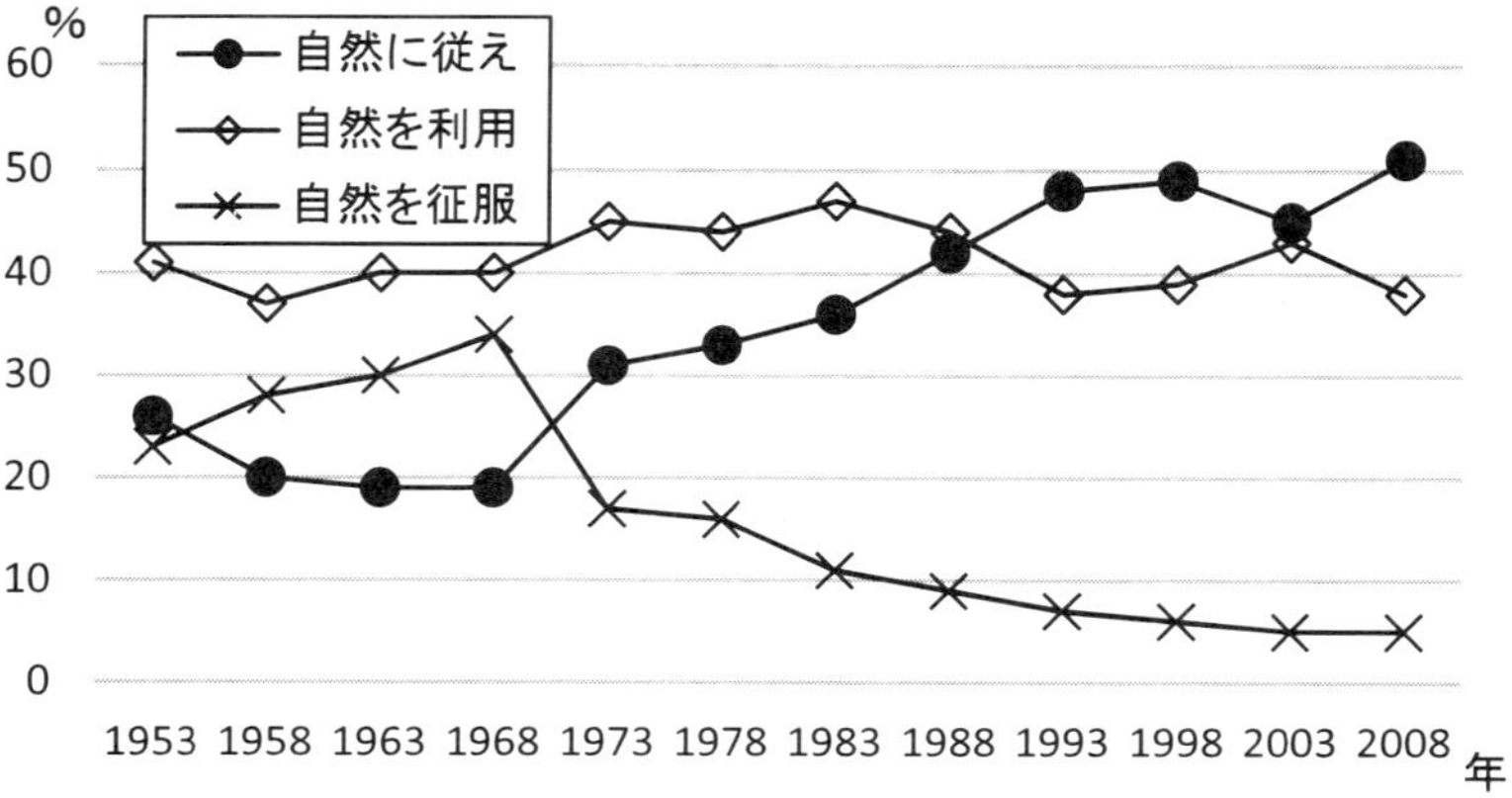

図２　日本人の自然観の推移

出所：統計数理研究所

る。日本でも、高度経済成長と自然破壊は表裏一体の現象だった。だとすれば、中国、韓国の近代化が完了したとき、いずれの国も「もの」的自然観を脱していく可能性が高い。実際、図２のように、統計数理研究所が一九五三年から五カ年ごとに日本人を対象に実施している調査によると、一九七三年以降、幸福のために自然を征服しようという意識の回答者割合は減少し続けている。[21][22]

しかし、「もの」的自然観を脱したからといって、必ずしも各国の自然観が均質になるわけではない。たとえば「自然」イメージは、中国は「おのずから変化」、韓国は「共生相手」とするという特徴がある。この特徴は、中国の場合は老荘思想の伝統に、韓国の場合は身近に山の多い風土に求めることもできるのではないか。また、労働や生活を通して自然と関わるほど「自然」イメージが「共生相手」となり、逆に労働や生活を通した自然との関わりが希薄であるほど「景観」となる傾向があったが、これは、各人の経験が異なることで、各国内での自然観の多様性が維持されうることを示唆している。とはいえ、世界的に農漁業従事者が減少し、都市生活者が増加する中で、こうした労働や生活を通した自然との関わりが希薄になっていくことも考えられる。その場合、アメリカや日本に見られるように、「景観」としての「自然」イメージが一般的になる可能性がある。

安彦がいうように、景観の良し悪しの問題は、突き詰めれば各人の趣味や好みの問題である[23]。民主主義社会において、どのような好みも平等に扱われるべきであり、どのような景観を残すべきか、という問題は、そうした景観への好み（経済学でいう「選好」）をCVM(Contingent Valuation Method)等の環境評価手法により集計し、仮想市場における景観の貨幣価値を求めることで解決されるべきだということになる。しかしその一方で、今回の調査では、アメリカも日本も環境評価の実施に否定的な傾向がある。つまり、自然を「景観」という、各人の好みでしか良し悪しを評価できないものとして捉えているにもかかわらず、そうした各人の好みを集計した環境評価の結果に基づいて自然保護を行うのには否定的である、ということである。この結果の一つの解釈として、各人が景観に対する自分の好みを他人の好みと平等に評価されたくないと考えている、というものが考えられる。仮にこの解釈が正しければ、自然保護の方向性に関して人びとの対立は避けられないだろう。なぜなら「好み」は個人により千差万別であり、環境評価により貨幣量に還元しない限り調停不可能だからである。

しかし、本来的にいえば、自然に対する態度は個人の「好み」に還元しきれるものではないのではないか。ベルクの風土の定義を再掲すれば、風土とは「ある社会の、空間と自然に対する関係」であり、自然と関係を結ぶのは互いに切り離された個人ではなく、「社会」である。自然のあり方を個人の「好み」の総計に委ねるということは、風土に身を置かない個人に自然のあり方を委ねるということである。しかしベルクのいうように、自然の倫理は風土の次元に固有のものであり、風土を離れればそこに倫理は存在しない。自然がどうあるべき「べき」かを問題にするのであれば、自然のあり方を個人の好みに委ねるのではなく、その風土における文化や歴史、そこで日常を送る人びとの慣習や生活実感等を議論の起点とするべきだろう。本稿のように、まず自然観の多様性を実証的に明らかにすることで自然の倫理の多様性とその背景や要因を明らかにし、人びとの対立やすれ違いの構図を明らかにすることが、自然のあり方をめぐる人びとのコミュニケーションを始めるための第一歩である。

【註】

（1）木村敏『自分ということ』ちくま学芸文庫、二〇〇八年。
（2）Lao Tzu, The Way and Its Power, translated and edited by Waley, A.,New York: Grove Press, 1958
（3）鬼頭秀一『自然保護を問いなおす―環境倫理とネットワーク―』ちくま新書、一九九六年。
（4）和辻哲郎『風土』、岩波書店、一九七九年。
（5）オギュスタン・ベルク『風土の日本』篠田勝英訳、ちくま文庫、一九九二年、一五一頁。
（6）オギュスタン・ベルク『地球と存在の哲学』篠田勝英訳、ちくま新書、一九九六年、八六頁。
（7）ベルクの著書の日本語訳で、「風土」は「エクメーネ」とも「ミリュー」とも訳される。ベルクは「(地球の範囲では)「エクメーネは人類の大地に対する関係である」。そして（より限られた範囲では）「風土《ミリュー》は社会の大地に対する関係である」」（オギュスタン・ベルク、前掲書、八五頁）と述べており、地球規模で人類と自然の関係を示すときは「エクメーネ」を、具体的な個々の社会レベルで社会と自然の関係を示すときは「ミリュー」を用いているといえる。
（8）中西進『万葉集　全訳注原文付（三）』講談社文庫、一九八一年。
（9）森三樹三郎『無為自然の思想』人文書院、一九九二年。

(10) 山口一郎『文化を生きる身体』知泉書館、二〇〇四年。
(11) 渋谷鎮明「韓国における風水思想と「脈」の自然観」神谷浩夫・轟博志編『現代韓国の地理学』古今書院、二〇一〇年、九七－一一六頁。
(12) 森によれば、中国において老荘思想は主にエリート層に受容された一種の「哲学」であるのに対し、道教は現世利益的性格の強い民間信仰であり、主に非エリート層で受け入れられたという（森、前掲書）。
(13) ジョン・パスモア『自然に対する人間の関係』間瀬啓允訳、岩波書店、一九九八年。
(14)『旧約聖書　創世記』関根正雄訳、岩波文庫、一九六七年。
(15) ヨアヒム・リッター「風景」安彦一恵・佐藤康邦編『風景の哲学』ナカニシヤ出版、二〇〇二年、一八九－二一八頁。
(16) 鬼頭、前掲書。
(17) 廣松による、現代日本語における「もの」「こと」の用法分析では、「もの」は「犬というもの」という表現における「犬」のように、名詞類で表される与件であり、「こと」は「犬であること」という表現における「犬である」のように、文章で表される事態である（廣松渉『もの・こと・ことば』勁草書房、一九七九年）。「もの」に対して「こと」の方が第一次的であり、「こと」として言い表される事態から反省的に措定されるのが「もの」である。
(18) ウェブ調査を担当したのは株式会社マクロミルである。
(19)「共生相手」としての自然は、たとえば日本の里山にみられるように、人と自然が切り離されることなく、生業・生活を通して日常的に関わるような自然のあり方である。「資源」としての自然は、エネルギー問題で語られるような自然のあり方のことで、人間による一方的な利用関係にある。「自ずから変化」としての自然は、自然法爾や老荘に見られる自然であり、気の思想も人為でなく気の流れを重視するという点で、この分類に含めうる。「景色」としての自然は、自然公園にみられるようなレクリエーションの対象としての自然である。
(20) 相関係数は、たとえばAとBという二つの変数の間の関係を示す指標であるが、AとBだけみてその間に正の相関や負の相関がみられたとしても、実際にはAとBの間には相関がなく、AとC、CとBの間に相関があるために、見かけ上相関があるようにみえることがある。そうした、他の変数の影響を排除した相関係数が偏相関係数であり、性別、年齢、職業を制御変数にするとは、これら三変数の影響を排除して相関係数を求めているということである。
(21) この回答傾向の変化の背景について、西脇は、高度経済成長期の重化学工業化に伴う公害や、世界規模の地球温暖化などに対する環境意識、そして日本人の基底に流れてきた宗教的自然観がふたたび意識されはじめたことを指摘している（西脇良『日本人の宗教的自然観』ミネルヴァ書房、二〇〇四年、一〇三－一〇四頁）。

(22) 実際に行われた質問は「自然と人間との関係について、つぎのような意見があります。あなたがこのうち真実に近い（ほんとうのことに近い）と思うものを、ひとつだけえらんで下さい」というもので、選択肢は「人間が幸福になるためには、自然に従わなければならない」「人間が幸福になるためには、自然を利用しなければならない」「人間が幸福になるためには、自然を征服してゆかなければならない」となっている。元データは同研究所のホームページに記載されている。(http://www.ism.ac.jp/kokuminsei/table/data/html/ss2/2_5/2_5_all.htm：二〇一五年二月一七日閲覧)

(23) 安彦一恵「ランドスケープの倫理学」滋賀大学教育学部『人文科学・社会科学・教育科学』、一九九五年、五九－九一頁。

小山田　晋（おやまだ　しん）
山形大学COC推進室講師
一九八二年北海道出身
東北大学大学院農学研究科博士課程単位取得退学
博士（農学）
専門：環境経済学
主な著作：〈共著〉「東日本大震災被災地復興に対するよそ者のかかわり方に関する倫理学的研究」（二〇一二年、『農業経済研究報告』、43）

長谷部　正（はせべ　ただし）
東京農業大学総合研究所客員教授
一九四九年山形県出身
北海道大学大学院農学研究科博士課程単位取得中退
農学博士
専門：環境経済学
主な著作：〈共編〉『農業共済の経済分析』（二〇〇一年、農林統計協会）、〈共著〉『感性のフィールド』（二〇一二年、東信堂）

木谷　忍（きたに　しのぶ）
東北大学大学院農学研究科教授
一九五五年山口県出身
東京工業大学大学院総合理工学研究科博士課程修了
工学博士
専門：環境経済学
主な著作：〈共著〉「The Influence of Formal Mindsets on Decision Maker Attitudes When Confronted with Difficult Problems : A view of Gaming Simulation “Lost in Space” Using Inner Measurement」（二〇一四年、『The Shift from Teaching to Learning : Individual, Collective and Organizational Learning through Gaming Simulation』）

Richard H. Moore（リチャード・H・ムーア）
Ohio State University Ohio Agricultural Research and Development Center 教授
一九四九年アメリカオハイオ州出身
テキサス大学大学院博士課程修了
文化人類博士（Ph.D. in Anthropology）
専門：人類学
主な著作：〈単著〉『Japanese Agriculture: Patterns of Rural Development』（一九九〇年、Westview Press）、〈共著〉「Agricultural Sustainability, Water Pollution, and Governmental Regulations: Lessons from the Sugar Creek Farmers in Ohio」（二〇〇八年、『Culture & Agriculture』, 30(1-2)）

范　為仁（ふぁん　うぇいれん）
東京農業大学生物産業学部准教授
一九六五年中国遼寧省出身
東北大学大学院農学研究科博士課程満期退学
博士（農学）
専門：農業経済学
主な著作：〈論文〉「現代中国における農業構造改革の変動と農地制度改革」（二〇一〇年、『オホーツク産業経営論集』、18（1・2））

朴　壽永（ぱく　すうよん）
東京農業大学総合研究所博士研究員
一九六四年韓国大邱市出身
東京農業大学大学院農学研究科博士課程修了
博士（農学）
専門：農業経営情報学
主な著作：〈共著〉『温帯林の植生域におけるメタン発生量の推定――ドイツのNeuglobsowを対象にして――』（二〇一三年、『システム農学』、29（3））

10　東北地方のイメージの変化

——中学社会科教科書を資料にして——

日野正輝

はじめに

東日本大震災後、日本の自動車メーカーの国内外の生産工場が生産を停止するに至ったことが世界の経済ニュースとして大きく報じられた。[1] その理由として、東北地方の自動車関連工場が被災して、部品供給ができなくなったことが紹介された。このことが、日本の主力産業である自動車生産に果たしている東北地方の重要性を教えるところとなった。マスコミの一部に、そのことに注目して東北地方を「ものづくりセンター」あるいは「製造業王国」として位置づけて、東北の製造業の現場をレポートする特別番組を組むところもあった。[2] この東北地方の位置づけの適否は別にして、[3] 何の注釈もなく東北地方を「製造業王国」と位置づけたこと自体に、東北地方に対するイメージが大きく変化していることを実感させるものがあった。東北地方は長く工業化の遅れた地域と目され、東北地方の工業集積が高まった一九八〇年代以降においても工業化の質の側面が問題にされ、依然として後進性が指摘されていたからである。[4]

東北地方の地域的特質に関する言説を東北論と一括すると、東北論の多くは、日本の近代化の中での周辺の後進地域としての東北地方の形成と、後進地域からの脱却に向けた開発の方策に関する言説であった。(5) しかし、近年、東北地方を経済的後進地域と認識する地域観は薄れている。上記の「製造業王国」の捉え方はその代表例の一つといえるが、後述することであるが、筆者が東北大学で担当した授業の受講生を対象に実施した東北地方のイメージ調査でも、後進性を東北地方の主な地域的特徴として挙げた学生はほとんど見当たらなかった。東北地方に対して田舎のイメージを有する回答者が多かったが、そこに経済的後進性の要素が含まれていなかった。

この小論は、東北地方のイメージが大きく変化しているとの認識に立ち、イメージの変化はいつごろ起こったか、またその要因と考えられる事象は何であったかを検証するために、中学社会科地理的分野の教科書における東北地方の記述の変遷を辿ったものである。教科書における地域の記述が国民の地域認識にどれだけ貢献しているかは分からないが、教科書の記述はそれぞれの時期の地域の実態と認識を反映したものであると言える。したがって、教科書における地方の記述内容およびその変化は、それぞれの時代に受容された一般的地域観および地域観の変化に対応したものであるとみてよい。

ここで取り上げた教科書は、東京書籍（株）と大阪書籍（株）の中学社会科・地理的分野の教科書である。戦後の教科書の検定制度の下では、学習指導要領によって教科書作成の指針が示される。教科書会社がそれに基づいて独自の創意工夫を凝らして教科書を作成する。そのため、教科書の構成や記述は教科書会社によって異なっている。そのため、教科書の記述の一般的変化を確認するためには、複数の教科書を検討する必要があると言える。二社の教科書を検討対象にしたのはそのためである。

次いで、東京書籍の教科書を選択した理由は、当該教科書が地理的分野の教科書の頒布数において最も大きなシェアを占めていたことによる。大阪書籍の教科書を選択した理由は、執筆者の多くは西日本在住の研究者からなり、そのことが東北地方の記述に何らかの影響を及ぼす可能性があると考え、東京書籍の教科書と対照するには適当であると判断されたからである。

第一節　分析方法

教科書会社は三年から四年ごとに教科書の改訂を行っている。しかし、教科書作成の指針となる学習指導要領は一九五八年以降ほぼ一〇年ごとに改訂されている。学習指導要領が改訂されると、教科書は大幅に改訂される。一方、その中間的な改訂は小幅なものに留まる。したがって、教科書の記述の変遷を辿るにあたって、学習指導要領の改訂に対応して、ほぼ一〇年間隔で教科書を選び、それらを比較検討することにした。

東京書籍の教科書で検討対象とした教科書の発行年次は、一九五一年、一九六一年、一九七一年、一九八一年、一九九三年、二〇〇二年である。大阪書籍の教科書の場合は、一九五五年、一九六二年、一九七三年、一九八一年、一九九三年、二〇〇二年である[6]。なお、学習指導要領の作成と改訂年次は、一九五一年、一九五五年、一九五八年、一九六九年、一九七七年、一九八九年、一九九八年、二〇〇八年であった。

上記した教科書に、二〇〇〇年代のものが欠けている。これは一九九八年の学習指導要領の改訂により、中学の教科書において日本の地方ごとの学習がなくなったためである。二〇〇〇年代は、地方ごとの地域性を学習する代わりに、いくつかの県を選択して、生徒が自ら選択した県の地域性を調査・比較しながら学習する主体的な取り組みが求められた。その結果、従来の地方単位の地誌の説明がみられなくなった。しかし、二〇〇八年に学習指導要領が改訂され、再び地方単位の地誌が復活した。ただし、各地方を共通した項目に沿って学習するスタイルではなく、地方を特徴づける項目に着目し、その点に重点を置きながら地域の特性を理解する「動態的地誌」の記述に変わっている。(7)

教科書における東北地方の記述を取り上げて、その内容の変化を捉える方法として、次の三点に注目して時系列比較することにした。（1）東北地方の全体的特徴を記述した部分。当該部分は東北地方のイメージをよく示す部分であり、地域観の変化の把握に適している。しかし、その部分が年次によって見られなかったり、表現が簡素化されたりしている。（2）章節項目の構成。ここから各時期の教科書が、何に注目していたかが読み取れる。（3）東北地方の記述のなかで言及された地理的事象。章節項目の構成においても、何が重視されているいかを理解できるが、地理的事象の記載頻度とその変化を見ることによって、さらにどのような地理的事象がクローズアップされ、逆にどのような事象が取り上げられなくなったかをとらえることができる。

第二節　東北地方の全体的特徴の記載

一九五〇年代の記述

東京書籍（一九五一）の作成の基準となった一九五一年学習指導要領において、地理的内容の学習は中学第一学年の「われわれの生活圏」を主題とした第二単元に位置づけられ、そのねらいを「わが国土の生活が、その自然とどのように結びついて営まれているかを学習しようとするものである」と説明している。[8] このように第一学年の社会科の学習の目標を生活圏の理解に置かれていたためか、東京書籍（一九五一）では全国をまず工業地帯と農村地帯に二大区分し、東北地方は農村地帯に分類され、北海道とともに冷涼な東北日本の農村地域として説明されている。東北地方の説明の冒頭で、全体的特徴を次のように紹介している。

東北地方は、関東地方と北海道の間にあって、長く南北方向にのび、海岸線は単調である。この地方はとなりの2地方にくらべて産業の発展の程度が低く、寂しい静かな農村地帯が多い。しかし、この地方も日本の発展に大きな役割を果たしている。米はたくさんとれ、中央の工業地帯へ送られて、工業や商業に従事する多くの人々の食料となっている。また、この地方から毎年送りだされる多数の人口は、各地の工業地帯に労働力を供給している。

（東京書籍（一九五一）、一四五頁）

一方、大阪書籍（一九五五）では、東京書籍（一九五一）と違って、全国を九州から北海道までの七区分に従って順に説明するスタイルをとっている。[9]そこでの東北地方の全体的概観は次のようなものであった。

東北地方は、昔は「みちのく」と呼ばれていた。「みちのく」とは、道の奥ということで、日本の北のはての遠い国をさしていた。中央の文化地帯から遠く離れたこの地方は、気候も寒く、文化や産業も発達がおくれたのはやむをえなかった。……広く開発が進んだのは江戸時代以降のことである。そのため、今でも東北地方は、面積が広いわりに人口が少なく、さびしい農村がつづいている。

（大阪書籍（一九五四）、六四－六五頁）

東京書籍（一九五一）と大阪書籍（一九五四）では、表現は異なるものの、東北地方を産業の発展が遅れた農村地帯として説明している。さらに、東京書籍（一九五一）の場合には、東北地方を全国のなかに位置づけて、食糧および労働力の供給地としている。こうした東北地方の理解は一九五〇年代の社会通念でもあったと考えられる。時代は少し下るが、一九六三年発行の地理の参考図書『少年少女地理　日本の国土6　東北地方』[10]に、そのことを裏付ける記述がみられる。

東北といえば、多くの人々は「みちのくの国」「冷害の東北」「後進国東北」というようなことばをおもいだされるでしょう。

（尾留川正平、一九六三年、一頁）

この記述から、当時の人々の間に後進地域としての東北が共通認識としてあったことが理解できる。したがって、その認識は教科書を通しても再生産されていたと言える。

一九六〇年代の記述

一九五〇年代の教科書にあった東北地方を後進地域と印象づける説明は、一九六〇年代にはいっても変わることがなかった。東京書籍（一九六一）の記述を紹介すると、次の通りである。

東北地方は、その位置が、中央からはなれているうえに、冷涼な気候にわざわいされて、開発がおくれた。……いまでは日本の主要な米産地となっているが、稲作は冷害の心配もある。山地や雪にさまたげられて、交通はじゅうぶんに発達せず、近代工業もかなりおくれている。この地方は、食料、原料の供給地として重要な地位をしめており、今後の開発による発展が期待されている。

（東京書籍（一九六一）、一二四頁）

大阪書籍（一九六二）の場合も同様であった。

東北地方は、本州最北部にあり、むかしは「みちのく」（道の奥）とよばれていた。……明治以後、鉄道が開通し、新しい産業もおこっている。しかし、ほかの地方にくらべ、人口密度は低く、……近代工業がおこって、しだいに人口もふえはじめている。しかしその工業化は他の地方にくらべてまだおくれている。

（大阪書籍（一九六二）、一一三頁）

一九七〇年代の記述

一九七〇年代になると、東北地方の開発の進展および工業開発についての言及が見られるようになる。[11]しかし、経済後進地域の性格を払しょくしつつあること認めつつも、それはいまだに今後に期待されるものとした表現に留まっている。この点を東京書籍（一九七一）および大阪書籍（一九七三）の東北地方の概要紹介から確認すると、次の通りである。

東北地方（奥羽地方）は、本州の北東部をしめ、かつては、資源の開発や工業の発達がおくれ、食料、工業原料、労働力の供給地としての性格が強かった。しかし、近年は、工場の進出もさかんになりつつある。

（東京書籍（一九七一）、一三三頁）

東北地方は、本州の北のはしにあり、気候は冷涼で、開発がおくれ、古くは「みちのく」（道の奥）とよばれた。……　しかし、第2次世界大戦後、農業技術の進歩によって凶作がさけられるようになり、酪農やくだものの栽培もさかんになって、農業は大きく発展した。また、電源開発がすすみ、近代工業もおこっている。

（大阪書籍（一九七三）、一三七－一三八頁）

一九八〇年代、九〇年代の記述

一九八〇年代になると、東京書籍（一九八〇）では、地域開発を特筆している。しかも、開発の内容が従来の資源開発から東北新幹線や東北自動車道路の建設に移っていることを指摘している。また、同教科書では、一九七〇年代まで経済的後進性を印象づけていた食料、労働力の供給地としての東北の位置づけは見られなくなった。

東北地方は、本州の東北部に位置し、南は関東地方にせっしている。……第二次世界大戦後、北上川流域の総合開発、八郎潟の干拓、只見川の電源開発など、大規模な開発事業が行われてきた。現在でも、新幹線、東北縦貫自動車道などの建設を軸に、地域開発が進められている。

（東京書籍（一九八〇）、二六〇頁）

一方、大阪書籍（一九八一）では、東北地方の特徴として出稼ぎに注目し、他地方にくらべて依然として後進性を背負った地域をイメージさせる内容になっていた。

東北地方は本州の北東部に位置しています。……今では、日本の穀倉地帯といわれるほど米作はさかんで、工業もおこってきました。それでも、ほかの地方とくらべると人口密度は低く、そのうえ、全国でもっとも出かせぎに行く人の多い地方です。したがって、人々が出かせぎに行かなくても生活が成りたつような、この地方の特色を生かした産業の発展をはかることが、重要な課題になっています。

取り上げている。

一九九〇年代においても、大阪書籍の教科書（一九九三）では、依然として出稼ぎを東北地方の特徴として

（大阪書籍（一九八一年）、二五一頁）

自然とたたかいながら、米作や果樹栽培をさかんにしてきた東北地方では、伝統工業も知られています。しかし、京浜へ出かせぎに出るひとも多くいます。これらの特色を理解するとともに、交通を整理し、工業を発展させようと努めていることについても考えてみましょう。

（大阪書籍（一九九三）、二三九頁）

しかし、東北地方の出稼ぎ者は一九九〇年代には大幅に減少し、すでに社会的問題として取り上げられることはほとんどなくなっていた。(12) そのため、大阪書籍の教科書では、依然として出稼ぎの現象を東北の特徴にしていたと言えるが、同時に出稼ぎの人数は減少し、地域的には主に北東北に限られる点も紹介していた。

東北書籍（一九九三）では、東北地方の説明は北海道とともに「日本の北東部」として説明され、地域の全体的概観も下記の通り「日本の北東部」についてなされていた。そこには大阪書籍の地域概観にように後進性を連想させる記述はすでになかった。

日本の北東部は、本州の北に位置して南北にのびる東北地方と、日本最北の北海道地方からなる。冬

の気候は寒冷で厳しいが、稲作をはじめ、果物の栽培や畑作、酪農がさかんである。近年、空港や鉄道、道路による高速交通網の整備や、地域開発が進んでいる。

（東京書籍（一九九三）、二三二頁）

二〇一〇年代の記述

先述した通り、二〇〇〇年代の教科書には日本の諸地方の説明はない。したがって、一九九〇年代に続く東北地方の記述は二〇一〇年代の教科書からである。ただし、先述したとおり二〇〇八年の学習指導要領では、地方の網羅的な説明ではなく、地域を特徴づける項目に着目した「動態的地誌」の記述となっている。そのため、東京書籍（二〇一二）では、東北地方について「伝統的な生活や文化を守り育てる人々のくらし」に重点をおいて説明している。また、当該教科書には、東北地方全体の概要紹介は見当たらない。一方、大阪書籍を継承した日本文教出版の教科書（二〇一二）では、「文化をテーマに」を中心にして東北を、下記のように紹介している。

東北地方は、豊かな自然を背景に農業が発達し、日本の食糧生産を支えています。また、東北地方は、祭りや年中行事、神社や寺院などの文化財や歴史的遺産などの多彩な文化を数多く伝えており、多くの観光客が全国からおとずれます。東北地方は、二〇一一年に発生した東日本大震災と原子力発電所の事故できわめておおきな被害をうけました。

（日本文教出版（二〇一二）、一九六頁）

上の紹介文には、東北地方の後進性の要因として考えられてきた自然環境もむしろ「豊かな自然」として捉えられ、また、東北地方の伝統行事や歴史的遺産は全国から集客するだけの価値をもった観光資源として紹介され、それらはもはや後進性をイメージさせるものではなくなっている。

第三節　東北地方の章節項目構成

次に、東京書籍および大阪書籍の分析対象年次の教科書の章節項目構成から、東北地方の取り上げ方の変化を検討する（表1、表2）。まず、東京書籍（一九五一）についてみると、東北地方は「日本の農村地帯」のなかで北海道とともに冷涼な東北日本として取り上げられている。東北地方の記述には、項目は立てられていないが、記述は自然、農林業、鉱産資源、近代工業、漁業の順に進められている。大阪書籍（一九五四）では、自然の説明に先立って、東北の歴史的背景を説明する項目「みちのくの国」が設けられている。当時、東北地方の紹介に際して、「みちのく」の説明から始めることが多かったと推察される。

続く、東京書籍（一九六一）では、一九五五年学習指導要領によって地域性の理解に重点を置くことが求められたこともあってか、記載量は一九五一年の教科書からすると頁数で二倍以上となり、東北地方の説明は一章七節から構成されている。ただし、記述は地誌の標準的な事項配列に従って展開されていて、一九五〇年代の教科書と大きく異なるところがない。大阪書籍（一九六二）では、歴史的背景の説明は簡略になっているが、記載量は大幅に増加している。そのなかで、「交通と都市」の節を新たに設けている。

表 1　東京書籍（株）教科書の章節項目構成

1951 年教科書
単元II　わが国土はわれわれにどんな生活の舞台をあたえているか
第 4 章　日本の農村地帯
1　冷涼な東北日本（136-149 頁）
　　新開地北海道
　　東北地方

1961 年教科書
I　日本の自然と生活
第 8 章　ひらけていく東北地方（123-133 頁）
　東北地方の土地と人
　米と冷害（農地改革と東北の農業）
　冷涼性のくだもの
　山地の草原を利用した牧畜
　木材・木炭の産地
　めぐまれた鉱産資源
　三陸海岸の漁場
　新興の近代工業と今後の発展
　（挿入記事：八郎潟の干拓）

1971 年教科書
第 8 章　東北地方（133-145 頁）
　自然の特色
1　開発をまつ東北地方
　　あゆみ
　　米作の発展
　　八郎潟の干拓
　　くだものと野菜
　　山地の利用
　　三陸海岸の水産業
　　鉱産資源と電力
　　近代工業の発展
2　日本の中の東北地方
　　東北地方の開発
　　首都圏との結びつき

1980 年教科書
第 2 編　日本とその諸地域
第 8 章　東北地方（259-269 頁）
　東北のあらまし
　　本州の東北部
　　東北地方の自然
　　食料の生産が多い東北
　　開発の余地の大きい東北
　　首都圏に近い東北南部

1　仙台市とその都市圏
　　東北地方の中枢都市
　　人口増加と都市計画
　　仙台とその周辺
2　東北地方の米作農業
　　日本の穀倉
　　米作の発展と問題
3　津軽平野のりんご栽培
　　日本一のりんご産地
　　（挿入記事：出かせぎの村）

1992年教科書
第2編　日本とその諸地域
第5章　日本の北東部
1　自然と暮らし
　1　日本の北東部を大きくながめて
　2　厳しい気候と豊かな自然
2　東北地方（236-243頁）
　1　おいしい米づくり（日本の穀倉、米づくりの努力、国際問題化する米）
　2　多彩な果物づくり（りんごとさくらんぼ、りんごの品種改良）
　3　仙台とその都市圏（東北地方の中枢都市、仙台都市圏）
　4　伝統工業と新しい工業(多彩な伝統工業、新しい工業の進出）

2012年教科書
第2編　日本のさまざまな地域
第3章　日本の諸地域
6節　東北地方——伝統的な生活や文化を守り育てる人々のくらし——
　　(210-219頁）
1　東北地方の生活の舞台
　　三つの山地がつくる地形
　　東と西で異なる気候
2　東北地方の人々の営み
　　都市に集中する人口
　　各地で行われるさまざまな産業
3　伝統的な生活や文化を守る
　　伝統的な生活と文化
　　城下町・角館、気候に応じた食文化
4　伝統産業と新しい産業
　　東北地方の伝統産業
　　世界に広がる南部鉄器

資料：各年次の東京書籍・教科書（中学社会科地理的分野）

表２　大阪書籍（株）教科書の章節項目構成

1954 年教科書
第一部　日本の自然と生活
II　日本の諸地域
7　東北地方（64-69 頁）
　　みちのくの国
　　南北に長い地形
　　冷涼な気候と米作
　　馬とりんご
　　将来性のある鉱工業と漁業

1962 年教科書
第 2 章　日本の諸地域
第 7 節　東北地方（113-124 頁）
1　自然のすがた
　　三つの産地
　　変化のある気候
2　農業と漁業
　　東奥羽の農業
　　東奥羽の牧畜
　　三陸海岸の漁業
　　山地の林業
　　西奥羽の米
　　りんごとさくらんぼ
3　鉱工業
　　めぐまれた地下資源
　　古い工業と新しい工業
4　交通と都市
　　すすみゆく交通
　　東北地方の都市

1973 年教科書
第 2 章　日本の諸地域
IV　東京を中心とする東日本
2　東北地方（137-149 頁）
　1　開発のあゆみ
　　　位置と歴史的背景
　2　自然のすがた
　　　南北につらなる山地
　　　東西でちがう気候
　3　資源と産業
　（1）すすんできた農業
　　　　冷害にうちかった農業
　　　　日本の米どころ
　　　　さかんなくだものの栽培

　　（2）山と海の産業
　　　　牧畜と林業
　　　　三陸海岸の漁業
　　（3）開発のすすむ鉱・工業
　　　　地下資源と電源開発
　　　　近代工業の発展
　4　人口と交通
　　　人口の動き
　　　中心地と交通
　これからの東北地方

1981年教科書
第2編　日本とその諸地域
第8章　東北地方（251-262頁）
日本の米どころ
1　自然のようす
　　東西に分かれる地形
　　二つの気候区
　　〈冷害とたたかう農業〉
2　農業と林業
　　米づくりの生活
　　〈八郎潟の干拓地〉
　　くだもの栽培
　　さかんな林業
　　〈山地の生活〉
　　〈東北地方の出かせぎ〉
3　漁業と工業
　　さかんな漁業
　　工業と開発
　　〈ほたて貝の養殖〉
4　地域のつながり
　　他地域とのつながり
　　中心都市
　　東北地方の中心都市、仙台

1993年教科書
第2編　日本とその諸地域
第6章　北日本のようす
北日本の自然
第1節　東北地方（239-250頁）
1　京浜と結びつく東北
　　首都圏とのつながり
　　出かせぎ
　　〈東北地方の中心、仙台の発展〉
2　穀倉地帯、東北
　　冷害と米作り

10　東北地方のイメージの変化

　　請負耕作の発展
　　〈ゆれる八郎潟干拓地〉
　　〈米中心の日本の農業について考えてみよう〉
　　米作中心の農業
　　米作り農家のなやみと課題
3　東北地方のくだもの栽培
　　さかんなりんご栽培
　　多種類のくだもの栽培
4　東北地方の工業と開発
　　鉱産資源と工業
　　新しい動き
　　原子力発電所

2012年教科書
第2編　日本地理を学ぼう
第3章　日本の地方のようす
2　東北地方のようす――文化をテーマに――（196-207頁）
①　東北地方の姿
②　伝統的な文化とその変化
　　地域によって異なる文化
　　東北地方の祭りや年中行事
　　伝統文化の変化と伝統文化を守る運動
③　人口減少と地域の活性化
　　東北地方の人口減少
　　文化や歴史を生かした観光
④　東北地方の自然環境・農業と文化
　　東北地方の自然環境
　　文化や自然環境と農業との関係
⑤　東北地方の工業・結びつきと文化
　　特色ある伝統工業
　　交通網の整備と工業の発展
　　関東地方との結びつき

資料：各年次の大阪書籍・教科書および2012年日本文教出版・教科書（中学社会科地理的分野）

次に、東京書籍（一九七一）をみると、従来の記載内容に加えて、一九六九年学習指導要領によって「日本の諸地域の特色や地域相互の関連ならびに各地域が日本全体において果たしている役割を理解させる」ことが求められたため、地域間の関連を説明した「日本の中の東北地方」の節が新たに加わった。大阪書籍の場合も、「人口と交通」の節を設けて、一九六二年の「交通と都市」に比べると地域間の関係についての説明を増やしている。

東京書籍（一九八〇）になると、記載の項目およびその配列に大きな変化が現れた。最初に「東北のあらまし」として、位置、自然、産業、開発、地域関係を概略紹介した後、仙台市を大きくクローズアップし、その発展ぶりと都市機能の特徴を説明している。そして、農業生産の説明は仙台の紹介の後に回されていた。その理由は、一九七七年学習指導要領の改訂にあったと言える。同改訂では、地域の特色の説明に加えて、地域の変化の動向を理解させること、ならびに取り上げる事項に従来の項目に加えて「人口と居住」の項目を加え、そこで都市の発達と機能および都市化について説明することを求めていた(13)。

東北地方のイメージの変化との関連においても、東北の紹介において仙台を大きく取り上げた点は注目される。その理由は、仙台はすでに札幌・広島・福岡とともに地方中枢都市に位置づけられる都市であり、そこには後進性の要素は見当たらないからである。なお、「東北のあらまし」のなかで、東北の南部と北部の地域差についても言及されている。東北南部は東北自動車道路の建設により首都圏との結びつきを強める一方で、東北北部では都市化の遅れが述べられている。この点も記述の変化として注目される。

大阪書籍（一九八一）の場合も、「地域のつながり」のなかで仙台をクローズアップして取り上げている。しかし、同書の場合には、他方で「東北の出かせぎ」を地域の特色として強調している。東京書籍（一九八〇）においても、出稼ぎを紹介しているが、それは津軽平野の現象として説明している。

東京書籍（一九九二）では、東北地方は一九五一年教科書の場合と同様に、北海道とともに「日本の北東部」にまとめられ、その中で紹介されている。そのため記載量は減少するとともに、仙台圏の説明の配置は、再び農業の記述の後になった。一方、大阪書籍（一九九三）は、高速交通機関の整備を得て、首都圏との関係を一層強める東北のすがたが注目されている。しかし、ここでも、出稼ぎがいまでは人数が少なくなっていると断りながらも、北東北から京浜地域に出稼ぎが見られると述べている。

二〇一二年の教科書は、先述したとおり地域の「動態的地誌」の理解を促す構成に変わっている。東京書籍（二〇一二）の場合は、「伝統と文化」に焦点を当て、伝統産業や年中行事の保存・新展開と新しい産業・文化の発展を記述するスタイルをとっている。日本文教出版（二〇一二）の場合も、「文化」をテーマにして伝統行事の保存と新しい取り組みにスポットが当てられている。

第四節　記載事項の変化

次に、教科書の本文中に記載された地理的事項（地名、地理的事象）の経年変化から、東北地方の記述内容の変化を見る。(14)表3、表4は分析対象とした東京書籍と大阪書籍の教科書において記載された地理的事項を七グループに分類し、各グループの記載頻度を経年的に表したものである。これらの表から、両教科書とともに、自然環境と生産活動を柱にして、東北地方を説明していることがわかる。二〇一二年の教科書を除くと、

表3　東京書籍・教科書における記載事項の分野構成

	1951年	1961年	1971年	1980年	1992年	2012年
記載頁数	5	11	13	14	8	10
記載項目数	56（100）	84（100）	101（100）	96（100）	78（100）	65（100）
位置・自然・災害	18（32）	27（32）	30（30）	23（24）	31（40）	24（37）
歴史	0（0）	3（4）	2（2）	1（1）	0（0）	0（0）
生産活動	38（68）	51（61）	57（56）	43（45）	32（41）	28（43）
開発・交通	0（0）	3（4）	7（7）	11（11）	3（4）	2（3）
都市	0（0）	0（0）	1（1）	12（13）	11（14）	9（14）
社会・文化	0（0）	0（0）	1（1）	2（2）	0（0）	2（3）
地域関係	0（0）	0（0）	3（3）	4（4）	1（1）	0（0）

資料：表中の各年次における東京書籍（株）発行の中学社会地理的分野の教科書

表4　大阪書籍・教科書における記載事項の分野構成

	1955年	1961年	1973年	1981年	1993年	2012年
記載頁数	6	12	13	12	12	12
記載項目数	62（100）	111（100）	103（100）	84（100）	79（100）	76（100）
位置・自然・災害	28（45）	50（45）	38（37）	26（31）	21（27）	16（21）
歴史	2（3）	4（4）	3（3）	1（1）	0（0）	2（3）
生産活動	25（40）	46（41）	38（37）	34（40）	34（43）	21（28）
開発・交通	3（5）	4（4）	11（11）	9（11）	13（16）	2（3）
都市	0（0）	5（5）	7（7）	10（12）	7（9）	10（13）
社会・文化	3（5）	2（2）	3（3）	2（2）	2（3）	22（29）
地域関係	1（2）	0（0）	3（3）	2（2）	2（3）	3（4）

資料：表中の各年次における大阪書籍（株）発行の中学社会地理的分野の教科書

いずれも自然環境と生産活動に関する記載事項は全体の七〇~八〇%を占めている。それは、日本地誌の学習において、地域資源の賦存を含めた自然と人間生活の関係に重点がおかれてきたことを反映している。例えば、東北地方の稲作および果樹栽培の地域的特徴は冷涼な気候と関係づけて説明されてきた。工業に関しても、一九八〇年代までは近代工業に関しても鉱産資源や水力発電などと関連づけられている。

一方、都市に関する記述は少なく、東京書籍の場合には、一九八〇年以前には、都市の説明は皆無に近い。それが、一九八〇年教科書に至って、仙台が地方中枢都市として大きく取り上げられ、その結果、都市の記載頻度が大幅に増加した。大阪書籍の場合も、一九六一年、一九七三年の教科書において県庁所在地などが紹介されていたが、仙台の成長に関する説明がなかった。しかし、一九八一年教科書には、トピックとして仙台が取り上げられ、広域中心都市（地方中枢都市）としての性格が紹介されている。このように仙台が大きくクローズアップされるに至った理由として、先述した一九七七年の学習指導要領の改訂のなかで都市の機能や発達について言及することが求められたことが挙げられる。その背後に、地方中枢都市の成長が社会的にも注目を浴びるまでになっていたことが影響したと推察される[15]。

また、一九八〇年代の教科書では、地域開発に関する記述にも変化がある。東北地方は、一九七〇年代までの教科書では、開発の遅れが指摘される一方で、戦後の電源開発、八郎潟の干拓事業を始め大規模な地域開発が進められ、それに伴った発展が期待される地域として説明されてきた。しかし、一九八〇年代になると、従来の資源・産業開発に関する事項に加えて、東京と結ばれた東北新幹線および東北自動車道路などの建設が紹介され、それに関連して東京書籍の教科書では、東北南部と首都圏の結びつきの強まりを記述していた。

他方、東北地方の歴史として、用語「みちのく」を用いて、国土の辺境地域であったことを教える記述は東

表５　東京書籍・教科書における東北の後進性を示唆する記載事項

社会・文化の事項	1951 年	1961 年	1971 年	1980 年	1992 年	2012 年
低い人口密度	*					
学卒者・労働力移動			*	*		
労働力供給	*		*			
出かせぎ			*	*		
出かせぎの村				*		
人口減少						*
過疎化						*
食料供給	*	*				
原料供給	*	*				
農地改革	*	*				

資料：表中の各年次における東京書籍（株）発行の中学社会地理的分野の教科書

表６　大阪書籍・教科書における東北の後進性を示唆する記載事項

社会・文化の事項	1955 年	1961 年	1973 年	1981 年	1993 年	2012 年
出稼ぎ	*		*	*	*	
労働力供給	*	*				
低い人口密度			*	*		
人口減少						*
少子高齢化						*
学卒者・労働力移動			*			

資料：表中の各年次における大阪書籍（株）発行の中学社会地理的分野の教科書

京書籍の場合は一九六一年、大阪書籍の場合は一九八一年まで見られたが、それ以降は見られなくなった。また、東北地方を「遅れた地方」とイメージさせる社会的事項の記載についてみると（表5、表6）、東京書籍の場合は、一九六〇年代では労働力、食糧、原料の供給地、一九七〇年代には出稼ぎ、学卒者・労働力移動がそれに該当する事項として認められる。しかし、それらの事項の記載はそれ以降見られなくなっている。大阪書籍の場合も、一九九三年になっても出稼ぎの関する記述があるが、同時に出稼ぎ者が少なくなっていることも指摘していた。なお、二〇一二年の教科書では、東京書籍および大阪書籍（日本文教出版）ともに東北地方の特徴として人口減少について言及している。これは東北地方に限られた現象ではないが、その進行が速い地域として印象づけるところがある。

以上の地理的事項の記載頻度の変化からすると、一九八〇年代に仙台が大きくクローズアップされると同時に、東北地方の「遅れ」をイメージさせる東北の役割として労働力、食糧、原料の供給などの記述がみられなくなり、さらには東北の開発の記述が高速交通網の整備と首都圏との近接性などにシフトしている点は、教科書の説明から受ける東北のイメージの変化として注目される。

第五節　東北大生が抱く東北地方のイメージ

冒頭で紹介した最近の東北大学の学生たちが抱く東北地方のイメージに関するアンケート調査結果を紹介し、東北地方に対して想起する地域イメージのなかに後進性の要素は見られなくなっていることを確認したい。

調査は、筆者が二〇一三年と二〇一四年に東北大学で担当した2クラスの受講生に対して、東北地方のイメージを構成すると考えられる事項一二点を掲げ、そこから主要なもの三点を順位をつけて選択してもらう方法で実施したものである。なお、それに合わせて県境だけを記入した東北地方の白地図を用意し、そこに東北地方を二分するとした場合の境界線を描いてもらった。回答者は、二〇一三年文系三年生六五名と二〇一四年理系二年生七三名である。なお、回答者たちは中学一年次に学習した地理分野の教科書では、日本の地方ごとの説明に代わって、特定の都道府県を選択して調査をしながら学習するものに変わっていた。そのため、回答者たちは義務教育課程で地方ごとの地誌を学ばなかったと言える。

表7、表8はそれぞれの結果を表している。文系、理系の学生にかかわりなく、東北のイメージを問われて想起する主な事項は、自然に恵まれた農村地域と、冬の冷涼な気候などである。「豊かな自然」「田舎」「冷涼な気候」「米どころ」を回答した学生の頻度は高い。次いで、「地震・津波」「方言」を東北のイメージとして挙げる学生が多い。なお、「地震・津波」の回答者数が多かったのは、二〇一一年の東日本大震災とその後繰り返し発生した余震が影響したものと推察される。

一方、本章で取り上げた経済後進性にかかわる「遅れた地域」を回答した学生は極めて少数である。理系学生の場合には七三人中二名、文系学生の場合は六五名中五名であった。しかも、イメージの第一位に「遅れた地域」を回答した学生はいずれの場合も皆無であった。これらの結果からすると、現在の若者に間には、東北地方に経済的後進性をみることはなくなっていると考えられる。

なお、東北地方の二区分の結果を紹介すると、かつては東北地方の二区分としては、奥羽山脈を境にして太平洋側と日本海側に区分するパターンが一般的であったと考えられる。その区分は気候区（日本海側気候と

表7　東北大学生が抱く東北地方のイメージ

イメージの構成要素	2013 年調査	2014 年調査
豊かな自然	38（58）	44（60）
米どころ	20（31）	30（41）
冷涼な気候	34（52）	29（40）
田舎	41（63）	32（44）
夏祭り	2（3）	5（7）
ものづくり	0（0）	0（0）
遅れた地域	5（8）	2（3）
地震・津波	18（28）	31（43）
低い人口密度	7（11）	10（14）
方言	18（28）	24（33）
やませ・冷害	10（15）	6（8）
その他	2（3）	6（8）
計	65（100）	73（100）

資料：アンケート調査

表8　東北地方の２区分のパターン

東北地方の２区分	2013 年調査	2014 年調査
日本海側と太平洋側	26（40）	28（38）
南東北と北東北	20（31）	24（33）
宮城・福島県とその他	7（11）	9（12）
宮城県とその他	5（8）	8（11）
その他	7（11）	4（5）
計	65（100）	73（100）

資料：アンケート調査

太平洋側気候）および歴史地域（陸奥と出羽）の区分に対応するものであり、一九六二年の大阪書籍の教科書にも、農林業の地域性の説明に東奥羽と西奥羽への二区分が見られた。しかし、現在の学生たちの区分の仕方は多様化している。確かに東北地方を東西に二区分する回答数は現在でも最も多いが、その回答率は四〇％程度であった。しかも、二番目に回答が多かった南北二区分（三一～三四％）との間の回答率の差は小さい。そのほか、福島・宮城の二県と他の地域と回答した学生（一一～一二％）、さらには宮城（仙台）とその他の地域に区分した学生（八～一一％）が見られた。両者を合わせると、その比率は二〇％程度になる。また、そうした地域区分の理由として、福島・宮城は東京に近く、都市的であるとする回答が多かった[16]。この東北地方の地域区分の結果を、東北地方のイメージの変化と関連づけて考えれば、東北地方に対するイメージとして、仙台あるいは宮城・福島県を想起するのであれば、そこには後進性は現れることはないと言える。むしろ、現在の仙台を体験した人であれば、東北の地域性を帯びた都市と言うよりも、一般的な大都市の印象を抱くと推察される。

おわりに

東北地方に対するイメージが大きく変化してきているとの認識に立ち、それがいつごろ起こったのか、またその変化を導いた要因は何であったかを検討課題に取り上げ、そのアプローチとして中学社会科地理的分野の教科書における東北地方の記述の変化を検討してきた。

その結果、一九五〇年代、六〇年代、七〇年代の教科書はいずれも東北地方の特徴として後進性を指摘していたことが確認された。しかし、八〇年代になると、東京書籍の教科書では、地域開発においては、資源開発に加えて、東京との近接性の高まりを連想される東北新幹線および東北自動車道路などの高速交通網の整備が紹介された。しかも、それに対応するように、南東北では首都圏との結びつきを強め、工業化の進展が紹介された。北東北は依然として出稼ぎなどが減少しつつも依然としてみられ、東北の南北間の差異について言及があった。さらに注目されることに、仙台が東北の紹介において大きくクローズアップされた。これには、学習指導要領の改訂の影響があったが、八〇年代の仙台はすでに札幌、福岡、広島とともに三大都市に次ぐ中心性を備えた都市に成長していたことからすると、仙台を通してみる東北の姿は農林水産業などの生産活動を通してみてきた東北像とは大きく異なったものであったと推察される。

大阪書籍の場合は、一九九〇年代になっても、出稼ぎの現象を取り上げて、東北の地域性を教えるところがあった。しかし、出稼ぎは東北全体に見られる現象ではなく、その人数も少なくなっている点を指摘することも忘れていなかった。また、東北は高速交通網の整備によって首都圏との結びつきを強めている点が説明されていた。そして、二〇一〇年代の教科書になると、東北の自然は「豊かな自然」となり、東北の文化は「多彩な文化」を継承し、多くの観光客を集客するものとなった。

したがって、東北地方の特性として後進性をイメージさせる記述は教科書会社によって違いがあるものの、八〇年代から九〇年代にかけて見られなくなったと言える。その要因として、仙台の成長と新幹線や高速道路の建設による東京との近接性の増大と南東北と首都圏の結びつきの強まりを挙げることができる。一九八〇年代以降の東北地方の特性を、仙台および南東北の姿を通してとらえる限り、後進性を説くことは適切でなくなっていたと理解できる。

なお、本稿で紹介した東北大学の学生たちの東北地方のイメージに、後進性の要素がほとんど見られなかった点についても、彼／彼女達は中学において日本の地方単位の地誌を学ばなかった世代であるが、仙台での生活体験から描く東北地方の姿は一九七〇年代までの教科書に記述された遅れた東北地方とは違って、仙台は都会の雰囲気を備え、新幹線で二時間ほどで東京に出られる場所であり、それは一九八〇年代以降の教科書が記してきた東北の姿に近いと考えられる。

付記

本稿を作成するに当たり、文部科学省教科書調査官高橋洋子様には貴重なご教示を賜りました。ここに記して感謝の意を表します。

【註】

（1）イギリス公共放送ＢＢＣが二〇一一年三月一五日ビジネスニュースとして“Global car makers fear Japanese parts shortages”を配信した。また、アメリカの大手通信会社 Bloomberg 社が同年三月二〇日に“Toyota, Sony disruption may last weeks on supplier, power supply damage”の記事を配信した。

（2）テレビ東京スペシャル番組「池上彰の緊急報告　大震災のなぜに答える　自動車がつくれない」（二〇一一年三月二七日放映）、ＮＨＫスペシャル番組「シリーズ東日本大震災　第2部　〝製造業王国〟東北は立ち直れるか」（二〇一一年六月一一日放映）。

（3）Masateru HINO. Changing Perceptions of the Tohoku Region as a Manufacturing District after the Great East Japan Earthquake (The Science Reports of Tohoku University 7th Series (Geography), 60(2), 2014) の七一－八二頁。

（4）日野正輝「東北地方の工業化に関する認識」（石原潤編『農村空間の研究　下』、大明堂、二〇〇三年）の八二－九六頁。

（5）高橋富雄校訂『半谷清寿　将来の東北』（アイエ書房、一九六九年）、岩本由輝『東北開発１２０年』（刀水書房、一九九四年）、難波信雄「日本近代史における「東北」の成立」（東北学院大学史学科編『歴史のなかの東北―日本の東北・アジアの東北』、河出書房新社、一九九八年）、河西英通『東北―つくられた異境』（中公新書、二〇〇一年）、河西英通『続・東北―異境と原境のあいだ』（中公新書、二〇〇七年）。

（6）大阪書籍（株）は二〇〇九年に教科書の版権を日本文教出版（株）に譲渡した。したがって、日本文教出版の二〇一二年発行の教科書は大阪書籍の教科書を継承したものとして取り扱った。

（7）「動態的地誌」の学習とは、「地域の特色ある事象を中核として、それを他の事象に有機的に関連付けて、地域的特色を動態的にとらえさせること」とされている（文部科学省『中学校学習指導要領解説　社会編』、二〇〇八年、一〇頁）。

（8）一九五一年指導要領では、自然と人間生活の関係に重点を置いていた。一九五五年の改訂では地域性の理解に重点をおくことになった。国立教育政策研究所『指導要領データベース』。https://www.nier.go.jp/guideline/s26jhs2/index.htm

（9）東京書籍の場合も、一九五四年発行の教科書では、日本の諸地方は大阪書籍の場合と同様に七地方区分に編成されている。

（10）尾留川正平著『少年少女地理　日本の国土6　東北地方』偕成社、一九六三年、一頁（著者のことば）。

（11）一九七一年教科書が参照した一九六九年改訂の学習指導要領では、「日本とその諸地域：……　諸地域の特色や地域相互の関連、ならびに各地域が日本全体において果たしている役割を理解させる。」ことが期待されていた。国立教育政策研究所『指導要領データベース』。https://www.nier.go.jp/guideline/s26jhs2/index.htm

（12）長谷部弘「出稼ぎ」（東北都市学会編『東北都市事典』、仙台共同印刷、二〇〇四年、二六一―二六二頁）。

（13）一九七七年学習指導要領における「日本の諸地域」の項では、学習項目に「人口と居住」を追加し、「人口の分布・増減・移動、主に都市の発達と機能などを取り上げて、それらを産業や交通と結び付けて考察させるとともに、都市化が進むにつれて現れてきた問題に着目させる。」としていた。国立教育政策研究所『指導要領データベース』。https://www.nier.go.jp/guideline/s26jhs2/index.htm

（14）教科書の図表中に記載された地理的事項は対象外とした。

（15）都市地理学研究の分野では、一九七〇年代から八〇年代にかけて地方中枢都市（広域中心都市）の成長と特質に関する問題が主要なトッピクとして取り上げられていた（日野正輝「一九五〇年代以降における日本の都市地理学の進展と今後の方向性」、『東北都市学会研究年報』、第10号、一―一五頁）。

（16）東北地方の二区分の設問では、区分線を描くとともに、区分の理由についても尋ねた。

日野　正輝（ひの　まさてる）
東北大学大学院理学研究科教授
一九五一年愛媛県出身
名古屋大学大学院文学研究科博士課程単位取得退学
博士（地理学）
専門：人文地理学
主な著作：〈単著〉『都市発展と支店立地』（一九九六年、古今書院）、〈共著〉『東北（日本の地誌4）』（二〇〇八年、朝倉書店）、〈共編〉『今を生きる　東日本大震災から明日へ！　復興と再生への提言　5　自然と科学』（二〇一三年、東北大学出版会）、〈共編〉『変わりゆく日本の大都市圏――ポスト成長社会における都市のかたち――』（二〇一五年、ナカニシヤ出版）、〈共編〉『Urban Geography of Post-Growth Society』（二〇一五年、東北大学出版会）

11　自然という「他者」と技術的行為

直江清隆

第一節　本質主義を越えて

自然について語るとき、技術の視点から語ることは一つの有力の語り方になり得る。技術は、対自然的かつ間人間的関係の具体的・現実的なあり方だからである。しかし、技術は精神的・文化的な生の営みの一つであり、言語や社会制度と同様に、世界を意味的に媒介するはたらきの一つであるという命題を唱えようとすると、近代技術を生や人間性と対立的に捉える哲学的言説に慣れ親しんだ向きからは、異論が出されることになる。とりわけ東日本大震災や福島第一原発事故の後、科学なるもの、技術なるものに対する批判的な言説が高まってきたなかではそうだろう。文明の中心をなし、社会に大きな影響を与えうる科学・技術の社会的なあり方に対して批判的なまなざしが向けられるようになったのは、顧みれば一九七〇年前後の科学批判、近代合理主義批判以来のことかもしれない。

例えば、ジャン＝リュック・ナンシーは、その優れた分析のなかで、社会の全般的なあり方に触れ、「…ここで破局の「等価性」ということが言わんとしているのは、今やどのような災厄も、拡散し増殖すると、その顛末が、核の危険が範例的にさらけ出しているものの刻印を帯びているということである。今や、諸々の技術、交換、循環は相互に連関しあい、絡み合い、さらには共生している。」として[1]、現代における全般的な相互連関の複雑性の増大に根本的な問題を見いだしている。「範例的」という言葉が端的に表しているように、ここで問われているのは、そうした相互連関し、相互錯合したシステム（彼はこれをマルクスの「一般的等価性」によって表すが）の崩壊という文明論的な問題である。このシステムはある意味で強烈なまでに政治的である。つまり、この技術化されたシステムは、人間の創造によるものでありながら、存在するありとあらゆるものを潜在的に服従させていく世界であると主張される。それはまた、あらゆる制御を超えて自己生成するものだともされる。

ナンシーは技術に関しても、物質的な技術と社会的、心理的、政治的な技術との絡み合い、複合化を考えている。この点でたんなる技術の自律的発展を主張するものではない。ナンシーはまた、別の箇所では、まず技術を「自然の代補」という相でとらえている。技術は当初は「自然の代補」であったにもかかわらず、次第に自分自身で発展し、自分自身から生じた目的に対して応えようとするようになる。そして今日では、技術は、自動車がさらに高速道路を生み出すというように、絡み合い複合化する目的を複雑かつ際限なく構築するという目的の構造化を目指すようになっている、という。技術は自然に由来しつつ、自然に遡及的に関わることで自然との秩序関係をかき乱す（と同時に自然に意味をあたえる）というのである。ナンシーは技術自律説を採るわけではないが、彼が想定するシステムは合目的性連関からなる、巨大で制御不可能なシステムである。だが、彼はその稠密描写を行うのでも、改善策を提示するのでもない。むしろ、彼が立ち向かおうとするのはこの近代技術なるもの一般であり、いかなる改善策もその地平のうちにとどまるものであるとして、それをよしとはしない。このかぎりで、ナンシーの文明的問いには、その周到で魅力的な議論構成にもかかわらず、抜き差しがたく、技術の「本質主義」が根付いている。

技術の視点から自然について語ろうとするとき、技術のとらえ方そのものがまず問題となる。「技術の本質はまったく技術的なものではない。」とは、『技術への問い』におけるハイデガーの有名なフレーズであるが、ナンシーのように「本質」をメルクマールに近代技術を捉える試みは、得てしてきめが粗い。近代技術なる名のもとで抽象化された一枚岩の「技術」像を批判の対象とすることとなり、その結果、われわれの経験に埋め込まれたような理念化や対象化の具体的なあり方は、視野からこぼれてしまうのである。例えば、技術史家のファーガソンはCAD（コンピュータ援用設計）に関して、「計算にはつねに人間の判断が組み込まれている」「コンピュータ利用による確実性というのは幻想であり、…かなり複雑なものの設計を完成させるためには、延々と絶えることのない計算、判断、そして、設計しているシステムに経験をもつ技術者のみがなしうる妥協が必要となる」(2) と述べているが、このようにしてわれわれの経験に埋め込まれた理念化や対象化の具体的なあり方を、本質主義の技術把握は取りこぼしてしまう。こうした純粋な「近代」技術は、ラトゥールの表現を借りれば、「虚構の近代」(3) である可能性が高い。

ここで、これらのように技術をもっぱら「外」へと対象化するはたらき、「外」を支配するはたらきと捉える見方に対して、例えば、カッシーラーの議論を対置することができよう。「技術的活動についても、それは決して単なる「外」の獲得に向かっているのではなく、内部への独特の方向転換なり反転なりを秘めていると言えるのである。ここでも問題なのは、一方の極を他の極からもぎ離すことではなく、むしろ両極を新たな意味で相互に規定することなのである」[4]。技術はたしかに客観化の契機を内包し、世界を「相在 So-sein」「他在 Anders-sein」として捉えるはたらきである。それは言語的・理論的思考による現実の「理解」(Begreifen) と同様な、活動という方法による現実の「把握」(Erfassen) なのだと彼は考える。肝要なのは、技術がむしろ、内から外へ、外から内へという二重の運動をもった形態形成作用の一つだという点である。もし、このようにして、近代技術を含む技術が、世界と関わり、世界を新たに開示するような形成作用として理解されるならば、本質主義とは違った、もっと手前の議論配置から、技術のあり方を見定め、自然に対する態度変更の可能性を検討することができるのではないだろうか。

いま一つ問題を設定しておく必要がある。原発事故を一つのきっかけに、科学論、科学技術社会論でこれまで言われてきた、民主的な市民参加に光が当てられ、そのための形式的、実際的要件や合意構造について議論がなされた。かりに一時的なものであったにせよ、そのことはもちろん歓迎すべきことであろうし、専門家の役割を再評価する「第三の波」の議論が提起されてきたことも十分に理由があることである。他方、対話の形式的要件の重視は、いかなる議論も排除されることのない議論の内容の任意性、自由裁量性と相関している。しかし、それだけではたして十分であろうかという疑問が生じうる。一見些細な例であるが、機械や器具の設計において、これまでの「技術中心デザイン (Technology-Centered-Design:TCD から「人間中心デザイン (Human-Centered-Design:HCD)」へということが言われる。技術者たちが技術内的な論理にしたがって人工物を設計するありかたから、使用者である人間の身体的、心理的、社会的特性にあわせた設計をという趣旨であり、障害者を考慮した設計や、ヒューマン・エラーを起こしづらい装置まで多様な場面でそれが実現されてきている。だが、ここで重要なのは、参加という形式的な構造だけでなく、「人間中心」という価値が言われていることであり、技術に対する実質的な態度が問われている点である。一般に技術を論じる際にも、民主的な市民参加という形式とともに、自然や技術に対するいかなる態度変換がなされうるのかという、より実質的な議論もなされなければならないのではないだろうか。

このような視点から、本章ではまず、技術的行為のあり方、人工物の媒介についての捉えかえしを行い。そのうえで自然を「他者」として認めることは可能かという問いに向かうことにする。

第二節　技術的行為と身体

1　状況即応的行為と環境世界

右の課題に答えるべく、技術を行為という視点から捉えようとしてみたいが、その際にしばしば出発点とされるのは、技術が目的合理的行為の一つであり手段を用いて所与の目的の達成をはかるものだという理解である。本章ではまずこのあたりを見直すことから始めよう(5)。

より一般に、目的合理的行為ない目的実現型の行為から話を進めることにする。こうした行為は「彼は野兎を獲るために銃を構えた」のようなしかたで思い浮かべられよう。行為 act とは一定の目的を備え、熟慮に基づいて行われる意図的な行動 behavior であり、詳しく言うと「野兎を獲る」というまえもって定立された企図ないし目的、それを実現しようとする意志、それに目的の実現に必要な手段(銃)の選択から成り立っている、というわけである。ところで、われわれは日常、意図がそれとして意識されないままに様々行為を行っている。近代技術に限らない技術や技巧を問題とするときには、こうした直接には意図が意識されない次元での行為をも射程に収める必要がある。議論を抽象的なものとするのを避けるために、「ろくろ」を例にとって身体的なレベルで考えてみることにしよう。

図１　陶磁の器　長良陶房　交田紳二 HP より
http://www.ccn2.aitai.ne.jp/~nagatobo/106_0648.jpg

　ろくろを回して陶芸品を作り上げるような行為の場合、製作者はろくろや土と、自分の手や、足回し式の場合には足を同期させながら、形を作り上げていく。熟練者のしぐさを見ていると、ほとんど思いのままに使いこなしているようであるが、よく観察すると、指先や指の腹でカーブや厚みなどをたえず判断し、微妙な軌道修正を施している。たえずそのつどの状況に〈しかるべく〉即応し、またそうすることで新たな状況を作り出しているのである。この場合、もちろん、陶芸という行為が全体として意図を欠いているわけではないが、製作者が材料である土に一方的に形を押しつけるというより、むしろ身体とろくろ、土のインタラクションから器の形が立ち現れてくるのである。いいかえれば、製作は身体性や世界の構造と堅固に結びついているのであって、ある意味で、ろくろや土は、行為の協同者となってはたらいているといってよい。認知心理学者のD・ノーマンならばこうしたことを「分散された知」[6]と呼ぶことであろう。

　こうした行為が環境世界との〈あいだ〉で起きていることは容易に見て取れよう。それらは「身体技法」というかたちで、一連の動作に円滑性と柔軟性をあたえたり、反対に、動作を型どおりのものとして習慣化し固定化したりしている。むろん、こうした意図的でない行為も、広い意味での行為のあり方のひとつであり、「意識の主題的領野の中心にではなく、つねにその周縁にしか現前しないにもかかわらず、永続的に現前し手許を離れることが決してない」が、(7) われわれの生のうちにあって、自由な決断をするうえでの基礎をなしていると考えることもできる。

ろくろの場合には、あらかじめ明確な目標が与えられているとはかぎらず、一定の手探りの行為が必要となる。しかし、任意性があるとはいっても、材料の性質や台の回転に合わせて〝しかるべき〟身のこなしをすることで、はじめて陶器が形をなしてくる。それは一面、自在に絵を描き出す絵筆つかいとも似ている。一方においてろくろは道具であり、身体と融合して人間に奉仕し、その活動空間を拡大する。技術は身体性を完全に支配することはなく、つねになんらかの恣意性とローカルな知が介在する。こちらの方は「技術の人間化」と呼びうるかもしれない。しかし他方、ろくろは身体の体制化に介入し、いかなる身のこなしをするべきかを指示する。この意味で、ろくろはそれを使う人間を支配する。このかぎりであらゆる技術は「人間の技術化」を要求するとも言いうる。このように、道具の身体化と道具による支配とは、実のところ、同じ事態の裏表にほかならないのである。

2　状況即応的行為とレリバンス

こうした技術の使用については、習慣的身体（メルロ＝ポンティ）、ルーティン化（シュッツ）などの概念でしばしば考察されることになる。ここでは後者の議論にしたがってその機制にいくぶん立ち入って考察しておくことにしよう。

ルーティンな活動とは、かつては課題として熟慮を伴うものであったにしても、もはやほとんど自動的にあたえられ、経験の主題として捉えられることのないような活動のことである。獲得されたときの元々の状況は失われ、代わりに、必要なときに必要なものを提供するものとなっているもののことである。例えば、歩く、泳ぐ、ナイフとフォークで食事するなど、身体的運動の習慣的で機能的な統一体である「技能 skill」がそれである。また、たばこを吸う、ひげを剃る、といった「技能」に近いものから、ピアノを弾く、外国語を話す、といった練習をとおして身に付くものなどのように、本来の意味で身体の習慣的な機能に属するわけではないが、それに基づくものとして「有用知」がある。さらに、猟師が足跡を追う、船乗りが天候の変化を見定める、通訳が言葉をなかば自動的に訳すなど、身体的な技能ともはや直接に関係するわけではないが、やはり自動化され、標準化されたものとして「対処知」が挙げられる。(8)

すでにこれだけのことからも、ルーティン化された活動に関してある基本的な問題構制がうかがわれる。一方で、ルーティンな活動の特質は、疑問視されることなく、型どおり自動的に行われることにある。熟練した演奏者が指使いや譜面を気にすることなく楽器を奏で、その際に指使いや譜面の読みが意識の周縁にあって主題化されないように、ルーティンな活動は状況やあるいはより高次の行為のなかに自動的に含まれている。この点で、さきの対処知も、料理本のレシピのように特定の知識が主題化された対処法とは区別される。他方、このような自明視がなされるのは、さらなる「気づき」が生じるまでのことにすぎない。つまり、何らかの「外的」ないし「内的」な事情で状況がお決まりのものではなくなり、ルーティン化された行為の遂行が妨げられると、それは問題的なものとして把握され直すのである。この意味でルーティンな活動はたえず「把握されるのを待っている」。このように、ルーティンな活動の内に、自明的－問題的、非主題的－主題的という緊張関係を見いだすことができる。

ろくろの例で言うならば、ここには3つの相が認められる。土がいつもとちょっと違ったと感じられるとき、われわれは他のことは背景におきながらそれを主題とし、注意を振り向けることになるであろう（主題化）。それとともに、主題化された何なのかの解釈が行われ、その「重み」がはかられることになる（解釈）。さらに、そのことを通じて何らかの仕方で対処する行為が動機づけられる（動機づけ）。もちろん、この順番にこだわる必要はない。ろくろを使って土に触れているときに、すでに動機づけは働いているのであり、その中でのそのつどの解釈に対して、何かの機会にあるものが主題化されるといった順番や、その他の順番もあり得る。いずれにせよ、このような仕方で現象学の概念装置を駆使して「使用」のあり方を理解することが可能であるように思われる。[9]

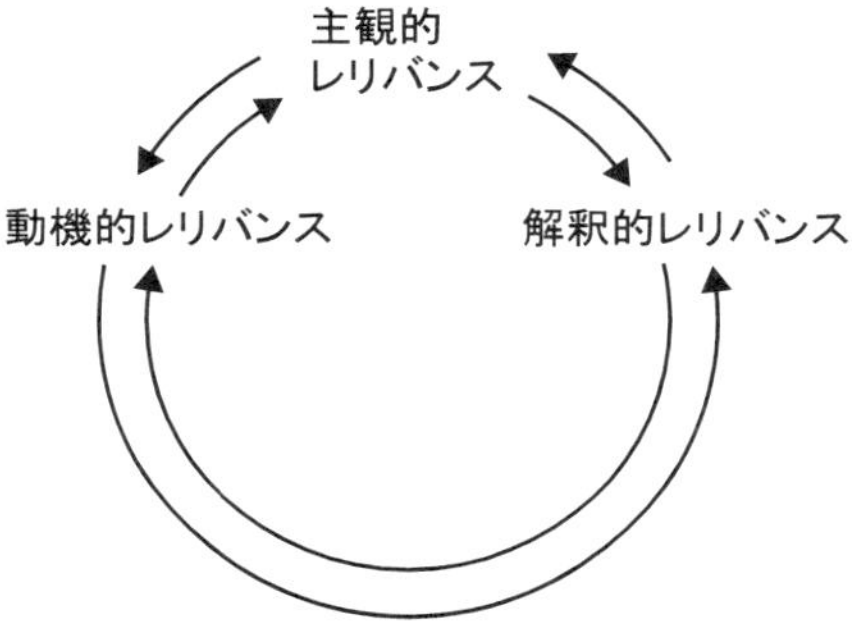

図2　Alfred Schutz, *Reflections on the problem of relevance*, Greenwood Press, 1982, p.70.

「ろくろ」の場合には、力のかけ加減も修正の速度も状況に応じて柔軟に手加減することができる。身体の感覚を研ぎ澄ませ、ころ合いを見て、修正具合をその都度把握しながら器を形作っていくのである。では、自動機械の場合はどうか。チャップリンの『モダン・タイムス』を見たりすると、われわれは機械による人間の抑圧、効率を追求する近代技術と人間との根本的対立、といった図式に誘われがちである。マイク・クーリーは、自動制御機械の導入により「旋盤や平削りのような現場での、もっとも高度な技能を持ち、満足でき、創造的である労働が、……その技能を奪われ、12歳並のものにされてしまう」とし、これを技能を取り巻く社会的・文化的価値や、技能が獲得される手段の破壊だと主張する。[10]しかし、手回しのろくろと機械回しのろくろとでどのような差があるのであろうか。この点について、ろくろではなく、旋盤で実際に作業した体験をした福山弘は、自らの体験をもとに次のように述べている。

「直接仕事に携わる上でもっとも個人差が出るのが、「ふだんの作業」における設備補完の機能であろう。これを設備補完技能と呼ぶことにする。設備補完技能が指向するのが、「次も同じになる」ようにということである。手動と違う点は、手動の場合の技能が、設備と人間と用具が関わる直接要素であるのに対し、自動機械での役割は、「次も同じになる」はずの機構を監視し、機械のお守りをする点である。…結論からいえばここでも、いかに高度な技術といえども、人間というミスを犯す者の手でつくられたものだということ。したがって運用稼働にあたって、人間の手で補完せざるを得ない。高度技術化は、この二律背反的な命題に遭遇する。[11]」

福山は「技能の排除が技能を求める」として、自動化が自動機械を監視し、お守りをするという新たな形での技能を必要とすることを説明する。この新たな技能は自動化される以前の技能の変容なのである。もしそうだとすると、自動化による人間的な技能の排除という図式は、カッシーラーのいう「外へ」の方向をもっぱら見ようとする一方的な見方だということになるだろう。ドイツの現象学者ヴァルデンフェルスの言葉を借りるならば、自動化を顧慮に入れたとしても、技術は「純粋な奉仕と支配の間を運動し、人間の一方的な自律性も技術の純粋な自律性をともに疑わしいものにするような協同作用（Synergie, Zusammenwirken）」と考えられるのである。[12]

では、こうした技能は習慣によって形成されるものなのか。ここでさらに身体との関係を発生的に眺めてみることにしよう。ここで援用したいのは、道具使用に関して生態心理学者アネロス・スミッツマンの興味深い

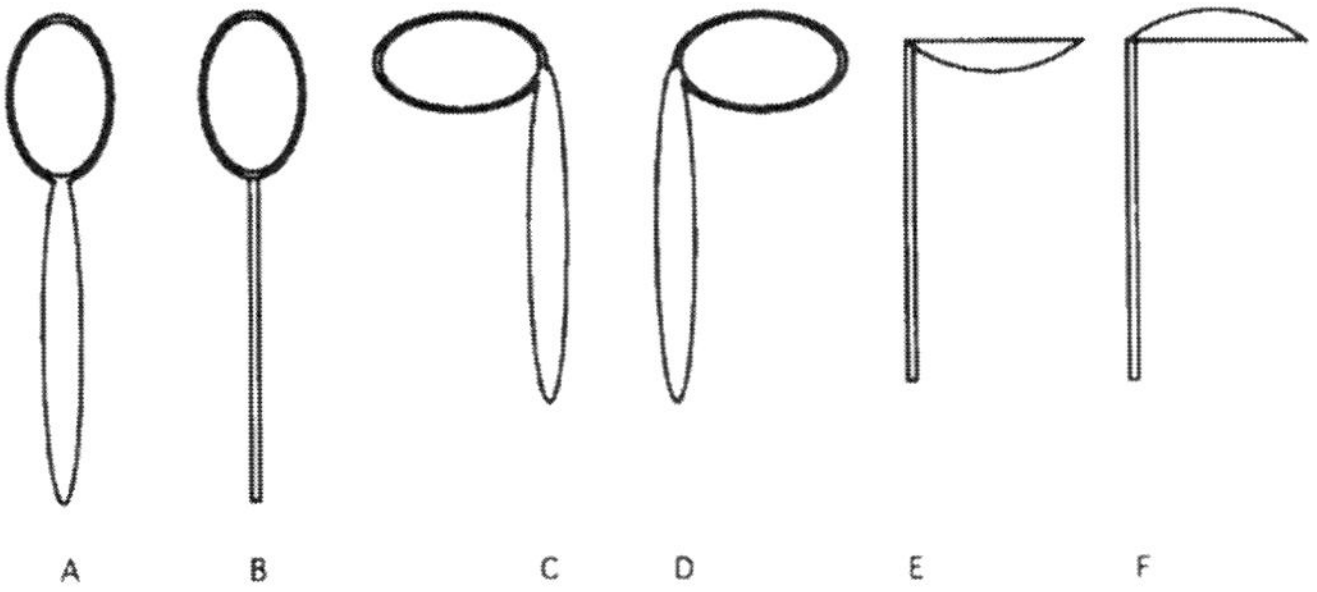

図３ W. Smitsman, The Development of Tool Use, in: C. Dent-Read, P Zukow-goldring(ed.), *Evolving Explanations of Development*, p.318.

研究である。[13]

スミッツマンは、ある道具の持つ選択された特定のアフォーダンス（ねじ回しなら「ネジを回すこと」と握る体系）についての子どもの理解をたしかめようとする実験を考案した。図１にあるように、柄と物をすくう部分との関係をふつうのスプーンとは変えた何種類ものスプーンをつくって、生後一二週から四七週の子どもに握らせて米をすくう動作をさせてみたのである。柄とすくう部分とがねじれているため、握りやすさとすくいやすさとは相反することになる。もし、「スプーンを使う」ということがどういうことなのかを子どもがきちんと理解していれば、どのようなスプーンを使う際にも、すくう部分の機能が生かされるようにして柄を握るはずであり、反対に子どもが「スプーンを使う」ということを理解していなければ、自分にとって自然に感じられる握りやすい仕方で柄を握るはずである。

結果は、どの子どもも例外なく、すくう部分が上向きになるように握りと腕と身体を配置させた姿勢をとった。月齢の大小にかかわらず、すくう部分を下に向けた子どもはいなかった。すでに子どもたちは、スプーンの柄の位置よりも物をすくう部分の向きに注意しており、自分からスプーンをスプーンとして使うことのできる新たな、かなり奇妙な握り方をすることができたのである。この研究を受けてエドワード・リードは、こうした子どもの理解を、課題に適した特定の仕方での道具使用、それらの道具の効果的かつ柔軟な使用を支える因果理解、というように進み、他のものによる代用を可能にする学習の柔軟性を経て、最終目標に向けて正しく進んでいるか否かの認識に至る、日常生活技能の発達の初期段階に位置づけている。[14]

いま関心があるのは、この場合、使用法には曖昧さがあるが、使用者である子どもが、状況の中ですくうという固有機能とそれぞれの「スプーン」の固有の使用法を理解していることである。子どもたちが発達のごく初期にあることから分かるように、スプーンの適切な使用法を与えているのは、試行錯誤やルーティン、あるいは他人から学ぶことではなく、むしろ、スプーンそのものの形状と配列秩序と握ることに関わるシステムである。子どもはそれらを発見し、この道具を自分の身のまわりに組織化して、身体の延長とさせているように見受けられる。この実験では回転が九〇度であるために何がこの奇妙な道具の固有機能かはだれの目にも明白なのであるが、柄と物をすくう部分との関係がさらに微妙な場合には、子どもたちが探索行動をしながら何がこの道具の固有の使用法なのかを決めていくという可能性もあるように推察される。道具を使用する際にはつねに柔軟性がなければならないのであるが、この柔軟性は発生的に見るならば、意識への沈殿ではなく、より基礎的な身体‐環境の機構によって支えられている可能性がある。

この次元は、フッサールのあるところでの言い方を借りるならば、意志や自我努力に先立って存する衝動的ないし本能的とよぶべき前駆形態に相当する。[15] この点を含み混んで考えるならば、道具を使用する行為は、自然の痕跡とそれまでの諸活動の歴史とが刻み込まれ、沈殿しているいわば「歴史化された自然」である。ただし、この次元を単なる「原本能」「衝動」とするにとどまらす、それとして主題化しようとするならば、一人称的な経験から遡って再構成することのみに依るのでは十分ではなく、すでにここで行ったように、必要な限りで心理学的な知見を援用し、その具体性によって議論を相補的に行う必要があるであろう。

3　問題解決型技能と「分散された知」

さて、シュッツの分析に立ち戻って、それを二つの場面から批判的に定式し直していくことにしよう。

第一の問題は、シュッツが状況即応的行為をもっぱらルーティン化という枠組みで考えている点である。いまいちど福山を援用するならば、彼は技能を「身体制御型技能」と「問題解決型技能」とに区別している。[16] 身体制御型技能とは、行動動作を思う通りに、手早く、いつも同じように行える技能であり、器用さの技能がこれに相当する。これは繰り返しの鍛錬によって高められる。これに対して、問題解決型技能は、条件に即応した行動動作が行えるという、発想、判断、気づきといった技能の働きである。カンやコツがこれであり、まったく新しい問題に対応したり、類似した問題に対応したりするのがこれである。シュッツでは一緒にされているこの二つの区別の意味は大きい。高度な熟練という場合には、こちらの技能が大きく関わるからである。

この点についての参考になるのは、心理学者のニコライ・ベルンシュタインによる「巧みさ dexterity」についての議論である。これはシュッツのいう「対処知」がいかに可能であるかにも関わる。例えば、戦場で走って敵の砲撃をくぐり抜けるとき、目の前の草、水たまり、木の根や茂みなどを瞬時に見てとって、解決策となる身体運動を素早く、正しく、〝合理的に〟見つける能力が問題となる。[17]（たんにルーティンにしたがって走るときと、起こりうる変化を先読みしつつ身体体制をとることとの違いを考えてみると、よりわかりやすいかもしれない。）これもやはり、ルーティンをもとにはした活動ではあるがそれをたえず逸脱することで柔軟性

図4　ベルンシュタイン
『デクステリティ』p.259.

を得ていく可能性をもった活動でもあると言える。こうした身体体制は状況の配置によっても規定されるものであり、経験の沈殿によるルーティンの内部では完結しない可能性を示すものである。(18)

われわれはさきに、「純粋な奉仕と支配の間を運動し、人間の一方的な自律性も技術の純粋な自律性をともに疑わしいものにするような協同作用」という文言を引用しておいた。だがこの協同作業は、環境の個別性や独特の揺らぎ、偶然性のなかで柔軟性を持つものでなければならず、その際には、しばしば「創発性」が問題になる。道具の適切な使用はあらかじめきめられた「正しさ」によるのではなく、つねに逸脱の可能性をふくんでいることに注意を向けなければならない。我々の見るところ、その際には、「身体制御型技能」と「問題解決型技能」の往復運度により、身体制御ですまない「問題」を見いだし、それを主題化し、解決を求めることが重要な意味を持つのである。

また、第二の問題は、道具や機械との媒介における他者のかかわりという問題である。われわれはスミッツマンの実験を通して技能の根底に自然の痕跡を見いだした。しかし、純粋に状況にそのつど即応するだけの行為は別として、多くの技能は歴史的な沈殿をもとにしており、それは他者との関係を含んでいる。また、今日多くの技術的行為は他者と共同で行われる、これはどう理解すればよいのか。

ノーマンは、航空機のコックピットについて興味深い例を挙げている。ふつう、最新式のテクノロジーがあれば、昔ながらの機械式のテクノロジーに必要だった大規模制御装置の必要性はなくなったように思われる。たしかに通常の状態では、飛行機は一人の人間で操作することが可能だが、トラブルが発生したときには、仕事の負荷を分担してもらったり、正しい判断をしたりするために、周囲に他者がいることが大切である。例えば、機長が副操縦士の脇の着陸レバーを下げるという動作は、副操縦士にそれと意識することなく気づかれ、操作を行ったことを相手に知られるというパイロット間の自然なコミュニケーションを形成する役目をはたすとされる。この「状況への気づき」には、大きな制御装置が役立つというわけである。[19]

図５　ボーイング 747-400 のコックピット

現代の「ガラス製」コックピットである。旧型航空機の機械式計器類が、ほとんどコンピュータ制御のディスプレイに置き換えられている。機長は左側のシートに、副操縦士は右側のシートに座る。パイロットの座席の真正面にある二つのコントロール・ホイールは互いに連動するようになっている。パイロットの前面にある計器類やスイッチ類はもう一方のパイロットのものとはほとんど同一のものである。中央部分にある計器やスイッチの多くは共有である（写真はボーイング社の好意による）。

ノーマン『人を賢くする道具』p.190.

　この事例は、通常は隠されていたヒューマンな側面が、エラーの発生という状況で表面に現れることを示している。一般に、機械システムへの人間の関与はヒューマン・エラーの原因であり、それは少ないほどよいとされるが、ここでは逆に、絶えず生じる問題やエラーを微妙に補正する存在として人間が欠かせないことが示されている。ヒューマン・エラーの問題は、使い手のふるまいを考慮に入れず、自然で滑らかなインタラクションを妨げる設計に第一の問題がある。さらに、機械操作はここではメッセージの媒体をなしており、機械の媒介や訓練、チーム・ワークをつうじた間主体的なコミュニケーションと行動の同期こそが、システム全体の円滑な運用を可能にしているわけである。

こうしてみると、こうした認知においては、人工物や他の人間もが認知の担い手となっており、それぞれに分散したしかたで認知が行われるということになる。ここでは詳しい議論に立ち入るゆとりはないが、もしこの議論を技術的行為にまで広げることができるとすれば、中岡哲郎は、分業化された現場での技能について述べていた、「熟練の全人性は労働者の集団としての全人性によって、工程の全体としてのトータリティによって、彼ら自身の協業への意志によって担われる」[20]、工程への技能の分散に道筋をつけることができそうである。中岡は工場における工程と、分割医師に見られるような職人的要素を残した機能別分業とを区別し、後者には「事前に分からない部分」が必ず含まれていると考えているが、これは福山の言う「問題解決型技能」とも通じる主張である。ここではとりあえず、身体的行為と環境とのかかわりあいが、こうして人工物をあいだにはさんだ間身体的な共同行為にまで拡張されることを確認して、次の話に移ることにしよう。

第三節　人工物という「物語」

1　人工物の志向性と固有機能

われわれは技術的行為を人工物の媒介とした世界との関わりとして考察してきた。しかし、この人工物との関わりについて言及しなければ、ふたたび人工物の自律的な発展に人間の技能が追随するというモデルに立ち戻ることになりかねない。この点を押さえるべく、人工物のあり方に最低限触れておくことにしたい[21]。

われわれはふだん人工物（例えばイス）が一定の機能（座る）を持つという言い方をする。しかし、この「モノが機能を持つ」という事態は決して自明なものではない。一方において、座るという機能を離れて見れば、イスは一個の物理的対象（例えば木）にすぎない。しかし他方、イスがイスとしての機能を果たすのはこの対象の持つ物理的性質のおかげである。同じように、医薬品についても、特定の化学物質によってはじめて特定の反応が可能になり、特定の機能を実現しうるといえる。ピーター・クローズらの「人工物の志向性」論を援用するならば、イスという人工物は物理的構造と技術的な機能とのこうした特有の「二面性（dual nature）」を有しているのである。[22] こうした物質的な基礎との関係という点は貨幣のようにもっぱら象徴的な機能のみを有する人工物との違いであるといえるであろう。物理的構造に基づいてはじめて可能になるということを人工物の「機能」にとっての第一の前提とするならば、さらに第二の前提がなければならない。いま、ねじ回しを例にとってみよう。何ものかが使用者によってねじ回しと見なされ、実際に使われうることが、ねじ回しであることの十分条件であるというのが第一の前提でいわれたことである。しかし、クローズらによれば、この定式化は十分ではないとされる。この前提だけでは、私たちがふつう「ねじ回し」と呼ぶものだけではなく、「たまたま」ねじ回しとして使われるコインやクレジットカードまでもねじ回しであることになってしまうからである。そこで、偶然にねじ回しの機能を果たすというのではない、ねじ回しに固有の機能とは何かが問われることになる。クローズらはそこで、設計者や設計グループが持つ志向（意図 intention）により特定の特徴を負わされることが必要であるとし、そもそもねじ回しとして設計されているということが「機能」にとっての第二の前提となると主張する。

一般に、設計者やエンジニアが関心を持つのは、事物が何であるかということではなく、目標を達成し、機能するためには、事物はどのようなものでなければならないかということであるといわれる。この「どのような」に関わる知識を「技術的知識」と呼ぶならば、設計の過程はおよそ次のようにたどられることになろう。①設計者が人工物にある機能を持たせることを意図する。②設計者は、事物に関わる科学的知識および技術的知識に基づいて、製作される人工物の物理的構造を決定する。③こうした知識のおかげで、設計者は、このようにして決定された物理的構造を持つ人工物がなぜその機能を果たしうるかを説明することができる、というわけである。(23) このように、設計や製作は、企てられた意図にしたがって様々な知識が人工物に埋め込まれる過程であると考えられる。

ここで人工物の「固有機能」という概念を導入することにしよう。固有機能とは設計者が思い描いた機能であり、人工物がこの機能と合致して使用される場合には固有使用されているといわれる。これに対して、偶然的使用といわれるのは、ユーザーがそれとは違った仕方で人工物を用いるときや、設計がそもそもなされていないときのことである。クローズらの議論では、固有か否かは設計者の側から考えられており、設計者は、ユーザーがその人工物を見たときにどんな使用法をするかを想像してみることとなる。固有機能という概念により、人工物の設計が何であり、機能がいかなるものであるかについて理解する有力なツールが得られたように思われる。人工物の固有性は、現実にある様々な機能においてもともと設計者が思い描いた機能からの由来を問い、そこからの発展・進化を考える点では生物学における固有機能と共通する。しかし、その由来が設計者の思考（意図）である点では、同じ「機能」とはいっても、生物学的な固有機能とは性質を異にする。固有機能という概念は、物理的構造と人工物の機能の関係を整理してくれるが、ただし、人工物の技術革新においては当初の機能の歴史的な再生産とは考えがたい事例もある。(24) そこで、人工物の固有機能についてやや違った角度から検討することにしよう。

2　「設計者の誤謬」と人工物の「空白」

ところで、こうした固有機能と偶然的機能との区別は維持されうるだろうか。ここで、文学における「意図の誤謬」と同様な役割をする「設計者の誤謬」(designer fallacy)が指摘される。つまり、文学作品の意味が作者の意図から跡づけられたり、それに限定されたりしえないのと同様に、構造を見ても歴史を見ても、設計された機能にはどうしても還元できないと考えられる技術の事例がたくさんあるのである(25)。例えば、登山で用いるエイト環の使用法が挙げられる。図2にあるように、エイト環とは8の字の形をした金属製の器具であり、もともと懸垂下降(アプザイレン)などに用いるためにデザインされた下降器である。カラビナも使い方によっては代用とすることができるが、安定した降下にはこれが一番だとされる。しかしのちに同行者の安全確保のための確保器としても使われ出し、この使用法が一般化した。エイト環において懸垂下降と同行者の安全確保はともに「固有の使用法」といえとすれば、それは設計者の意図を離れたことになる。

図6　http://magicinmaya.com/image/cache/img10432632401-150x150.gif

図7　http://fly-fly-birdmen.at.webry.info/201103/article_2.html

　このような設計者の意図との乖離という問題は、文学作品における作者の意図の問題と類似している。そこで、『文学的芸術作品』でインガルデンが提示した対象の「空白Lücke」ないし「無規定箇所Unbestimmtheitstelle」(26)を参照しつつ、考察してみよう。

インガルデンによれば、芸術作品は、技術的人工物と同様に、物理的な基礎を背景にして現象するが、鑑賞者との相互交渉のうちで美的対象の構成が問題となる。芸術作品は、物理的実在とは、①全面的に一義的に規定されているかどうか、②諸規定が合流して一個の具体的統一をなしているかどうか、③個別的なものであるかどうかという点で、本質的に異なっている。例えば、「人間」と言っただけでは、それが「机」ではないことは分かるが、それがいかなる人間であるかは不明である。かりに「年取った人間」と言ったとしても、若干の無規定箇所は埋められても、なお無数の無規定箇所が残っている。こうしたように、作品に呈示された対象像はつねに原理的に未完さを含んでおり、たえず鑑賞者による保管を求めざるを得ないのである。

技術的人工物も事情は似ている。エイト環の場合には、固有機能、固有使用は明確に定義されている。それにもかかわらず、すべての状況で一義的な使い方がされなければならないわけではなく、また現実に使用する場面になると、すべての人がそれにしたがうわけではない。下図にあるように「プログラムには「アンチ・プログラム」が、「使用」には「誤使用 misuse」の可能性がつねに孕まれていて、使用の仕方には曖昧性がつきまとわざるをえない[27]。

それゆえ、「固有機能」が「何」であるかは設計者の手で一義的に定められるのではなく、使用者の集団的志向にも委ねられる。固有機能の理論でいわれるように、もし人工物の固有機能が設計者の意図によるとするならば、エイト環の固有機能は下降器ということにあり、それ以外ではない。確保器としての使い方はたんなる偶然的使用にすぎない。だがかりにもし下降器としてではなく確保器としての使い方が探索され、懸垂下降と同行者の安全確保がともに「固有の使用法」とみなされるとするならば、エイト環という一つの物理的構造と物理的機能（支持力など）を持つものに対して二つの人工物のタイプを認めうることになる。この点についてシェールは次のように述べている。「類似した物理的機能と因果的歴史に基づくならば、私たちは一つの人工物のタイプを認める。しかし、固有機能に関する議論を付け加えるならば、二つのタイプが認められるかもしれない。後者の特質は、何らの集団的志向性（collective intentionality）と呼びうるものに基づいている。いくばくかの登山家のグループが安全確保という使用法を固有のものとして受け入れており、その意味でその使用法は固有なのである」[28]。この後の言い方にここで注意を払う必要がある。ここで認められるのは、確保器という偶然的使用が次第に固有使用法に転じ、設計・制作者の側の機能設定を超えていくという事態なのである。

また、文芸作品と同様に、技術的人工物にも様々な不確実性や不完全性が含まれている。例えば、完全に衝突に耐えうる自動車がない（装甲車でもないかぎり）ように、技術的人工物に求められるのは様々な要求の間での妥協であり、「しかるべき」「相当の」完全性や確実性である。いうならば、どこかで「割り切る」のであって[29]、ここにはいわゆる計算可能性や確実性ではなく、「工学的判断」や「総合的判断」と呼ばれる、不確実性の中での一種の価値判断ないし政治的判断が介在することになる。

このような人工物の機能において、使用者の側がその定義に参加すると言うことは、道具の使用において絶えず逸脱や柔軟性が発揮されるという事態と対応している。設計者、制作者と使用者は、芸術作品の作者と鑑賞者の場合と同様に、人工物をはさんで、弁証法的な関係に立っているのである。

３　固有機能の社会性

人工物が機能を持つという際、たんに「作動する」ということでは十分ではない。少なくとも、社会的・文化的世界に置かれた人工物については、その全体あるいは部分において、安定性、長期性などのほか、安全性や環境への負荷のなさといった要件が満たされていなければならない。こうした社会・文化的要件は、人工物の機能に付随する規定と考えられがちであるが、その実、固有機能にとって構成的である。機能はある規範性を持っているが、「固有」な機能の規範性には、狭義の技術的なよしあしだけではなく、何らかの社会的・文化的規範性が含まれている（例えば、環境負荷のないことは、広義では技術的に「よい」と呼ばれる）。こうした規範性には、設計者の側から強制的な設計により固有機能を固定しようとするはたらきが関与するが、同時に使用の状況、社会状況のなかで規範性が変化する余地も含まれているのである。

このように、設計者の意図が人工物の固有機能をすべて規定してしまうのではなく、使用におけるアンチ・プログラムと設計における強制的設計との「せめぎ合い」が、固有機能の定義に関わってくるのである。一般に使用やその状況をまったく念頭に置かない設計はない。しかし、人工物の「固有」機能という際には、設計者によって想像された使用法ではなく、実際になされる使用法を待って、その機能が「何」であるかが確定される。言い換えれば、固有機能には一定の社会的・文化的な進化・発展の過程が組み入れられることになる。この進化・発展としては、当初の設計意図からの漸次的変化に尽きず、設計意図に還元しえない非連続性、当初ありえなかった機能の出現までが考えられる必要がある。そしてそうした中で得られた方向をもとに、次の発展が積み重ねられることになる。この変化の過程には人工物の機能やその規範性の変化として、設計における強制的デザインとアンチ・プログラムとのせめぎ合い、あるいは設計者と使用者との対話的対決が深く関わっていて、その中で暫定的に安定したものが「固有機能」として取り出されるのである。

　このように、人工物の機能は使用者によって変化させられる。機能の実際の使用は、たんに技術的機能がはたらくかどうかの因果的確証ではなく、社会的確証であり、意味的な確証でもある。設計者はこの意味的媒介の外にいるのではなく、この意味的媒介のなかにいてその方向付けに設計者という立場から参与するのである。

第四節　自然という「他者」

　原発事故後、専門家に対する不信感の増大、テクノクラシーへの批判が一時噴出し、科学技術に関する意思決定に市民参加と熟議の導入を求める議論がなされたことは記憶に新しい。もちろん、こうした試みは事故以前から様々形でなされてきていたことは言うまでもない。また、日常的に出会う個別の人工物に関しても、共感型デザインのように、設計者がユーザーに配慮するだけでなく、エンド・ユーザーがデザインの過程に能動的に参加し、デザインされる製品が彼らのニーズに合っているか、使い易さはどうかを確認する助けを彼ら自身がするようなデザイン手法が唱えられてきている。ここでの問題は参加という「形式」の問題ではなく、どのようなことを以って「よい」と判断するのかという価値基準に関わる、より実質的な議論である。日常的な人工物ならば、使用者の認知的、身体的なあり方への適合によって「人間中心的」と呼ぶものを基準に据えることができるかもしれない。あるいは、自由を重視する立場からは、正義にかなっていることや、民主的であることそれ自体を判断基準とするという主張もあり得よう。だが、大きな技術システムについてはどうであろうか。文化的、生命的、経済的などの価値をアプリオリな価値の位階秩序によって整理することのできない現在、この問題をどう考えることができるであろうか。その一つの手がかりとして、ここでは自然の位置を考えてみることにしよう。

冒頭で見たジャン＝リュック・ナンシーは、「われわれは自然を変質させたのであり、もはや自然について語ることはできないのだ。われわれは、もはや自然と技術との区別が有効性を持たず、同時に、「この世界」となんらかの「他の世界」との関係もまたもはや有効性を持たないような、そうした全体性について思考することができるようにならねばならないのである」と述べている。[30] 言うまでもなく、技術化されたシステムが、相互連関し、相互錯合したシステムであり、「技術」が「自然」の「代補」であるという考えがこの背景にある。だが、技術によって代替され、意味をあたえられるという言い方を認めたとして、この「自然」がどのようなものかが明らかにされなければならないであろう。この自然は、一方で意味をあたえられるものとして技術化されたシステムから独立したものであろうが、同時に、システムに代替され語ることはできないものとして野性的な自然であることもできないであろう。ナンシーの本質主義の考えを離れて、この自然について検討しておかねばならない。

まず、手がかりとしたいのは、ゼールが『自然美学』で述べている「自由な自然」である。ゼールはヨーロッパの環境倫理学の伝統にしたがって、北米的な「野生自然（wilderness）」から距離をとりつつ、「自由な自然」について強概念と弱概念を提示する。やや長くなるが引用しておこう。

形態化されていない自然と同様に、目に見えて人間によって形態化された自然もまた、人間による手入れや手直しなしに多かれ少なかれ不変な循環において存続しうるような、人間の意のままにならない生命連関を形成するかぎりでは、自由である。その範囲では、自然の自律の強概念が問題である。これに対して弱い了解では、自然は、人間の意のままになる生命連関である。これは能動的形態化なしにはそういう風には存続しない、あるいはそもそも存続しないだろう。そのようには庭園は存続しないだろう。室内の鉢植え植物はまったく存続しないだろう。にもかかわらず、ほかならぬ自然が目に見えて人間の意のままにならない諸形式の連関であるかぎり、ここでも自律がまだ問題となりうる。このとき自然は、もはや現実として自律的ではない。つまり自然は、人間の行為から独立して存在する一領域ではもはやない。そうはいっても、全体的もしくは部分的に自然の諸形象は存在しうる。(31)

野生自然や人間の意のままにならない自然だけでなく、庭や鉢植えの植物のように、人間から独立に存在しないような自然も、一定の自律を認められるという意味で「自由な自然」なのだというわけである。このかぎりでの自然であるならば、われわれはゼールのように美学にではなく、技術的な領域にも「自由な自然」を認めることができるように思われる。ただし、ゼールでは、自然に対しては人間の場合と同様な対等な相互承認の関係があり得ないことから、自然に対する直接的、普遍的な承認は人間による自然の一方的な美感的な承認としてだけ可能であって、自然の包括的な道徳的承認は自然の包括的な美感的な承認を前提とするのだとしている。(32) その正当性を十分に認めるとしても、われわれは美感的な承認ではなく、自然との技術的な関係のうちにいかにして「自由な自然」を認めうるかについて問わなければならないのである。

再度まとめてみると、道徳的承認においては相手を相互行為の他者とみることが求められるが、自然に対してはこのようなは問題となりがたい。こうした承認は、おそらくはたかだかペットや家畜について言えるに過ぎない。[33] また、ゼールの言う美感的承認は自然を一方的に承認するものである。この承認においては、美を通じて享受される主体のよき状態（well-being）が重要であり、他者が同様によき状態を享受することをいかに認め合うかという点で、間接的に道徳が関係してくる。たしかに魅力的な概念ではあるが、しかし、われわれが問題としたいのは、技術的な連関における自然のより直接な承認である。ちなみに、この自然はわれわれに何らかの抵抗をするものと捉えられるが、ときとしてわれわれを脅かしさえするものでもある。また、これまで見てきたように、技術的連関においては、人工物を介した人間‐世界の媒介が問題となるのだから、美感的承認とは違って、そこには道徳や倫理の問題が深く入り込んでいる。では、こうしたものとしての自然の承認ははたしてどう考えられるのだろうか、これが問題なのである。

ここで次に参考となるのは、技術をめぐるマルクーゼとハーバーマスの論争である。

マルクーゼは、自由が技術の進歩や科学の発達に大きく依存していることに着目する。そこで「科学や技術は、自由になるということの手段になるためには、現在の方向と目標を変えなければならない」と主張する。[34] マルクーゼが考えているのは、科学技術の発展の方向の変換にとどまらない。むしろ、技術的合理性というあり方そのものの変革である。だがそれはいかにしてか。マルクーゼはそれを感性的な意識に求める。「科学や技術は新しい感受性、つまり生の本能の要求と一致するように構築しなおされなければならない」とし、さらに「この解放された意識は、生を保護し満足させる上での物と人との可能性を発見し実現し、この目標を達成するための形式と内容をさまざまに試みることが自由にできるような科学と技術の発展を促進するだろう。技術はそのとき芸術となり、芸術はそのとき現実の形式をつくることになるだろう。想像力と理性、高等能力と下等能力、詩的思考と科学的思考との対立は意味を失うであろう。つまり新しい現実原則の出現である」と述べている。技術に対する新しい感受性という主張は、一見すると、きわめてロマン主義的なユートピアである。それは、ハイデガーの風車に勝るとも劣らないもののように思われる。

実際、ハーバーマスはそうした点からマルクーゼを批判する。「技術の発展が、目的合理的で結果を統制された行為に、つまり、労働の構造に見あった論理にしたがうことを明確にとらえれば、人間の自然組織がかわらないかぎり、そして、人間が社会的労働を通じ、労働を代行する手段のたすけをかりて生活を維持しなければならないかぎり、技術を、しかも現にある技術をすてて、質的にちがった技術を求めうるとはとうてい考えられない。マルクーゼは自然にたいする別種の態度をめざしているが、その態度からは新技術の理念は獲得さるべくもない(35)」。ハーバーマスの態度は本質主義的であり、自然を他の主体として接する「別の態度」は可能かもしれないが、技術そのものは目的合理的な、支配と成功に方向付けられたものであることは変わりようがないのだとする。技術における合理性の尺度は不変なまま維持されるのである。

しかし、ハーバーマスには誤解がある。それは、別の箇所で明らかにしているように、マルクーゼはここで、科学に見られる合理的階層秩序と社会的階層秩序との結びつきを切断することを考えており、「科学の仮説は、その合理的性格を失わないままで、本質的に異なった経験的連関のなかで発展するであろう。その結果、科学は本質的に異なった自然の概念を獲得し、本質的に異なった事実を確立するであろう(36)」としている点である。マルクーゼは、例えばゲーテのように、科学的合理性をロマン主義的なものによって代替しようと考えているのではない。科学の合理的性格を保持しながらも、それを肥大化させることなく、これまでと本質的に異なった連関の中で発展させようとしているのである。具体的にはどういうことか。この点については、マルクーゼの立場を引き受けたフィーンバーグの指摘が的確であろう[37]。

フィーンバーグによれば、ハーバーマスは純粋な抽象レベルでの科学と、社会のなかで具体的に実現化された技術とを取り違えており、その結果、技術を抽象物と定義しているのである。ここで、社会的な現実のなかでは「技術的合理性」は一つのテクニカル・コードであるという前節の議論を思い出す必要がある。「技術的合理性」は人工物に織り込まれる一つの社会的決定なのであって、不変のものではないからである。

さて、フィーンバーグは、技術を人間環境や自然環境に適合させることを通じて裸の機能性を克服しようとする。そこでは、技術を環境、操作する人間の職業的な自己開発、その他の多くの人間的なニーズに適合させることができると考えられている。これとリンクするかたちで、彼は自然をもう一つの主体として扱いうる道があると考えている。引用が重なり恐縮だが、少しだけおつきあい願いたい。「人間が素材を変化させることで、形成された環境をつくり出す際、その素材のよき状態（well-being）に人間が責任を負う場合には、自然はもう一つの主体として扱われる。美、健康、妨げのない発現や成長といった、このよさを定義する価値は、科学的な地位をもたず、普遍的合意の対象にはならないかもしれない。しかし、そのいずれもが、近代の価値ニヒリズムに見られるようなたんなる個人的な好みにすぎないものではない。これらの価値はわれわれの生きた自然経験の中で生まれ、これまで合理的な反省や批判の対象にされてきた歴史をもつ」とする。そして、フィーンバーグがここで考えているのは、人工物を具体的に社会的な現実の中でデザインする場面である。すなわち、その際には、自然科学、工学を仲立ちにするとしても、美、健康、妨げのない発現や成長といった素材のよき状態に対して責任を持つことによって、自然に対して支配ではないような関係性を取り結んでいくことが可能であるというのである。

くりかえすならば、自然という他者が検討される理由は、対自然の関係性の変更が技術に対する態度変更につながり得るからであった。この態度変更から新たな価値基準を得てくることで、技術をめぐる熟議に実質性をもった価値基準をもたらしうるとは考えられないだろうか。フィーンバーグの議論は、自然をもう一つの主体と認めることを通じ、自然を技術との区別がもはや有効でないとされる以前の場面に立ち戻って、ある価値的な視座を導入する可能性を示唆している。価値とは言っても、たんなる主観的な価値観の問題にとどまるのではない。それは、人の場合の「尊厳」がそうであるように、自然に固有の価値を認める非主観主義的な価値理論である。それはまたマルクーゼのユートピア主義を現実の土台に据え直すものでもあり、さらに付け足すならば、技術をめぐる民主主義的な議論の中で威力を発揮するものなのである。

だが、はたしてこれでもって、日常的に出会う人工物のデザインにかぎらない人工物一般について、価値的な基準があたえられるであろうか。フィーンバーグは、マルクーゼの美的実践によりどころを求め、技術的合理性を乗り越える構想力を構想している。その射程が、庭園や公園、建築物や都市計画にまで及んでいることは疑いのない。それはたしかに大きな態度転換ではあり得るし、また、東北地方の復興が進むなかで「技術的な解決（technological fix）」が目につくようになった現在、求められることの一つには違いない。だが、些細なデザイン変更では済まない原発を含むより大きな技術システムに対してこの態度変更がいかに価値基準をあたえうるかどうか、さらに立入った検討が必要であるように思われる。抽象的な言い方をするならば、より全体的なシステムを考えるとき、自然が私たちとの関わりにおいてあると同時に、私たちを超えたものでもあるという、この二重性をいかにして技術の哲学に組み込むのかが、より明確に議論に組み入れることが、技術による自然の制御不可能性というような議論に答えるうえで、必要不可欠なのである。本質主義とは別路線で技術哲学を模索するときにも、われわれの前にはまだ課題が山積しているのである。

【註】

（1）ジャン＝リュック・ナンシー『フクシマの後で』渡名喜庸哲訳、吉岡書店、二〇一二。なお、本章第一節および第四節については、旧稿「思想史における技術」『社会思想史研究』第三四号、二〇一四をも参照。

（2）ファーガソン『技術屋の心眼』藤原良樹他訳、平凡社、一九九五。

（3）ブルーノ・ラトゥール『虚構の「近代」』川村久美子訳、新評論、二〇〇八。

（4）Cassirer, Form und Technik, 1931. 同書や『シンボル形式の哲学　第2巻』で、カッシーラーは技術を呪術と対比し、願望の全能性を克服した形式と捉える興味深い議論を展開するが、ここではその詳細には立ち入らない。

（5）本節の分析は、筆者の旧稿「状況に〈しかるべく〉応じた行為」（東洋大学哲学科編『哲学をつくる』、知泉書館、二〇〇五）、「技術哲学と〈人間中心的〉デザイン」（河野哲也、村田純一、佐々木正人編『知の生態学的転回』第二巻、東京大学出版会）二〇一三、および「行為の形としての技術」（『思想』九一六号）二〇〇一に負うところが多いが、議論は大幅に見直している。

（6）D・ノーマン『人を賢くする道具』佐伯胖監訳、新曜社、一九九八。

（7）Alfred Schutz, *Reflections on the Problem of Relevance*. Edited by Richard M. Zaner. Yale University Press, 1970

（8）A.Schutz, T.Luckmann, *Strukturen der Lebenswelt*, Luchterhand, 1975, S.118ff.。英語表記は、R.Zaner, H.Engfelhardt Jr. による英訳 The Structure of the life-World, Vol.1, Northwestern UP, 1973, 106ff. による。

（9）シュッツは前掲書で以下のように述べている。「私の動機的レリバンスとは、かつて私にとって主題的レリバンスや解釈的レリバンスをもち、習慣的に所有された永続的な知識になっている、以前の諸体験の沈澱物である。習慣的に所有されているそうした知識は、以前の主題的レリバンスがふたたび生じてこないかぎり休眠したままである。だが、「同一」の状況や類型的に類似した状況（「変様してはいるが同一の状況」「類似の状況」「同様な状況」など）がふたたび生じた場合には、その知識は現実化される」（いうまでもなく、ここで挙げられた3つの「レリバンス」とは、上で取りあげたそれぞれのレリバンスのことである）

（10）マイク・クーリー『人間復興のテクノロジー』里深文彦監訳、御茶の水書房、一九八九、p.201。

（11）福山弘『量産工場の技能論』日本ブランドメンテナンス協会、一九九八、p.52ff。

（12）Bernhard Waldenfels, Reichweite der Technik, *Der Stachel des Fremden*, 1990.

（13）Smitsman, W. The Development of Tool Use: Changing Boundaries Between Organism and Environment, in: C. Dent-Read, P Zukow-goldring(ed.), *Evolving Explanations of Development*, Washington, D.C. : American Psychological Association, 1997.

（14）Reed, E.S. *Encountering the world: toward an ecological psychology*, New York : Oxford University Press, 1996.

（15）E. Husserl, Zur Phänomenologie der Intersubjektivität. Texte aus dem Nachlaß. Zweiter Teil: 1921-1928.(Husserliana Bd.HXIV)Hrsg. von I. Kern, 1973, S. 465

（16）福山前掲書、p.180f.

（17）ニコライ・A・ベルンシュタイン『デクステリティ　巧みさとその発達』工藤和俊訳、金子書房、二〇〇三。

（18）シュッツは、しばしば行為者本人にも（あるいは本人には）意識されないでいる動機づけを「理由動機」によって理解しうると考えている。通常の「……するために」という目的動機が未来に予想される事態を見ているのに対し、「……だから」という理由動機は、未来の事態をそれまでの過去の経験の方から見るものである。それは活性化されないかたちで存していて、過去に目を向けることで、はじめてそれとして捉えられることになる。しかし、スミッツマンやベルンシュタインの事例がこうした回顧だけで明らかにされるとは考えづらい。

（19）ノーマン、前掲書。「最新式のテクノロジーがあれば、昔ながらの機械式のテクノロジーに必要だった大規模制御装置の必要性はなくなったように思われる。このアイディアが設計者を惹きつけることになった。エアバス社の新型旅客機には、コントロール・ホイールがないのだ。…しかしながら、その結果わかったことは、時代遅れの欠きた操縦室と時代遅れの大型制御装置には、たくさん利点があるということだった。操縦という仕事は分散されて行われる性質をもつので、装置の大きさが重要なのである。多くの近代的なプラントや飛行機は、一人の人間で操作することが可能だが、問題が発生したときには、仕事の負荷を分担してもらったり、正しい判断をしたりするために、周囲に他者がいることが大切である。仕事を共有する上で決定的なのは、ものごとがどのような状態にあるのかを、常に全員に完全に把握させておくことである。…これを状況への気づきと言う。」

（20）中岡哲郎『工場の哲学』平凡社、一九七三、p.176ff.

（21）本節の議論は、前掲拙稿「技術哲学と〈人間中心的〉デザイン」に一部分を負っている。

（22）Kroes, P, *Technical Artifacts:Creation of Mind and Matters*, New York ; London : Springer, 2012.

（23）Haukes, W, The Nature of Technological Knowledge, A. Meijers(ed.), *Philosophy of Technology and Engineering Sciences*, 2009.

（24）Haukes, W., Vermaas P, *Technical Functions*, New York ; London : Springer, 2000.　但し、ここでは「固有機能」の内実には深入りしない。

（25）D, Ihde, *Bodies in technology*, Minneapolis : University of Minnesota Press., 2002.

（26）Roman Ingarden, *Das literalische Kunstwerk*, 2.Aufl., Tübingen, 1960.

（27）Latour, B., "Where Are the Missing Masses? The Sociology of a Few Mundane Artifacts", W.E.Bijker and J.Lawed ed., *Shaping Technology/Building Society*, Cambridge, Mass.: MIT Press, 1992.

（28）Scheele M, Function and use of technical artefacts: social conditions of function ascription, *Studies in History and Philosophy of Science*, Vol.37, 2006.

（29）「何でもかんでも、これも可能性ちょっとある、これはちょっと可能性がある、そういうものを全部組み合わせていったら、ものなんて絶対造れません。だからどっかでは割り切るんです。」（斑目春樹　2007　浜岡原発・運転差し止め訴訟）という発言は工学の一面の真理を捉えてはいる。

（30）ナンシー、前掲書、p.59.

（31）マルティン・ゼール、加藤泰史、平山敬二監訳『自然美学』法政大学出版局、二〇一三、p.242.

（32）Martin Seel, Ästhetische und moralische Anerkennung der Natur, Angelika Krebs hg. *Naturethik*, Surkamp(stw), 1997, S.310.

（33）直江清隆「人間生態系と役割論」、『情況』二〇〇四年十一月号、二〇〇四年十一月を参照。

（34）マルクーゼ『解放論の試み』小野二郎訳、筑摩書房、一九七四。

（35）ハーバーマス『イデオロギーとしての技術と科学』長谷川宏訳、紀伊國屋書店、一九六八。

（36）マルクーゼ『一次元的人間』生松敬三他訳、河出書新社、一九六四。

（37）フィーンバーグ『技術への問い』直江清隆訳、岩波書店、二〇〇四。

直江　清隆（なおえ　きよたか）
東北大学大学院文学研究科教授
一九六〇年埼玉県出身
東京大学大学院理学系研究科博士課程単位取得退学
博士（文学）
専門：哲学、科学技術倫理
主な著作：〈共編〉『高校倫理からの哲学』1～4、別巻（二〇一二年、岩波書店）、〈共著〉『知の生態学的転回　2』（二〇一三年、東京大学出版会）、〈共著〉『技術と社会の統合による教育』（二〇一五年、東京大学出版会）、〈共編〉『理系のための科学技術者倫理』（二〇一五年、丸善出版）

あとがき

自然観の変遷と人間の運命について

本書の「自然観の変遷と人間の運命」というタイトルから私たちはいま何を考えることができるのだろうか、いや、考えなければならないのだろうか。「自然」観と「運命」観とは密接に関わっている。「自然」をどのように見るかという問題は「運命」をどのように考えるかということと直結するからである。このことは、二〇一一年三月一一日の東日本大震災の経験からも明らかになろう。多くの人びとの命を奪ったあの自然の暴威を、「運命」ということばで片づけることはできない。私たちは、亡くなられた多くの方々にとってのあの事件を、たまたま襲来した偶然の不運・不幸、あるいは過失と見なしこそすれ、彼らの必然的な「運命」などとけっして考えたりはしないからである。だがしかし、かつての日本人は、あのような災害を「自然」のもたらす不可避の定め、すなわち運命として受容していたのではなかっただろうか。この違いは一体どこから生じているのだろうか。そのことをどのように考えればよいのだろうか。もとより、この問いに容易に結論の下せようはずもない。この重大な問いについて、ここに寄稿された諸論考に眼を通したうえで、いまの私にできるのは、この時点でのいささかの感懐を記すことばかりである。

まずは、「自然観の変遷」をいとぐちにしよう。
「自然」についての私たちの見方は、それぞれが属する環境や社会の違いに伴って、変わってくる。そのことは、この数十年の、いやここ数年でさえもの気候変動の、様々な影響を考えるだけでも容易に想像できる。自然の暴威とその被害が年々増大してきているように思われるが、それに伴って自然に対する私たちの意識や態度も変わらざるを得なくなっている。さらには、時代や社会的環境の違い、広く言えば文化の違いによって同じ「自然」に関しても私たちのものの見方や見え方は大きく違ってくることも確かであろう(1)。

いささか大袈裟に聞こえるかもしれないが、たとえば、江戸時代の人びとと現代の私たちが、日本のある場所から同じ田園地帯を眺めているとしよう。同じ場所から見ているとしても、同じ「自然」を見ているとはけっして言えない。もちろん、景観は大きく変わっている。道路ひとつとっても、いまでは、ぬかるみやわだちの跡などどこにも見えず、舗装された道路があるばかり、そしてその脇には電信柱が立ち並び送電線や電話線が張り巡らされている。藁葺屋根の家はどこにも見られないし、肥溜めも皆無、どこにいても車の音だけは聞こえてくる。田植えの前には、つい五十年前には田を鋤き代掻きをする牛の姿をよく眼にしたものだが、それも今日ではまったく見られなくなった。それどころか私たちの周囲からは、牛が姿を消し、いつの間にか鶏の声ひとつさえ聞こえなくなっている。もちろん、早苗とる乙女たちの姿などどこにも見えなければ、田植えの歌が聞こえてくるわけでもない。一様にメーカーの帽子をかぶった男たちが黙々と耕運機を動かしているばかりである。

だが、そのように景色の様子が変わっているというばかりではない。その変化の根底に、「自然」に対する考え方そのものの大きな違いがあると見るべきだろう。現代でも、なお一部地域には田の神に対する祈りも祭りとして残存しているであろうが、その質は明らかに変わってきているように思われる。かつては稔りをもたらしてくれる神への祈りが主であった田植えの作業――乙女たちが田植えをすると田の神が喜ぶと言われていたこの作業は、むしろ「聖なる儀式」と呼ぶ方が相応しいのだろうが(2)――も、いまでは生産効率の上昇を目指す機械による作業労働へと転換している。もとよりここでその是非を論じたいわけではない。「自然」に向かう態度の変質の、大きな、少なくも一因なりともそこに見て取りたいだけである。

別な例を挙げてみよう。私たち現代人の大半にとっては、峩々たる山々も踏破されるべき対象とみなされる。しかし、江戸時代の人びとにとっては、険峻な山々はなお遥かなる崇敬の対象であったであろう。江戸時代という社会状況から考えても、「旅」をすること自体が容易ではなかった。旅に出る場合には、時として「死」さえも覚悟しなければならなかったはずだからである。そのようななか、登山道などのない急峻な山にあえて登ろうなどと考えるのは、修行者か、死に赴かんとする者たちばかりであったことだろう。日本各地の名峰の多くがかつて「霊山」として崇められ敬われてきたことを思えば、時代による「自然観の変遷」を見て取るのはさして難しいことではない。

さらにいまひとつの事例を考えてみよう。いま少し時代をさかのぼって鎌倉時代初期の、たとえば、『方丈記』を読んでみよう。そこには、当時多くの人びとが日常的に飢餓にさいなまれ、飢饉の際には京都の都大路にさえ日々死にゆく者たちの声があふれていた様子が描かれている。そのような状況下では、災害をもたらす「自然」に対して人びとが抱く想いは、私たちとは当然異なっていたであろう。恐らくは、大いなる恐怖と畏怖の感情に襲われつつ「自然」に応対せざるを得なかったのではないか。猛威を振るう「自然」に対しては、むしろ「人間的営為」のはかなさ、虚しさが強く意識されていたことは、日本の古代の人びとのいわゆる「無常観」を想い起せば、すぐに理解できるであろう。そのなかにあってさえ、人びとは四季折々の万《よろず》の自然的事象に心を動かし、時に花を愛で、月を観じて歌を詠み、たとえば、漂泊のさすらいの旅程に身を託す生き方を善しとする歌人西行などが、日本人の典型的な美意識の持ち主とみなされてきたのである。ここに「自然」を「人間の運命」として受容する象徴的な態度を見て取ることもできるだろう。

このような「自然観」に呼応して、人間に対する見方にも、「死すべき者」たちの脆弱さ、根本的な哀しさが強く意識され、そこに「無常」という視点が大きく投影されていた。もちろん、『徒然草』などを見れば、単に悲しさばかりではなくて、そこに描き出されている人びとの日々の暮らしぶりや生き方の様子からは、ひとの生命への「愛《いと》おしさ」の想いが随所に立ち昇ってくる。しかし、それもまた、「無常」故の、自然的「運命」に翻弄されるが故の、ひとの自然な有様なのである。ある意味では、不意に訪れる「死」をそのままに受け入れる「無常観」が「人間的自然」本来のあり方として、したがって、世のひとの共通の「運命」として受け止められていたと言えるだろう。そうであるが故にこそ却って、自分たちを取り巻く季節折々の事柄や人びとの日々の営みに、なお一層深い思いを馳せることができたのであろう。

これは、死さえも眼の前から遠ざけて、どこまでも「無常」に抗しようとする現代の私たちのあり方とは決定的に異なった生き方であると言えよう。その一番大きな理由は、「自然」に対する見方の違いにある。今日の私たちにとって「自然」は克服し統御すべき対象でありはしても、決して畏怖の対象ではないからである。私たちは、人びとのいのちを脅かし、飢饉や飢餓をもたらす自然の暴威を、災厄や災害として受け止めこそすれ、「運命」として受け入れようとはしない。冒頭に述べたように、たとえば、東日本大震災によって奪われた、愛する親や兄弟姉妹、子供たちの「死」は、たまたまその場に居合わせ、危機を逃れられなかったが故の「偶然」の不運や不幸、もしくは過失として捉えられる。遺族の方々にしてみれば、この「偶然性」はけっして亡き人の必然的な「運命」として説明されるはずもない。いったいどうしてこのひと、この子でなければならなかったのか——これはどのようにしても私たちには解くことのできない最も困難な問いであり、そして苦悩である。しかし、確かに言えることは、自然の暴威が人間的営為に対する「運命」として立ち現れるという意識は、今日の私たちにはきわめて希薄になっているということである。そのことは、誰にでもやがては訪れる自然の必然的現象である「死」ですら、できるだけ先送りしようと望む私たちの日常の在りようを想い返せばすでに明らかではないだろうか。巨大な防潮堤を数百キロにわたって築き上げて「自然」に対抗しようとするかのごとき私たちの振舞いは、特に目立ったそうした事例のひとつにすぎない。

こうした自然理解の変質と密接に関連していそうな、もっと根本的な理由を、ある意味で卑近な例から考えてみよう。私たちのものの見方・理解の仕方には、常に限界・制約が伴っているということは、わが身のことを振り返るだけで、すぐにわかるはずである。誰であれ、対象がなんであれ、ある人やあるもののことを完璧に理解することなどできるはずもない。「全体」として知ることがあるのだとしても、むしろ当然のことながら、そのようなひとやものの一部分を見て、受け止めて、それを過大視して、「全体」と思い込んでいるにすぎない。私たちの能力に関して言うなら、私たちはいつでも自分の理解できるものしか理解できないのだし、しかも、理解しようとする対象について、常にすでに何らかの先入見を介して関わっている。たとえば、人間にとって見える世界と、犬に見える、あるいはハチに見える世界とは決して同じではない。対象や世界は同じでも、見え方、そして接し方は明らかに異なっている。犬は学ばなくとも、自分で子犬たちを生み、鼻づらを舐めて呼吸できるようにしてやり、臍の緒も自分で噛み切り、分け隔てなく子犬たちに乳を飲ませる。それればかりではない、子犬たちの排せつ物を自分で食べて巣の清潔さを保持しようとする。子離れも人間よりもはるかに上手である。ある程度子犬が成長すると、途端に邪険に扱い、時には噛んだりもする。いずれ、私たちはそれを「本能」という概念で捉えようとしがちであるけれども、犬の「自然本性」あるいは、「母性」と呼んだ方が犬に対して公平な気がする。

私たち人間はそうした犬ほどの「母性」すら「自然本性的」に持ち得なくなってしまってはしないか。人間の知能・知識が増大していく——これを文明化とか近代化と言っても良いだろうが——のに反比例して、人間の「自然本性」は変質していくのであろうか、幼い我が子に対してさえ、時には、獣以下の振る舞いに及ぶこともあるようだ。この変質には「自然」に対する態度変更と、木を見て森を見ているとする近代科学に寄せる過信とが密接に関わっているように思われる。つまり、一方で私たちは「自然」ばかりではなく、その延長上にある人間の「自然本性」そのものさえも克服すべき否定的な対象と見ようとする方向に進みつつあるのではないか。そして他方で、今日の科学的な見方によって私たちにはすべてが見えるようになっているとする、言ってみれば一種の妄信がそれである。こうした傾向こそが今日の私たちの不可避的な態度、すなわち「運命」となりつつあるように思われる。それは一体どうしてなのか。

良く知られているように、かつてヨーロッパでは、人間の「運命」は、この世界を無から創造した神の「摂理」と捉えられていた。いわゆる予定説が述べるように、神があらかじめ定めたひとの一生は、どのようにしても決して変更することのできない「運命」として受け止められてきたわけである。が、そのヨーロッパで近代以降展開されてきた「近代科学」は、世界を対象化する一方、意識主体を「アルキメデスの点」として世界全体から切り離して、その外に屹立させ、世界をおのれの「理性」による理解可能な対象として想定するよう仕向けるに至った。つまりは、人間「理性」によって「明晰かつ判明」に把握された世界の諸「法則」こそが、神の「摂理」の代替物として、人間が創造し発見可能な「運命」として意識されるようになっていったのである。私たちは今日、「明晰判明性」に裏づけられた「明証性」を指標とする近代科学による、あるいは近代科学に基づく「視点・視野」以外には、基本的に信頼を寄せようとはしなくなっている。もちろん、近代以降も西洋において「神の思想」は根強く人びとの思考を規定し続けてきたのだが、それも人間理性との、いわば「円満な」関係の範囲内においてのことであったと言わなければならないだろう。

今日では、その神でさえもはや必要だとみなされてはいない。近代以降の、人間の手による「自然」の破壊行為は、「自然」が神の被造物と見なされていたことを思うと、神の代行者となりえた人間「理性」が「自然」をどう作り変えようと非難されるいわれは何もない、という思考に起因するというべきであろうか。こうして、「自然」から豊かさを奪い取り自分たちの生活を享受するようになった人間の営為の代表たる、科学と経済活動とが、理性の所産として、私たちによって切り開かれるべき、そして負うべき「運命」として現前するに至る。そのことは、福島原子力発電所の事故が教えてくれたように、近代科学の精華と謳われた核エネルギーの廃棄物がこれからの人類の不可避の「運命」となってしまったところに如実に示されている。さらに、そのことと、ヨーロッパにおける個人主義思想の展開とその世界的な普及とが相まって、結果として日本でも次のような考え方が一般に浸透するようになってきたのではないだろうか。すなわち、いずれひとの行く末は、おのれの身ひとつの処しかた次第、能力次第、いか様にもなしうるはずであって、やがて襲いくる不幸はすべからく身から出た錆、おのれの責任ということにされてしまう。この「自己責任」という、成功者の側にとって肯定的な響きを持つ概念が、個々人の不可避の不幸な生い立ちや境涯でさえも、自らでは切り開きえない無能力の証として甘受すべきものにしてしまう。国内総生産ＧＤＰに象徴される生産性とそれによってもたらされる富と力とが「運命」の扉の鍵になっているということであろう。それが結果的に後代のネガティヴな「運命」にならないという保証はどこにもないにもかかわらず。

西洋のように絶対的な神ではなく、自然のなかに多様な神々を見ていた日本人にとって、自然が否定されるべき対象になったとなれば、それらの神々が姿を消していくのは当然である。だが、しかし、そのような私たちに身近な神々が、いわば私たち自身の自然的な、つまり本性的な心象の投影でもあったとすれば、事態はより深刻ではなかろうか。というのも、「自然」の否定が、つまるところそのまま私たちの豊かであったはずの心性を否定することに直結すると思われるからである。

しばし、とどまって想いかえしてみよう。私たちの世界は、必ずしも理性的に理解可能なものばかりで出来上がっているわけではないということを。もちろん、「理性的」ということの内容も一義的ではない。ところが、今日では、数的、経済的処理によって富をもたらすものばかりが「理性的」ないし「合理的」と称される。古来、洋の東西を問わず人びとは、理解不可能なものを排除するのではなく、むしろ敬いあるいは崇拝するか、または忌み嫌い遠ざけてきたのではなかっただろうか。それが人びとの世界の受け止め方でもあったように思われる。彼らにとって、私たち現代人の言う「理性」や「合理性」は、世界理解のひとつの形式でしかなかった。彼らにとっては、世界もまた、私たちにとってそうであるような、単に均質的な一様なものではなかった。様々な、質を異にするものたちが、すべてを包括するこの「世界」のなかにもろともに存在し、共に生きていたのである。そうしたものたちを「畏れ・崇め」、「敬して遠ざける」、あるいは「恐れ・忌み嫌い遠ざける」というのが彼らの一般的な振舞い方であったであろう。この二つの態度の取り方は、彼らが、自らの生きるこの同じ世界に異質なものが共に生きていることを認めたうえで、自分の生活空間から遠ざける、あるいは自ら遠ざかるということであったのではないか。前者はもちろん「神」であり「神々」であったであろうし、後者には「神々」と同時に恐るべきものたちが、そして「死」もまた含まれていたことであろう。それらを排除し、切り捨てることなどできるはずもなかったであろうし、そのようなことが不可能だということは心深くに刻まれ、身体に強く刷り込まれていたはずである。それほどに、たとえば、「死」は、いつの時代においても人びとにとってごく身近な恐るべきことであって、親しい者たちがそちらの側に引き込まれていく姿を人びとは日々実見していたに違いないからである。ならば、なおさらに、同じこの世界にある異なるものたちとは一体何であったのかと問わなくてはならないだろう。

彼方の彼岸にある超越的な神はともかくとして、同じこの世界に存在する神々であれば、少なくとも私たちにとってまったく異質なものだとは言えまい。私たちの傍らにある異なるものたち、異形のものたちもまた、たとえ次元が違うのだとしても、同じこの世界にある（と思われている）以上は、私たちと何ほどか共通するものを備えているとは言えないだろうか。というのも、彼らは、他ならず私たち自身でもあるはずだからである。「異なり」を認めるということは、ほかでもなく、私たち自身との関係性において可能になることだからであり、それを「忌み嫌う」となればなおさらに、それが私たち自身の自己認識の写し絵である可能性が疑われてしかるべきだからである。

スペインの画家ゴヤの作品に『わが子を食らうサテュルヌス』という禍々《まがまが》しい絵がある。そこには、わが子に殺されると予言されたギリシア神話の巨人サテュルヌスが狂気に陥って、次々に生まれてくるわが子を食い千切る悍《おぞ》ましい一場面が描かれている。たしかに、そのような行為は人間のなすはずのないこと、たとえば、日本であれば「鬼」の仕業でなくてはならないであろう。だが、この「鬼」とは一体だれであろうか。古来日本の様々な文献に姿を現す、鬼たち、たとえば、魑魅魍魎、云々は、誰あろう、私たち日本人自身の、自らの心に浮かんだ「忌み嫌うべきものたち」の姿であることは間違いのないところではないだろうか。(3) そうだとするならば、彼らは実は、控えめに見ても、私たち自身の心の裏面の映しであったと見るべきであるように思われる。なるほど、「理性」を標榜する効率主義であれば、私たちの周囲に潜む「物の怪」など一切否定し、さらには私たちの心の奥に潜むとおぼしき「怪しい何ものか」をもことごとく拭い去り消去して、おのれの潔白を主張することであろう。明るい理性のもとに裏側などあるはずはないし、あってはならないからである。しかし、私たちの心の奥底に、「良心」というものの在り処が認められるのだとすれば、そこには同時にたとえばおのれの「悪」についての意識が伴っていなければならないであろう。「良心」とはおのれが「良心的ではない」ということについての意識のはずだからである。

もとより、私は私たち人間が「悪」そのものでありうるとは考えることはできない。そのような可能性を意識することによってこそ、私たちは自らの「善性」を辛うじて保持できるのではないかと思うばかりである。このことからすると、人間には数量的にはけっして割り切れない、処理することのできない、いわば「不可解・不可思議な」面があって、実は、この側面があってこそ人間的な「豊かさ」が育まれていくように思われる。たとえば、近代科学や近代哲学を生み出したとされるガリレオ・ガリレイ（1564～1642）やルネ・デカルト（1596～1650）から現代まで四百年足らずであり、近代産業の画期となった産業革命からは二百数十年を経てきたにすぎないということを思ってみるべきである。近代は学問を数学へと置き換え、数量的計算と効率を重視する自然科学が牽引車となって現代社会へと大きく転換してきたわけであるが[4]、それ以前の人類ははるかに膨大な時間を過ごしてきたことを忘れてはならないだろう。むろん、そうした自然科学的な思想によっては処理できない領域が現代においてもなお数多く残されていることは、誰もが認めるところであろう。私たちの生はけっして合理的な計算によって尽くされることはないからである。

そのことと関連して、もう一点指摘しておきたいことがある。私たちにとって結局のところ「幸せ」とはどのようなことなのか、という問題である。先に近代における個人主義思想と自己責任について言及したが、こうした思想の根底にあるのは、近代の「人権思想」に見られるように、あの「アルキメデスの点」としての意識主体という考え方であろう。ここで改めて細かな議論をすることはできないが、大まかな言い方をするなら、私たちは、各々が一個の自立した個体・個人として、自分自身のうちに存在の原理を内在的に保持している、というのがそれである。たしかに、私たちは、まさしく語義的にも、それ以上は不可分な個人individuumとして、他者とは区別される独立の人格と見なされる。しかし、個体といってもそれはあくまでも空間的・時間的存在、つまりは一種の物としてのそれであるし、また、意識としてのそれと捉えられる場合であったにしても、いわば自己完結した単独な個体(これをモナド的意識と言う)のことを意味しているにすぎないだろう。実際のところ生命体としての私たちは、そのような「窓をもたない」個体《モナド》として生きているわけではない。自他の区別をもたない細胞であれば、他の細胞にすぐに飲み込まれて同化されてしまうように、私たちは細胞レベルにおいても自他を区別することによってのみ生き続けることができる。実際、私たちの免疫細胞の働き・役割はその点にこそ懸っている。けれども、もちろん私たちは細胞として生きているのではない。全体としての一個の生物・「そのもの」として生きている。そして、この「全体として一個のそのもの」ということも、すでにして他者との区別を前提とする。加えて、食物摂取のことを考えれば分かるように、どこまでも、他者との関係においての「そのもの」なのである。

さらに、この自他の区別ということも、実は、けっして自他が無関係ということを意味するわけではない。むしろ、関係しているからこそ、区別が可能になる。「我と汝」の関係にとどまらず、私たちは多種多様な他者との様々な関係のなかで、「私」として存在しているからである。このことは、もちろん「私」の存在の原因として親を必要とするということにとどまるわけではない。「私」の意識ということに眼をとめれば事情はより明瞭であろう。「私」が「私」として可能なのは、「他者」との関係を抜きにしては、もちろん語ることはできない。むしろ他者あっての「私」であり、他者を俟たずして「私」は成り立ちようがないからである。さらには、この「他者」を、ひとに限る必然もない。すでに述べたように、私たちの「本性」を形作る「自然」もまた、もちろん「他者」であり、かつ「私」自身でもある。というのも、「自然」は、心身両面において、私たちの命を支える大きな部分を占めているからである。

私たちにとっての「幸せ」とは、したがって、単に単独の個体としてのこの「私」だけの事柄ではなく、「自然」を含む「他者たち」すべてとの関係における関心事でなくてはならない。つまり、私たちの「幸せ」は「他者たちの幸せ」と不可分だということである。このことを私たちは深く心に刻む必要がある。その意味からすると、他人や他国の人びとを無視したり蔑ろにすることはもとより、自然に存在する多様なものたち、そして自然そのものを否定したり破壊したりすることなど、私たちの「幸せ」に根底から背馳する在り方ではないかと、まずは疑ってみるべきであろう。ひとの「幸せ」は私一人のものではないし、「私一人の幸せ」はすでにしてはじめから成り立ちようがないのである。それは「幸せ」の概念そのものに矛盾するからである。

ここで「幸せ」の概念を導いてくれるふたつの文章を引いておきたい。ひとつは、「さて、愛するということ、もしくは尊重するということは、他者の幸せを喜びとするということである Amare autem sive diligere est felicitate alterius delectari」という、十七世紀の哲学者ライプニッツの言葉である。[5] これは、人間の「愛と幸せ」の定義としてR・シュペーマンが引いているものだが、[6] ひとの幸せは他者の幸せを喜ぶということであり、それを「愛」と呼ぶというのである。ここでいう他者とは、むろん、私の愛するひとであって良いのだが、それればかりではなく、克服すべき他者たる自然や、否定されてしかるべきと思われる他人もまた含まれていなければならない。ライプニッツ自身はそこで「カリタス caritas」という「普遍的な善意 benevolantia universalis」の概念を挙げているが、これは、語の最も厳密な意味ですべてのものの「普遍的な幸せ」を望む、ということである。この思想は、もう一人の次の言葉とひとつに結びつく。

「自由に最終的かつ最初に内容が与えられるのは、その自由が他者の自由を肯定することによってである。他者の自由への決意においてのみ、自由はその完全な形式から見て定立される」。[7] こちらは、二十世紀ドイツの自由論の泰斗ヘルマン・クリングスの『自由とシステム』という著書のなかのことばである。先ほどあげた自己責任にこだわる立場からすれば、「自由」はどこまでも個々人に限定されるべき主観的な概念と見なされよう。しかし、「自由」が問われるのは、いつどのような場合であれ、常に他者との関係においてのことのはずである。端的な事例が、「自由」は、それが抑圧されたときにとりわけ強く意識されるという事実であろう。もちろん、これは否定的な事例ではあるが、しかし、これは「自由」という概念の基本的な条件をいみじくも明らかにしているようである。「自由」はけっして個々人の勝手気ままや、放埒のことではない。「自由」とは、他者との関係のなかで、ひとがそのひと自身の本質的在り方を現実化している事態を指し示す概念なのである。

端的に言うなら、他者との関係のなかにあって、自分が「幸せ」であると実感できている状態だと言ってよいだろう。この幸福感はもちろん、他者の「幸せ」を、したがって「自由」を前提にしなければならない。クリングスが述べているのは、「他者の自由を決意する」という、もっと積極的で根本的な、関係性のことである。「袖触れ合うは他生の縁」とされていた時代は、人びとの出会いはことごとく「運命」の色合いを帯びていたはずである。だが、一回限りのこの世の生のみを認めるだけで、魂の輪廻転生や再生を信じることのない私たちにとって、他者との出会いはいずれにしても、その当初においては単なる「偶然」でしかないと思われよう。ところが、「恋」を成就して結ばれた者たちが、とかく「運命の糸」を口実にしたがるように、その他者との関係が「幸せ」や「自由」を現実化する可能性に関わるようになるや否や、偶然は必然的な「運命」へと変貌するようだ。しかし、その他者もまた、必ずしもひとに限られるわけではない。たとえば、ある景観のなかで心を洗われるような経験をするとき、あるいは、野末のほんの小さな花に思いを託す時、私たちが「運命」を実感することがないとは言えまい。こうした出会いは、ある意味では、私たちの人生において何らかの決意を促すきっかけとなるはずだからである。まして、ひととの決定的な出会いであれば、けっして「偶然」などと言うことはできないだろう。むしろそれは、この宇宙が滅んでも、なお私たちの生の意味を確認しうるような必然的「運命」となりうるであろう。

一例を挙げてみよう。

七月七日長生殿　　七月七日、長生殿

夜半無人私語時　　夜半、人無く　私語の時

在天願作比翼鳥　天に在っては願わくは比翼の鳥と作《な》らん、
在知願爲連理枝　地に在っては願わくは連理の枝と為らん、と
天長地久有時盡　天は長く地は久しきも、時有ってか尽きん、
此恨綿綿無盡期　此の恨《うら》みは綿綿として尽くる期《とき》無からん。(8)

ひとの想いは、天と地が滅んでもなお、永遠に続くのだという、この、――私たちにはおよそあり得ない、夢想にすぎないとみなされるであろう――白居易が「長恨歌」に謳い出す楊貴妃の永遠の想いは、まさしく、、、現実のものではないかと私は思う。これは何も中国の皇帝と天下の美女との間にだけ成り立つ、文学的表現の事柄にすぎないのではない。それは、親と子に代表される、ひととひととの間に生じうる絆のことでもあり得よう。むろん宇宙の時に比較すれば、ひとの一生など大海の一滴にも足りない須臾のもの。だがしかし、ひとの想いの深みと広がりは、言うまでもなく空間・時間によって測ることなどできはしない。不運にも災禍に命を落とした亡き人のことを想うとき、その想いは私たちの永遠の「運命」として受け止められるべきではないだろうか。もとよりそれは、亡き人の「運命」と言うことはできない。それではあまりにも理不尽であろう。亡き人たちの鬼哭の声を受け止めることこそは、残されたものたちの「運命」となるように思われる。それを自らの「運命」として引き受けるとき、亡き人たちへの想いが、そして亡きその人たち自身が、共に永遠化する。「自然」はむしろ、そのような想いへと私たちを誘ってくれるものにほかならない。
「自然」に対峙するとき、私はおのれを見つめかえさざるをえなくなる。非力で無力なおのれをいまはただ嘆き託ちつつも、いずれ「根源」としてのそこに抱かれるべく帰れるならと思う。私の「運命」を、そして

「幸せ」を左右するのは、たしかにひとであり、人びとであり、そして「自然」であって、けっして科学技術でも経済的理《ことわり》でもない。いまは、ひとと「自然」とを自らの「運命」として受け止められるかどうかが問われているときであるように思われる。

【註】

（1）日本人の「自然観」の変遷については、黒住真編『自然と人為』（岩波講座『日本の思想』第四巻、二〇一三年）を参照されたい。編者黒住真の巻頭論文「自然と人為」が大きな俯瞰図を提供してくれている。ヨーロッパにおけるそれについては、たとえば、池田善昭編『自然概念の哲学的変遷』（世界思想社、二〇〇三年）が多様な側面から明らかにしている。また、Hanns-Gregor Nissing（Hrsg.）, *Natur, Ein philosophischer Grundbegriff*, Darmstadt 2010. は、この問題に関する各方面の専門家たちが、西洋哲学史上の「自然」概念をめぐる議論を、基本的な文献情報と共に、コンパクトに紹介してくれていて、有益である。

（2）たとえば、宮本常一『忘れられた日本人』（岩波文庫、一九八四年）、特に「女の世間」の章を参照されたい。

（3）馬場あき子『鬼の研究』（ちくま文庫）一九八八年、参照。筆者が共感をこめて描き出している、日本に現れた鬼たちの相貌は、いかにも多彩多様であるが、彼らは人びとと共通のこの世界に存在する。「人びとは、鬼というものが、因不明の怪であるとしても、けっしてまったくの神異であるなどと思っていたのではない。……〈鬼〉とはおおかた、……理由のつけられぬ、あるいは理由をいうことがはばかられるような場合に口にされた〈理会の符牒〉」（六一頁）であり、また、「畏れるべきものであり、慎むべき不安でもあった根源の力」（三二頁）なのである。

（4）近代科学の功罪については、福島第一原子力発電所の事故以降、否定的な形で語られることが多い。ここでは、「アルキメデスの点」としての人間主体の意義に焦点を当てて考察してみた。ハンナ・アーレントは、核兵器を生み出した近代科学を念頭に置きつつ「アルキメデスの点」の画期的な近代的両義性を強調している。Cf., Hannah Arendt, *Vita activa oder Vom tätigen Leben*, Stuttgart 1960. Bes. Sechstes Kapitel Die Vita activa und die Neuzeit. S. 244ff.（邦訳、森一郎訳『活動的生』みすず書房、二〇一五年、三二八頁以下、第六章「活動的生と近代」を参照されたい。）

（5）G. W. Leibniz, *Praefatio codicis juris gentium diplomatici*, in: Sämtliche Schriften und Briefe, 4te Reihe, *Politische Schriften*, hrsg. von der Leibniz-Editionsstelle Potsdam der Berlin-Brandenburgischen Akademie der Wissenschaften, Bd.5, Berlin 2004. S.61.

（6）Cf. Robert Spaemann, *Glück und Wohlwollen, Versuch über Ethik*, 5te Auflage, Stuttgart 2009, S. 123f. und 156. シュペーマンが挙げているフレーズは「他者の幸せに喜びを見出すこと delectatio in felicitate alterius」であるが、その典拠は明示されていない。前註のライプニッツの文章、およびそれに関連する他の文章にもこのフレーズは見出せなかった。シュペーマンはライプニッツの文章の意味を名詞化して引いたのだと思われる。

（7）Hermann Krings, *System und Freiheit*, München 1980, S. 232.

（8）「長恨歌」の全文については、松枝茂夫編『中国名詩選 下巻』（岩波文庫 二〇〇五年）一〇三頁以下を参照。ここに引いたのはその末尾の有名な一節である。三、四行目は、生前楊貴妃に向かって囁いた皇帝玄宗のことばであり、次の五、六行目が、天上の楊貴妃が、いまは亡き貴妃を想って悲嘆にくれる現世の皇帝玄宗が遣わした道士に託した、ことばである（一二〇頁以下）。

＊　＊　＊

「はじめに」で述べたように、本書は科学研究費の成果報告書をかねている。論考を寄せてくださった方々のほとんどは、東北大学大学院文学研究科の哲学・倫理学合同研究室に縁のある方々である。このような形で私たちの研究室から共同の論集が一冊の書物として出版された例を私は知らない。ここに集ってくださった共同研究者の皆さんはもちろん、合同研究室に関わる多くの方々のご協力の賜物と感謝する次第である。加えて、今回の共同研究者である東北大学大学院農学研究科の長谷部弘先生と理学研究科の日野正輝先生にも改めて心からのお礼を申し上げたい。お二人は哲学・倫理学の異分野の議論に毎回参加していただいたうえ、貴重な論攷をお寄せくださった。また、東北大学出版会の小林直之さんには、本書の出版の全般にわたって、多大なご心配とご配慮をいただいた。ここに言葉に尽くせないほどの感謝の念を記しておきたい。

最後になって恐縮だが、本書の出版にあたって、同じく哲学倫理学合同研究室の出身者である、故三重大学教授今泉智之氏のご両親からの寄付金を利用させていただいたことをここに記しておきたい。篤実で温厚で、いつもはにかんだような笑顔を見せてくれていた今泉智之氏の遺志を少しでも引き継ぐことができているなら幸いである。氏の温顔を想起しつつ心からご冥福をお祈りする次第である。行き先の不透明な現在の日本のなかで、本書が幾ばくかの光を放つことができているとすれば、これ以上の喜びはない。

執筆者を代表して

座小田　豊

二〇一五年九月七日

【編者略歴】

座小田　豊（ざこた　ゆたか）

1949年福岡県出身。東北大学大学院文学研究科博士課程単位取得退学。弘前大学教養部助教授、東北大学大学院国際文化研究科助教授、東北大学文学部助教授、東北大学大学院文学研究科教授を経て、現在、東北大学総長特命教授。東北大学名誉教授。
専門：哲学、近世哲学
主な著作（2000年以降）：〈共著・編著〉「ヘーゲル　知の教科書』（講談社メチエ、2004年）、『今を生きる　東日本大震災から明日へ！　復興と再生への提言　1　人間として』（東北大学出版会、2012年）『ヘーゲル『精神現象学』入門』（講談社学術文庫、2012年）『防災と復興の知　3・11以後を生きる』（大学出版部協会、2014年）『生の倫理と世界の論理』（東北大学出版会、2015年）〈共訳〉H・ブルーメンベルク『コペルニクス的宇宙の生成』第一〜三巻（法政大学出版局、2002年・2008年・2011年）、E・フィンク『存在と人間　存在論的経験の本質について』（法政大学出版局、2007年）

装幀：大串幸子

自然観の変遷と人間の運命

Studies in Conceptions of Nature, Fate of Humanity

2015年12月1日　初版第1刷発行

編　者／座小田　豊
発行者／久 道　茂
発行所／東北大学出版会
〒980-8577　仙台市青葉区片平2-1-1
Tel 022-214-2777　Fax 022-214-2778
http://www.tups.jp　info@tups.jp
印　刷／カガワ印刷株式会社
〒980-0821　仙台市青葉区春日町1-11
Tel 022-262-5551

ISBN978-4-86163-261-7　C3010
定価はカバーに表示してあります。
乱丁、落丁はおとりかえします。